- 泉州师范学院桐江学术著作出版基金资助出版
- 福建省教育科学规划 2022 年基础教育高质量发展专项委托课题"外来务工人员子女小学心理健康教育模式创新与实践"(项目号:FJWTJD22-04)最终研究成果

孙 洁 姚 瑶 张妍妮 著

生命教育视域下
小学生心理健康教育教学研究

图书在版编目(CIP)数据

生命教育视域下小学生心理健康教育教学研究 / 孙洁,姚瑶,张妍妮著. -- 厦门：厦门大学出版社，2024.5

ISBN 978-7-5615-8853-6

Ⅰ. ①生… Ⅱ. ①孙… ②姚… ③张… Ⅲ. ①心理健康-健康教育-教学研究-小学 Ⅳ. ①G444

中国版本图书馆CIP数据核字(2022)第214483号

责任编辑	施建岚
特约编辑	廖婉瑜
美术编辑	李嘉彬
技术编辑	朱 楷

出版发行 厦门大学出版社
社　　址 厦门市软件园二期望海路 39 号
邮政编码 361008
总　　机 0592-2181111　0592-2181406(传真)
营销中心 0592-2184458　0592-2181365
网　　址 http://www.xmupress.com
邮　　箱 xmup@xmupress.com
印　　刷 厦门市明亮彩印有限公司

开本　720 mm×1 000 mm　1/16
印张　15.25
插页　2
字数　260 千字
版次　2024 年 5 月第 1 版
印次　2024 年 5 月第 1 次印刷
定价　66.00 元

本书如有印装质量问题请直接寄承印厂调换

前　言

党的二十大报告提出:"重视心理健康和精神卫生。"青少年的心理健康是其中重要的一环,也是教育部门的重要工作之一。心理健康教育已经受到国家、地方政府以及学校的相当重视。之前的新冠疫情给广大师生造成了心理方面的负面影响,许多学校在心理健康教育方面投入了大量的人力、物力和财力,不但增设了心理咨询室,还加强了心理健康教育师资队伍的建设,开设形式多样的心理健康教育课程。尤其在网络课程方面,各大高校响应国家号召,将精品课程无偿地奉献出来,惠及广大师生与家庭。但疫情后学生返校的心理健康状况却不容乐观,心理健康教育理念和落实之间尚有差距,如何科学有效地开展心理健康教育工作,仍然是当下的重要课题。

近几年随着心理健康教育的开展,心理健康的理念深入人心,无论是家长还是学校都逐渐意识到培育一个人格健全的孩子远比培养学霸更为重要。本书旨在帮助小学阶段中高年级的学生正确认识和对待自己的优缺点,在各项生活中悦纳自己;探索与培养学生的学习兴趣和学习能力,正确对待成绩,在身心健康的前提下收获与享受成功的喜悦;引导学生建立和维持良好的同伴关系,扩大人际交往的范围,进行恰当的异性交往;帮助学生克服各类困难,并在解决问题的过程中学会恰当地、正确地体验与表达情绪;促进学生的亲社会行为,逐步意识到自己与社会、国家和世界密不可分的联系,并积极地参与到社会活动中;做好初步的生涯规划,培养学生独立思考的能力,为初中阶段的学习生活做好准备。

本书是针对小学阶段心理健康教育的专著,分四章,共十节,研究对象为三年级到六年级的小学生。内容包括生命教育、身心社灵、心理咨询、寓教于心四个方面。其中,"身心社灵"分别针对小学生的自我认识、人际交往、情绪管理、学习能力等方面的问题,以典型案例的形式进行详细阐述、分析与点拨。

其中,第一章和第二章由孙洁与姚瑶博士共同完成,第三章和第四章由孙洁单独完成,张妍妮校长为本书提供教育政策方面的指导。

与我国中西部地区(尤其是农村地区)中小学校心理健康教育资源短缺相较,我国东部地区城市中的外来务工人员子女学校也普遍存在基础薄弱、"缺医少药"的现象。因此,在将心理健康教育课程纳入教学计划的同时,心理健康教育课究竟该如何在外来务工人员子女学校开展也成为难题。针对这一现象,编写一本符合学生实际、有助于教师更好地帮助学生成长的心理健康教育教材就显得尤为重要。本书在泉州市外来务工子女学校新隅小学提供丰富案例的基础上,特聘请了大学资深教育学、心理学教师以及小学校长,在与多位一线心理教师反复调研、交流的基础上编著而成,期望能在一定程度上解决该类学校关于生命教育的研究与实践的问题。

本书以案说理,深入浅出,对外来务工人员子女小学的心理健康教育工作具有一定的指导意义。因此,本书既可作为小学中高年级学生心理健康教育读物,也可作为教师心理健康辅导的参考书,还可作为家长的教育类读物。

在本书撰写过程中,泉州师范学院教育科学学院积极组织协调工作,并结合几十年教育实践经验提出了很多具体指导意见。在此谨向所有参与支持该项工作的各位人士表示衷心的感谢!也诚恳欢迎心理学同行、一线教师及广大读者提出宝贵意见。

著者

2023 年 10 月

目　录

第一章　生命之光照耀心理健康 ··· 001
　　第一节　生命教育 ·· 001
　　第二节　心理健康 ·· 015

第二章　小学生心理健康教育之"身心社灵" ························· 019
　　第一节　小学生的心理健康 ·· 019
　　第二节　身心社灵 ·· 030

第三章　小学生心理健康教育之"心理咨询" ························· 093
　　第一节　个体心理咨询 ·· 093
　　第二节　团体心理咨询 ·· 143

第四章　小学生心理健康教育之"寓教于心" ························· 153
　　第一节　儿童游戏 ·· 153
　　第二节　画中话 ·· 176
　　第三节　沙盘游戏 ·· 197
　　第四节　校园心理剧 ·· 212

后　记 ·· 238

第一章
生命之光照耀心理健康

第一节 生命教育

生命的意义是一个直指人类存在目的与意义的哲学问题。这个概念通过许多相关的问题体现出来,例如我从哪里来、生命为何物、生命的真谛是什么等。在人类漫长的历史中,生命的意义一直是哲学、科学以及神学探索的主题。不同的文化环境与意识形态背景下,哲人们给出了多元化的答案。帕斯卡尔指出:"作为精神而完成的生命,既包容着真理,又包容着激情;既包容着屈服,又包容着力比多,既包容着正义,又包容着强力意志。"[①]生命的意义经常与哲学、幸福等概念交织在一起,还会涉及一些其他领域,例如价值观、目的、道德、善与恶等。

在我国历史上,儒家从仁义礼智信思想出发来实现生命的价值,关注生命的社会价值;道家强调通过自然生命来实现对生命价值的超越;佛家不但重视生死,还讲究超脱生死。尽管这些关于生命的观点不尽相同,但从中我们能发现,这些思想所强调的都是对生命的珍视。西方哲学主要从生命的理性与非理性方面,探讨生命的意义和价值,更注重个体生命的价值;中国则更多强调生命的社会价值,多从人性方面对生命加以考察,强调人在道德、精神、灵魂层面的提升。

先哲们关于生命的思考在今天依然具有很高的价值,为我们进一步认识生

---

① 帕斯卡尔.思想录[M].北京:商务印书馆,1987:158.

命、理解生命提供了理论基础。特别是许多思想家从其对生命的理解出发,提出了相关的教育思想,这对于我们今天对生命教育的研究有很大的启发作用。

一、生命教育的内涵

生命教育,顾名思义即关于生命的教育,是通过一定的教育内容与教育方法,帮助学生认识生命、欣赏生命、尊重生命、珍爱生命,提高学生生存技能和生命质量的一种教育活动。生命教育贯穿于人的一生,对中小学生而言尤其重要。

在已有的文献中,不同研究方向的学者对生命教育内涵的侧重点有所不同。何珊在对小学生命教育新路径的探索中,将生命教育定义为针对重大的生命教育问题展开的活动,除了安全教育、身体教育之外,将生命教育的范围扩展到死亡教育、环境教育、法律教育和伦理教育等。[①] 生命教育的本质在于让人们处理好人生中"生命与生活的紧张",使人深刻地意识到自我生命内涵的多面性、丰富性,从而能够正确地体认生命的可贵,确立正确的生活态度和目标,进而去追求人生的更大价值与意义,最终超越生命。肖川认为所谓生命教育就是为了生命主体的自由和幸福所进行的生命化的教育。[②] 它是教育的一种价值追求,也是教育的一种内在形态。生命教育的宗旨就在于捍卫生命的尊严,激发生命潜质,提升生命的品质,实现生命的价值。郑晓江在其研究中结合各界学者对于生命教育的定义,将生命教育理解为一种帮助学生认识生命、尊重生命、珍惜生命、热爱生命,提高个人生存技能和生命质量的教育活动。[③] 三位学者注重探索的是生命教育的衍生,使得生命教育的内涵更加丰富。

也有学者尝试从不同的角度对生命教育进行定义和理解。刘慧在其研究中从个体生命、生命特性和真善美三个角度分析与阐释了生命教育的内涵,并指出"生命教育是有关生命和遵循生命的教育。[④] 有关生命的教育是指有关生命之真、生命之善、生命之美的教育。遵循生命的教育是以生命为基点来定

---

① 何珊.小学生命教育新路径:基于李普曼儿童哲学观[J].学周刊,2019(16):115-116.
② 肖川.生命教育引论[M].天津:天津教育出版社,2014.
③ 郑晓江.生命教育事业的回归与前瞻[J].郑州大学学报(哲学与社会科学版),2011,44(3):5-7.
④ 刘慧.生命教育内涵解析[J].课程·教材·教法,2013,33(9):93-95.

位教育,即教育是为了生命,而不是生命为了教育"。黄成华从临床医学的角度提出"如何认识和对待人的生命……是生命教育首要的使命担当。①生命教育承载着身体叙事的重要向度。身体观是生命教育的思想基础和出发点","在生命教育中引入身体哲学的思想,将身体哲学作为生命教育话语构型的基础性理论框架,打开理性主义生命教育的缺口,有利于帮助生命教育从结构性的困境中走出来"。

教育的真正价值究其本质在于通过传授科学和人文知识,促进个人不断地成长与发展,不断实现自身价值,为他人和社会作出贡献,并逐渐让自己成为自由全面发展的完整个人。可以说,教育在任何时代都是重中之重。中国著名女教育家、华东师范大学终身教授叶澜曾经说过:"教育除了鲜明的社会性之外,还有鲜明的生命性。人的生命是教育的基石,生命是教育学思考的原点。在一定意义上,教育是直面人的生命、通过人的生命、为了人的生命质量的提高而进行的社会活动,是以人为本的社会中最体现生命关怀的一种事业。"②可见,生命教育是一项全人教育,是关于人的生活、生命与人生问题的教育。它既教育人们学会如何生存与生活,也教育人们如何才能成长与发展,更教育人们要认识自己的本质与自身生命存在的价值。

二、生命教育的由来

生命教育的产生与时代的发展密不可分。第二次世界大战结束后出现了许多威胁人类生存的问题,诸如环境、能源、自杀和暴力问题等,人们开始反思教育的问题,认为学校教育过度重视科学而轻视人文,亟待纠偏,于是生命教育被提上了重要议程。

生命教育最早出现在美国。众所周知,20世纪60年代正是一个社会大变革的时代,西方各国对第二次世界大战的杀伤力心有余悸,各国都将自己裹得严严实实,盛行"本位主义",国际环境处于战争与和平的缓和期。与此同时,西方社会青年开始追求"个性自由","后现代主义"逐渐流行起来,进而产生大量"前卫艺术"和与传统文艺分道扬镳的各种艺术流派、思潮,以至于这个

---

① 黄成华.身体哲学视域下的生命教育研究[J].医学与哲学,2022,43(21):20-25.
② 叶澜."教育的生命基础"之内涵[J].山西教育,2004(6):1.

时期被后来学者称为"时髦放纵的60年代"。针对危害生命的行为频发的现象,美国学者唐纳德·华特士(Donald Walters)于1968年首次提出"生命教育"一词。生命教育一经提出便传至世界多国,各国对生命教育的讨论多种多样,但大多数讨论都是在普遍的、一般的意义上对生命教育进行探讨,而专门针对小学生生命教育的研究却屈指可数。

三、生命教育的发展

唐纳德·华特士认为生命教育应当是一套比较全面和系统的教育体系,随后其他国家也开始纷纷进行生命教育的探索。在国外,很早就有关于生命教育的课程设置,各个国家由于教育体系和成长环境情况不一,所以形成了不同的教育体系。开展具有特色的生命教育的国家有美国、澳大利亚、英国、日本等国,这几个国家的生命教育内容和形式广受其他国家学习和参考。

美国的生命教育以直面生命的死亡教育为主,引导人们正确地面对生命和理性处理自己的生命时间。生命教育的内容以感受实际活动或日常生活中的体验或情感活动为主,让青少年能够了解生命的价值和意义,从而珍惜生命。另外,美国的生命教育中还会开展挫折教育,让青少年明白困难也是生命中重要的一部分,以此来培养孩子应对挫折的能力,提升自信心,获得高质量的生命体验。

在毒品泛滥的背景下,澳大利亚在1979年成立了第一个生命教育组织——生命教育中心(Life Educational Center,LEC),其运作理念是"反对药物滥用、暴力与艾滋病",为学校提供各个年龄段使用的反毒品教学资源,通过流动式教学教导学生远离毒品、吸烟和酗酒,以此传达生命教育的意义和目的。如今澳大利亚中小学已普遍设有生命教育中心,并且拥有丰富的网络资源供学生们观看学习。

鉴于澳大利亚成功推行了生命教育,英国也将其生命教育经验在国内进行推广应用并取得成效,于1987年创立了生命教育中心英国基金会,至1995年,英格兰、威尔士等区已建立20余个生命教育流动教室,其生死教育的发展与公民教育相辅相成、共同发展。英国的生命教育主要分为两部分:一部分是政府规定的由中小学承担的跨领域课程,另一部分则是由社会机构举办的"移动教室"体验课程。通过学校的行政推动和教师师资培养,联合社会资源共同构建生命教育学习网络,将生命教育内容渗透到其他相近科目。同时,将生命教育列为学校的正规教育课程,放到学校教育中去,强调教育学生热爱生命,培养学生自觉养成一种健康的生活方式,使生命更加具有价值与内涵。

日本作为一个自杀率居高不下的国家,青少年自杀事件、校园暴力问题层出不穷,所以日本的生命教育主要是根据青少年的自杀、校园暴力等日益严重的社会现实而提出的。日本政府于1989年修订了其教学大纲,并郑重提出对道德教育的重视,其目标是建立人们对生命的敬畏观念。日本生命教育的内容主要以珍爱生命教育和人性教育为主,近年来推出以"**热爱生命,选择坚强**"为口号的"余裕教育",引导青少年珍爱生命,认识到生命的宝贵和美好,勇敢面对人生中遭遇的挫折。同时也能推己及人地尊重和爱护其他人的生命,减少校园暴力和自杀等现象。

而德国采取以课堂教学为主,辅以实践活动的教学途径开展"死的准备教育",目的是使学生养成良好品质,坦然面对生死。

四、生命教育的分类

不同的专家对生命教育有着不同的理解,我们可以从生命教育的内涵和开展生命教育的途径两个角度来了解专家们的观点。

(一)生命教育的内涵

一是将生命教育看作教育的基础。冯建军认为生命是教育的原点,教育要回归生命,教育要关注生命的完整,凸显生命的灵动,张扬生命的个性。[①] 程红艳认为,教育是"生命与生命交流的过程",教育应根据生命的特征,遵循生命发展的原则,引导生命走向更加完整、和谐与无限的境界,引导人的生命进入"类生命"。[②]

二是将生命教育看作教育的最终目的。张明旭指出,"所谓生命教育,就是在生命活动中,通过生命活动和为了生命活动而进行的教育"。[③] 文雪认为,"我们强调生命教育,其目的在于教育学生认识生命,引导学生欣赏生命,

---

[①] 冯建军.论新生命教育课程的设计[J].课程·教材·教法,2017,37(10):12-18.
[②] 程红艳.向伟大事物敞开的精神教育[J].教育研究与实验,2021,5:37-44.
[③] 张明旭.在实践活动中对小学生进行珍爱生命教育的研究[J].科普童话,2017,31:29.

期许学生尊重生命,鼓励学生爱惜生命"。①

三是将生命教育看作教育的主体或对象。唐志强、赵鹏程认为应该从两个方面认识生命教育的内涵:一是"教育生命",即教育的本质是生命;二是"生命教育",即生命意识教育,教育青少年既要珍爱自己,又须关爱他人。② 还有学者提出了生命教育的层次理论,如许世平认为生命教育包括生存意识教育、生存能力教育和生命价值升华教育三个层次。③

生命的内容如此之丰富,生命教育的意义如此之深远,所有生命教育的研究者都可以从自己的教育理念出发赋予生命教育研究不同的内容。但是不管哪种定义,都应该意识到生命教育是个开放的系统,对生命教育内涵的定义应力求在广度和深度上的周延,避免片面。

(二)开展生命教育的途径

国外和我国台湾地区针对儿童群体的生死教育干预研究可分为两种:一种是生死取向的生死教育,另一种是以生活技能、安全教育为取向的生命教育。

生死取向的生命教育又分为系列课程教育和机会教育。系列课程教育方面,周文婷等采用主题式和融入式的教学设计进行生死议题、悲伤辅导的生命教育,旨在正向改变儿童对死亡的认知和态度。④ 学会伤痛的处理方式,也更能帮助儿童建立许多正面的自我概念,明显改善自我与他人的关系。机会教育方面,在开展如何应对突发事件的教育活动之后,学生往往更能够意识到生命中常有不如意的事情发生,如陈凯婷等通过建立丧亲儿童的绘本团体方案进行生死悲伤适应教学,使丧亲时间达2~4年的小学四五年级学生获得认同感,提高他们与外界沟通的能力。⑤ 吴雅玲则利用不明死亡原因的宠物进行机会性死亡教育活动,帮助幼儿降低对死亡的焦虑、恐惧等负面情绪,间接引导幼儿对亲人死亡的良性认知。⑥

生活技能、安全教育取向的生命教育。爱尔兰的小学主要以流动式课堂

---

① 文雪.生命教育论[J].山东教育科研,2002,9:11-14.
② 唐志强,赵鹏程.学校生命教育探索[J].宜宾学院学报,2007,7(3):128-131.
③ 许世平.生命教育及层次分析[J].中国教育学刊,2002,4:5-8.
④ 周文婷,陈梦颖,房欣,等.小学生命教育课程实践研究[J].爱情婚姻家庭,2022,2:64-66.
⑤ 陈凯婷,陈庆福.绘本团体在丧亲儿童辅导上之应用[J].辅导季刊,2008,44(4):1-11.
⑥ 吴雅玲.以绘本为载体的幼儿生命教育探析[J].教育导刊(下半月),2021(12):23-27.

的形式,并借鉴澳大利亚的生命教育模式进行生活技能的教育。该教育对学生的生活方式产生了有利影响:一是在控制酒精滥用和校园暴力,以及对生活的满意度方面优于其他学校学生;二是四五年级学生因此学会如何面对和解决生活里的挫折。很多儿童表示能积极响应和接受生命教育活动,对教育活动表现出高度认同,也表示愿意参加类似的生死教育活动,而大部分家长也表示儿童参加完生命课程后有所改变。

我国大陆地区针对儿童群体的生死教育分为三种途径。

第一种途径侧重开展活动教育来进行生命教育。即把生命教育的实践途径分成四大块:一是生命教育学科教育教学,二是开展生命教育活动课,三是开展社会活动体验生命,四是召开专题活动进行研究讨论。

第二种途径侧重通过开展环境教育来进行生命教育。即在小学阶段实施生命教育,一是开发专门的生命教育课程,注重生命教育的课堂教学;二是倡导体验式教学,通过开展体验活动注重培养小学生的社交能力、自救意识,以及让他们学会尊重他人、爱护自然;三是构建形式多样、精彩纷呈的校园文化,通过举办集体活动、竞技比赛等活动,让小学生走出孤独和抑郁情绪,拥抱团体,感受来自他人的温暖和力量,从而走出困境;四是在全社会树立生命教育理念,构建学校、教师、家长、社会四者相结合的生命教育体系。

第三种途径侧重通过开展思想教育来进行生命教育。面对当今社会尤其是农村留守儿童、城市"牢笼"儿童身上发生的一件件令人悲痛的事例,有学者认为生命教育的重点应注重对小学生的思想进行教育。他们认为生命教育的实践途径,一方面要以支持鼓励为主,培养小学生积极向上、乐观开朗的生活态度,让每个小学生都能健康快乐地成长;另一方面,应该从小教育学生树立崇高的理想,树立正确的价值取向,用理想来引导他们成长。通过开展夏令营、看望敬老院老人的"小雏鹰"等活动,让小学生从小就体验到自然之美,体验到健康生活的重要性以及帮助他人带来的愉悦感,引导学生体验生命的美好,逐步掌握生命的真谛。同时,通过组织观看纪录片,感同身受地体验生老病死,注重培养引导小学生的生命忧患意识,逐渐懂得珍惜生命,尊重他人,爱护大自然。

综上所述,借鉴国外和我国台湾地区的经验,我国大陆地区小学生的生命教育可以从三方面入手。一是在小学生自身建设方面,需不断增强生命教育意识,激发潜能;二是在生命教育课程方面,需开设独立的生命教育课程,不断完善课程设置和专业教师配备,着重抓好学校生命教育;三是多方共同参与,学校、家庭、社会必须齐心协力共同参与小学生的生命教育,只有做到全民参与共同关注,才能推动小学生生命教育朝纵深方向发展,真正让每个孩子都"不输在生命的起跑线上"。

五、开展生命教育的理论基础

(一)人本主义

人本主义思想的代表人物主要有马斯洛、罗杰斯等人。人本主义视野下的教育思想强调"以人为本",强调学生在学习生活中的主体地位,其教育观立足于传统的人本主义哲学理论,以人本主义心理学为基础,经过长期的心理治疗实践和临床经验总结而形成。该理论主要注重人的尊严、价值及情感的发展,认为人是自我的实现者,而生命教育强调唤起人对生命的热爱,树立正确的生命观,追求自我的生命价值,这与人本主义思想相契合。在人本主义的引导下,学生能够更加清晰地明白和了解为什么要接受生命教育的理念,并且在实践活动中自觉内化生命教育的内涵。

人本主义教学观是在人本主义学习观的基础上形成并发展起来的,该理论是根植于其自然人性论的基础之上的。人本主义心理学家认为,人是自然实体而非社会实体;人性来自自然,自然人性即人的本性。他们的共同信仰是每一个人都具有发展自己潜力的能力和动力,行为和学习是知觉的产物,一个人大多数行为都是他对自己的看法的结果。由此,真正的学习涉及整个人,而不仅仅是为学习者提供事实。真正的学习经验能够使学习者发现他自己的独特品质,发现自己作为一个人的特征。从这个意义上说,学习即"成为",成为一个完善的人是唯一真正的学习。

1.教学目的

罗杰斯在人本主义的"性善论"、"潜在论"和"价值论"的基础上,多次明确提出了他的有关教育目标的观点。他认为,教育应该把学生培养成富有灵活性、适应性和创造性的人,教育应该注重培养具有主动性、独创性和创造性的人。概括地说,罗杰斯认为教育所培养出来的人应该是个性充分发展的人。这种人具有主动性和责任感,具有灵活地适应变化的能力,是自主发展的人,是能够实现自我价值的人。

2.非指导性教学及其特点

罗杰斯将心理咨询的方法迁移到教学中,提出了非指导性的教学模式。他极力批判传统教学将教师和书本置于教学活动核心位置的做法,认为这种方式只能使学生成为"奴隶"。在罗杰斯看来,教学活动应把学生放在居中的位置,把学生的"自我"看作教学的根本要求,所有的教学活动不仅要服从"自我"的需要,而且也要围绕着"自我"进行。基于此种认识,罗杰斯所提出的"非指导性教学"要求具有以下特点:在课堂中创造一种接受的气氛;围绕着发展个人和小组的目标而进行;教师的角色不断变化。由此可见,非指导性教学并不是完全站在传统教学的对立面,而是强调了传统教学忽略的而确实对学生的发展有利的方面,即应赋予学生更多的权限调控教学过程。非指导性教学模式改变了传统的师生关系,拓展了教学研究的视角。

3.非指导性教学的实施策略

罗杰斯倡导过程哲学观,反对任何固定、僵化、一成不变的东西,他从未明确和系统地描述过非指导性教学的系统方法,但我们从其基本理论假设中还是可以发现"非指导性教学"的以下实施策略。

第一,教师应对自己的教育理念坚信不疑,教师应对学生的独立思考及自学能力充满信任。

第二,教师应同其他人共同担负起教学活动责任,课程计划、教学管理、经费预算、政策制定等都应是一个小组的共同责任。

第三,教师为学生提供学习资料。

第四,学生探索自己感兴趣的问题,在探索的过程中,每个人就自己的学习方法做出选择,并对这些选择所产生的结果负责,据此形成他们自己的学习计划。

第五,提供一种有利于学习的气氛,这是一种充满真诚、关心和理解的气氛。

第六,学生的重心集中在学习过程的体验上,学习内容虽然重要,但却是第二位的。

第七,强调自我训练,学生将训练看成他们自己的责任。

第八,重视自我评价,小组成员或教师的反馈信息也会影响学生的自我评价。

最后,在这种促进成长的气氛中,学习活动得到有效开展。

4.非指导性教学中的新型师生关系

罗杰斯将教师定位于"促进者"角色,认为教师不应是传统的掌控者,而应在教学过程中着重承担起"促进者"的角色并履行相关任务。他认为教师的作用主要表现为以下几个方面:一是帮助学生引出并澄清问题;二是帮助学生组织材料,帮助提供更广泛的学习活动;三是作为一种灵活的资源为学生服务;四是作为学习的参与者——小组成员而参与活动;五是主动与小组成员分享他们自己的感受。

罗杰斯认为,要发挥促进者的作用,教师应处理好与学生之间的人际关系,因此,要求教师注意以下几点:一是真诚。教师必须去掉假面具,与学生坦诚相见、畅所欲言,不要有任何的虚伪。二是接受。接受有时也称信任,教师应分担学生碰到问题时产生的痛苦和压力,分享学生取得进步时产生的喜悦和欢乐。三是理解。作为促进者教师需要站在学生的角度去体会和了解学生的内心感受,而不是用教师的标准审视学生的一切。

(二)模仿学习

美国心理学家阿尔伯特·班杜拉认为,人的行为是通过观察他人和事物来学习的。班杜拉探讨的是人的认知、行为与环境因素三者交互作用对人类行为的影响。环境通过认知中介影响个体行为,个体行为和认知反过来影响环境。行为的改变、维护或控制可以通过使用强化、惩罚和自我调节来实现。在学校学习中学生很少接触生命教育这个理念,所以需要外界给予他们环境因素,通过学习来获取生命教育的内涵。通过外在的接触和内在的吸收,使得学生充分理解生命教育的相关概念,从内心接受生命教育,从而达到自觉接受生命、珍爱生命的目的。

1.注意过程

观察学习起始于学习者对示范者行动的注意。如果人们对示范行动的重要特征不注意或不正确地知觉,就无法通过观察进行学习。所以,注意过程是观察学习的起始环节。在注意过程中诸多因素影响着学习的效果。其中有来自示范者行动本身的特征和观察者本人的认识特征,还有观察者和示范者之间的关系等,这些因素都影响和调节着观察经验的数量和类型。

在影响注意的诸因素中,班杜拉认为,观察者与示范者之间的关系是至关重要的。一个人与什么人交往,不管是他自己所选择的,还是被强迫的,都限定了所能学到的行为类型。因为这些人的行为类型会被学习者多次地观察到。这样的事实,早在中国古代的学习心理学思想和教育子女的方法中就被注意到了。班杜拉还注意到,在过去观察学习明显地受家庭和地域文化的影响。而现在由于有先进的信息交流媒介,人们可以在家里通过电视、互联网观察到不同国度和不同民族的各种不同行为类型,这为观察学习提供了有利的方便条件。

观察学习的速度和水平还部分地取决于示范行为本身的性质和特征。榜样个人的魅力是吸引人的一个因素,那些具备吸引人的特征的榜样被人们所注目,而缺乏魅力的榜样则易被人们所忽视。榜样所表现出的不同机能价值的行为,也决定着哪些行为将受到观察,哪些将被忽视。另外,示范行为的明确性和复杂性也是影响注意的因素。一般来说,示范行为越简洁明确,越容易被注意;示范行为越复杂模糊,越不易被模仿。

影响观察学习注意过程的第三方面因素源自学习者本身。观察者自身的感觉能力、注意的唤醒水平、知觉的定势和强化的经验等都直接影响着对示范行为的注意和观察水平。

2.保持过程

观察学习的第二个主要过程是对示范行为的保持过程。如果观察者记不住示范行为,观察就会失去意义。在观察学习的保持阶段,示范者虽然不再出现,但他的行为还给观察者以影响。要想把示范行为在长时记忆中永久保持,需要把示范行为以符号的形式将其表象化。通过符号这一媒介,短暂的榜样示范就能够被保持在长时记忆中。因此,高度的符号化能力使人们的很多行动都可以通过观察来习得。

观察学习对示范行为的保持依存于两个储存系统,一个是表象系统,另一个是言语编码系统。表象系统把示范行为以表象的形式储存在记忆中。表象由感知过程所产生,榜样行为的重复呈现最终使得示范行为的持久、可再现的表象产生。这样,在以后的某些场合中事物的表象客观上可以在那一事物不存在的条件下被唤起。对于大多数表象系统已经与言语编码系统建立了联系的学习者来说,听到某一事物的言语信号刺激,便能即刻唤起该事物的表象。而对于那些言语技能尚未发展成熟的儿童来说,表象系统的作用在观察学习中就显得尤为重要。

言语编码系统在观察学习过程中发挥着极为重要的作用。一些示范行为的特征转换成言语编码的形式,能更准确地习得、保持和再生。对示范行为的认知调节和对表象的说明都有赖于言语编码系统。言语编码系统还以容易贮存的形式保持和传递大量信息。因此，言语编码系统会促进观察学习与保持。

示范活动被转换成表象和容易利用的言语符号后，这些记忆符号将起到指导行为的作用。符号编码在观察学习中的重要性已经在一些用儿童所进行的实验研究中得到证实。

对示范行为的保持，除了对示范行为进行记忆编码和认知上的组织之外，对示范行为的复述将会提高保持的效果。对示范行为的复述有两种形式：一种是内心复述（或称为象征性复述），另一种是动作性复述。内心复述是利用保持在头脑中的示范行为的表象在心理上反复出现和组织，也就是想象自己正在做一个示范行为。这种内心的复述起到了增强记忆和保持的效果。观察学习的最高水平就是通过先用符号对示范活动进行组织和复述。然后再将它付诸外部行动来表达。而动作性复述是通过重复示范行为的外部动作来复习和巩固习得行为。内心复述和动作性复述是保持示范行为的重要手段。

班杜拉还注意到即时模仿和延迟模仿的区别。所谓即时模仿是指模仿反应由榜样的行为直接地、即时地引起。即时模仿并不十分需要认知机能发挥作用，因为模仿行为被外部榜样的行动直接引导。延迟模仿则是在对校样行为的观察过去了很长时间后所进行的模仿。这种模仿需要对观察过的示范行为进行内部的想象和回忆来进行，它需要依靠自己的记忆表象进行指导。

3.运动再生过程（复现）

观察学习的第三个阶段是把记忆中的符号和表象转换成适当的行为，即再现以前所观察到的示范行为。由于这一过程涉及运动再生的认知组织和根据信息反馈对行为的调整等一系列认知和行为的操作，班杜拉将这个过程分解为：反应的认知组织、反应的起动、反应的监察和依靠信息反馈对反应所进行的改进和调整等几个环节。

再现示范行为的第一个环节，需要学习者在认知水平上将要再现的反应选择和组织起来。再现示范行为反应取决于学习者记忆中的示范行为的各个部分是否完整和学习者是否具备再现这些行为的技能。如果缺乏某些反应的组成部分，行为再生就会发生错误。如果缺乏再现某种反应的技能，再现的行为就会偏离示范行为。因此，在认知组织的基础上，学习者要通过回忆和练习来弥补这些不足。再现行为的反应起动以后，需要对反应进行及时的监察。因为从记忆中的符号和表象一开始就能转换成准确无误的行为是很少见的。

一般的情况是,学习者尝试再现示范者的行为反应,并在反应的过程中依靠自我和他人的监察所提供的反馈信息来及时调整和纠正再现的行为反应。监察和反馈信息主要依靠自我的动觉来提供,但是有些行为反应靠自我监察和动觉反馈很困难,必须靠他人的监察并提供反馈信息。学习者通过反馈信息不断地调整和矫正自己的行为反应,使之接近于示范者的行为。

4.动机过程

能够再现示范行为之后,观察学习者(或模仿者)是否能够经常表现出示范行为要受到行为结果因素的影响。班杜拉认为有三方面的因素影响着学习者做出示范行为:(1)他人对示范者行为的评价;(2)学习者本人对自己再现行为的评估;(3)他人对示范者的评价。这三种对行为结果的评价就是班杜拉所称谓的三种强化,即外部强化、自我强化和替代性强化。学习者并不会把习得的所有东西都表现在自己的行为中。有些行为受到外界的奖赏和鼓励;有些行为受到外界的批评或惩罚;有些行为受到外界的忽视,即无奖赏也无惩罚。当然,受到奖赏和鼓励的行为容易被人们较多采用,这就是外部强化的作用。学习者本人对自身行为的评价也决定着哪一个观察习得的行为反应被采用。他们将自我感觉满意的行为付诸现实,而抛弃那些自己不满意的行为,这就是自我强化的作用。如果示范者受到外界的奖赏、鼓励或好评,这无疑要间接地影响观察学习者是否愿意再现示范行为,这就是间接强化或替代性强化的作用。由此看来,三种强化来自对行为结果的三种评价,三种强化又成为制约再现行为的重要驱动力量。故此,班杜拉把三种强化作用看成是学习者再现示范行为的动机力量。

六、我国生命教育的发展及存在的问题

虽然直到20世纪90年代,生命教育在我国才开始慢慢受到关注,但国内目前关于生命教育相关的研究文献相对丰富,特别是近年来社会越来越重视学生的全面发展,重视提升青少年的素质教育,所以我国不管是学术界还是实践界,对于生命教育的探索都呈上升趋势。但是,因为生命教育的内涵十分丰富,所以不同的学者和实践者在进行生命教育相关的探索时,对于生命教育的定义也是有差异的。他们从不同的角度、视角来进行生命教育的探索,关注对象的年龄层涉及儿童、青少年甚至老年人。

我国的生命教育起步较晚，缺乏有关儿童生命教育的实证研究。目前的生命教育研究仅在少数高校中开展，面向群体主要为大学生，尤其是医学生，多以选修课、参观体验等方式开展大学生生命教育；其次是对医务人员、中学生、病人及其家属等群体，采用传统的授课、讲座、团体辅导等方式对其进行生命教育。多项研究表明，学习者在接受生命教育后，不仅可以改变对自杀、他杀等不良行为的认知，有效预防极端心理状况的发生，显著提高其生命信念和生命意义感，对生命伦理道德及死亡态度也有更明确的认识，还能更加悦纳自我、善待他人，促进良好人际关系的发展。此外，学习者的死亡焦虑和恐惧也比接受教育前有所降低，他们能更加正确地看待死亡事件，也更愿意以积极健康的心态对待生命。

然而，现有的小学生生命教育研究多集中于对儿童或青少年的生死知识、生命态度等的调查性研究，一些学者探索生命教育课程设置的理论性研究，以及呼吁社会开展生命教育的必要性等研究。对生命教育课程的实证研究及教学评价尚不足，而且我国的生命教育也尚未出版规范的教材和创设全面系统的教学计划。在儿童阶段实施生命教育，很多儿童和家长会担心儿童无法讨论和理解死亡问题，担心生死课程的实施效果。事实上引导幼儿正确认识死亡和教导幼儿如何应对死亡事件，可以促进儿童的情感发展，提升对生活的积极认知。

总之，我国大陆地区缺乏针对小学生群体的生命教育实证研究，很有必要借鉴台湾地区成熟的生命教育经验，通过互联网这一新媒体平台，开发适合我国小学生的基于生死取向的生命教育课程，并探索课程开展的成效，才能为未来国内小学阶段的生命教育提供理论依据。

目前，我国的中小学生命教育尚存在以下问题。

首先，在我国当前的小学教育领域中，生命教育仅仅被当作生命安全教育来管理，教育者缺乏生命意识，生命素养不高，无法给学生提供较多的生命教育。教育仅仅被学生当成获取应试知识的工具，教师过度关注考试分数，一个班级管理，主要抓两方面，一是抓成绩好的那批学生，因为他们是争先创优的主力；二是抓后进生，防止他们养成不良习惯甚至违规乱纪。许多家长只关注大考小考的分数而缺乏对学生的关爱，缺少与学生的心灵对话，导致部分学生无法独立面对困难与挫折，并因此陷入自闭甚至走向堕落。在这样的社会风气下，学生无法树立正确的生命观，更无法实现丰富的人生价值。

其次,随着改革开放的深入,中国开始步入社会主义市场经济时期,生命教育逐渐走进人们的视野。20世纪90年代,国内教育研究领域开始关注生命教育,但我国的生命教育相较于其他国家起步晚,研究基础相对薄弱,尤其是关于小学生生命教育的研究更是屈指可数,关于生命教育的研究尚有广阔的空间等待探索。

最后,小学生的活动场所主要是家庭和学校,其中家庭主要承担的责任有配合学校的教学工作,进行家庭教育和关照日常生活。因为学校的学习任务较重、作业繁多,导致家长们不得不将大部分精力投放在小学生的学业上,而忽略了对家庭教育特别是心理健康方面的关注。学校在繁重的学习任务面前,也只能无奈地将更多的注意力投放在刻板的知识教育上,而放松了对学生心理健康和生命认知方面的教育。

总之,由于社会的快速发展,当代小学生获得信息的途径增多,所接受的知识更加丰富,因此,他们在理解和感知社会的能力上都有所增强。加上儿童身心发育成熟的年龄整体提前,面对纷繁复杂的世界和提前到来的成熟,生命教育这堂大课既重要又必要。

第二节 心理健康

一、健康概念的演化

健康一词按照传统的观念和习惯的看法,多限于生理健康,主要是指躯体发育良好、生理功能正常。辞海(1979年版)对健康下的定义很有代表性。它认为的健康是人体一个器官系统发育良好、功能正常、体质健壮、精力充沛,而且有良好劳动效能的状态,通常用人体测量、体格检查的各种生理指标来衡量。正是在这种思想意识的支配下,许多人对身体的保养总是从强身健体、饮食营养、睡眠休息上入手,而缺乏对心理调节和心理问题预防的重视,以至于在生活条件改善和提高之后,反而觉得活得不舒心,活得孤独、苦闷和压抑。当下,心理健康问题正成为社会的一大问题,它已严重地影响到人们的生活质量和社会的发展进步。

联合国世界卫生组织在1948年制定的宪章中明确指出，健康不仅指一个人没有疾病的症状和表现，而且指一个人有良好的精神以及对社会的适应状态。从这个定义中可以看出，健康包含三个要素：一是身体无疾病，这里是指生理上的健康，伤风感冒、肝炎、心脏病等都是躯体疾病；二是心理无疾病，这里是指心理上的健康，各种神经症、严重精神病都属于心理疾病；三是具有社会适应能力，这里是指能适应外界环境和社会环境的各种变化，应变能力强。1979年国际卫生保健大会发表的《阿拉木图宣言》强调指出，健康是基本人权，达到尽可能高的健康水平是世界范围内一项重要的社会目标。

此外，世界卫生组织还进一步确定了健康的十个标志。

(1)精力充沛，能从容不迫地应付日常生活和工作，而不感到过分紧张；

(2)处世乐观，态度积极，乐于承担任务，不挑剔；

(3)应变能力强，能较快地适应外界环境的各种变化；

(4)善于休息，睡眠良好；

(5)对一般感冒和传染病有一定的抵抗力；

(6)体重适当，体态匀称，头、臂、臀比例协调；

(7)眼睛明亮，反应敏捷，眼睑不发炎；

(8)牙齿清洁，无龋齿，无疼痛，牙龈颜色正常，无出血；

(9)头发光洁，无头屑；

(10)肌肉、皮肤富有弹性，走路轻松。

1989年，世界卫生组织又在健康的定义中增加了道德健康的内容及个体的道德应符合其所处社会认可的行为规范和价值标准。最近，世界卫生组织又提出了新的身心健康标准。这一标准包括机体健康和精神健康两个部分。具体可用"五快"机体健康和"三良好"精神健康来概括。

"五快"：吃得快，进餐时有良好的食欲，不挑剔食物，并能够很快吃完一顿饭；便得快，一旦感觉有便意，便能很快排泄完大小便，而且感觉良好；睡得快，有睡意上床后能够很快入睡，且睡得好，醒后头脑清醒、精神饱满；说得快，思维敏捷，口齿伶俐；走得快，行走自如，步履轻盈。"三良好"：良好的个性人格，情绪稳定、性格温和、意志坚强、感情丰富、胸怀坦荡、豁达乐观；良好的处事能力，观察问题客观现实，具有良好的自控能力，能够适应复杂的社会环境；良好的人际关系，助人为乐、与人为善，对人际关系充满热情。

总之，在世界卫生组织的推动下，健康的新概念在全球范围内得到了传播,并且日益为人们所接受。随着社会的进步、医药卫生事业的发展以及医疗水平的提高,身体疾病对人类健康的威胁已经相对减少,而由于心理适应能力不良,导致心理失常者逐渐增多,心理健康问题已成为影响人类健康和人们日常生活学习的重要问题。

二、心理健康的含义

在现代社会中,人们对抑郁症、神经症、强迫症、偏执型人格障碍等心理疾病的名称不再感到陌生。有研究表明,青少年心理疾病的发病率正呈现逐年增长的态势。虽然许多学者呼吁人们重视青少年的心理健康问题,但是家长和教师常常感受不到心理疾病的多发性与严重性,认为心理不健康的学生只是少数,没有必要杞人忧天,也没有必要进行心理健康教育,把学生的学习搞上去,帮助他们考上理想的大学才是最重要的。

这些观点听起来似乎不无道理,但事实绝非如此。关于心理健康,至今尚无一个公认的定义。1946年召开的第三届国际心理卫生大会认为,所谓心理健康,是指在身体、智能及情感上与他人的心理健康不相矛盾的范围内,将个人心境发展成最佳状态。该定义具体包括两个方面的含义,一是指心理健康状态良好,当个体处于这种状态时,不仅自我意识良好,而且能够与社会和谐互动。二是指维持心理健康,减少行为问题和精神疾病发生的风险。综合国内外学者对心理健康的理解,目前公认的心理健康的定义是"个体能够适应当前的环境,具有相对完善的个性特征,认知水平、情绪反应和意志行动处于积极状态,并具有正常的自我调控能力"。

三、心理健康的判别

人的心理健康究竟以什么作为健康的标志是非常复杂的问题,因为心理健康和不健康之间并没有一个绝对的界限,不像生理活动如体温、脉搏、血压、肝功能那样有明确的生理指标,通过各种检查对照一下便可知晓,且心理健康是动态变化的,对心理健康状况的划分一般用常态、变态或者正常、异常来表示,很难有绝对客观的划分标准。心理健康水平的等级,根据中外心理健康专家的研究,可大致分为三个等级:(1)一般常态心理表现为通常心情愉快,适应能力强,善于与别人相处,能较好地达到同龄人发展水平,具有调节情绪的能力;(2)轻度失调心理表现出不具有同龄人所拥有的愉快,和他人相处略感困难,生活自理有些吃力,若主动调节或通过专业人员帮助,可恢复常态;(3)严重病态心理表现为严重的适应失调,不能维持正常的生活和工作,如不及时治疗,可能恶化成为精神病患者。

第二章
小学生心理健康教育之"身心社灵"

第一节 小学生的心理健康

一、小学生心理健康的界定标准

该如何评估小学生的心理是否健康呢？心理不健康的学生是否已经比比皆是了呢？为什么教师们时常抱怨过去那种乖巧、听话、刻苦的学生越来越少，而那些常常在课堂恶搞的学生却越来越多呢？结合小学生心理发展的实际状况，可将小学生心理健康的标准简要归纳为以下几个方面：

第一，学习生活适应良好。表现为学生能够成为学习的主体，在学习上充分发挥主人翁精神，能从学习中获得满足感，并从中增强自信心，充分相信自己的能力；对学习有兴趣，上课能专心听讲，乐于开动脑筋，注意力、观察力、记忆力、思维力、想象力等智力因素均得到良好的发展，智力水平达到或超过同龄儿童的正常水平；学习成绩较为稳定，对达到学校生活的多种要求并不感到十分困难，如可独立自主完成作业，在学习中形成良好的学习习惯，会自己制订学习计划，独立思考并按时完成作业；形成课前预习课后复习的良好习惯，并长期坚持不懈，在学习中遇到不愉快的情绪体验，如忧愁、恐惧、悲伤、考前焦虑和紧张时，能摆脱困扰并进行合理调试。

第二，能够正确评价自己，对自身优点和长处心中有数，对缺点和短处能够虚心接受。整体上认可自己的能力和品格，能反躬自问在某方面的情况与别人相比如何，用从父母、教师或书本上获得的是非观及价值观比较和判断自己,并希望得到他人的赞许和指教。心理健康的小学生能虚心接受别人的评价,被表扬时不骄傲,被批评时不自卑,能客观地认识自我并且尽力改正自己的错误。

第三,初步具有自控能力。小学生在自控能力方面无法与成人相提并论,但有自控力的小学生在没有干扰(如噪声或忽然出现新奇事物)的情况下能够控制自己的行为,做事有一定的耐性和毅力,能在安静的条件下坚持完成作业。如果小学生在无人干扰的情况下无法自控,碰到小小的困难就退缩,很有可能是心理不健康的表现。

第四,对外界事物抱有好奇心。小学生对于新鲜事物充满了强烈的好奇心,表现出浓厚的兴趣和尝试的欲望。他们不断扩展自己的生活范围,乐于接触他人和新鲜事物,从中获取一些新的经验,体会其中的道理和含义,如凡事喜欢问"为什么"。

第五,喜欢与人交往,人际关系和谐。学生的人际关系主要涉及亲子关系、师生关系和同伴关系等。心理健康的小学生在与人交往中既能注意到对方的要求,又能适当满足自己的需要。表现为喜欢参加集体活动,乐于帮助他人,被同伴喜欢,尊重父母,不回避与老师的交往,在公共场合遵守公共秩序。懂得只有尊重和关心别人才能得到回报,良好的关系只有在相互信任、尊重和关心中才能获得发展。不以表面印象来评价他人,不将自己的好恶强加于人,能采取积极主动的方式与人沟通。

第六,行为方式与小学生的生理年龄、性别相符。小学生的行为特征应该是天真、活泼、淳朴中夹带一些顽皮、任性和以自我为中心。如果一个小学生表现出与他实际年龄不相称的成熟,则应引起家长和教师的高度重视。另外,在小学阶段,儿童的性别意识较为淡薄,但男女学生的行为差异还是存在的,男孩子热衷于踢足球、打篮球,乐于动手制作模型船,喜欢看战争题材的作品;女孩子喜欢跳皮筋、踢毽子,喜欢布娃娃等手工作品,爱看《卖火柴的小女孩》《灰姑娘》之类的童话作品。如果儿童行为异化,男孩子表现出过分的女性行为,而女孩子的行为中有过多的男孩子气倾向,尤其是前者,将会给他们的心理发展埋下隐患。

二、判别心理健康时应注意的问题

第一,心理不健康与有不健康的心理和行为不能等同。心理不健康是指一种持续的不良状态,但偶尔出现一些不健康的心理和行为并不等于心理不健康,更不等于已患上心理疾病。因此,不能简单地给自己或他人随意贴上心理不健康的标签。

第二,心理健康与不健康之间没有绝对的界限。良好的心理健康状态与严重的心理疾病之间有一个广阔的灰色地带,在某些情况下,它们主要是在程度上有所差异。

第三,心理健康状态不是固定不变的,而是动态变化的。随着人的成长、经验的积累和环境的改变,心理状况也会有所改变。所以我们说,每一次评估只能反映某一时间段的心理健康状态。

第四,心理健康标准只是一种理想尺度。我们在实际教学中可能会发现,完全符合心理健康标准的小学生并不多。心理健康标准是一个人的心理发展为之努力的方向,然而完全符合标准的人并不多。作为教师,在判断学生的心理健康水平时,应因人因事因时做出具体分析,并且帮助学生为达到这个理想标准而努力,使学生具有健康的心理和健全的人格,并充分发挥其潜能。

三、小学生心理健康的影响因素

在一项以小学教师为对象进行的一次大规模调查中,教师对当前小学生心理健康状况进行了评估,从中我们可以了解和分析我国小学生心理健康的特点及存在的一般心理问题,从整体上透视小学生心理健康的现实状况。其主要研究结果如下。

(1)对当前存在心理健康问题的小学生所占比例的认识。被调查的教师对当前小学生中存在心理健康问题的学生所占的百分比进行了评估,结果表明:教师认为存在心理健康问题的学生占总人数的29.8%。这一结果提示我们,根据教师的日常观察和了解,近三分之一的小学生存在各种心理健康问题。

(2)针对小学生的学习能力、人际交往、个性行为、心理承受力等方面进行的调查结果显示,学习方面比较突出的问题是缺乏学习动力、厌学和学习困难;在人际交往方面的问题比较明显,其中以自我为中心、不遵守集体规则的问题比较突出;小学生在情绪方面存在问题的大致占10%,主要是遇到小事过分担忧、独处时感到恐慌、心胸狭窄、好猜疑等情绪问题,以及心理承受力差、抗挫力弱,难以独立地面对生活和学习中的各种难题;小学生在依赖性和固执任性的不良性格方面表现最为突出;而在喜欢骂人、注意力不集中、考试作弊和说谎等不良行为方面表现相对突出。

(3)小学生心理健康影响因素的研究。综合目前对小学生心理健康影响因素的研究,国内外研究者的分析角度主要包括家庭、学校、社会及个体生理、心理状况等因素。多数学者是从各个因素的综合作用来分析小学生心理问题的,例如有研究者认为学生心理问题是心理、生理状态失衡的反映,影响因素主要包括家庭关系、学校教育重心的偏颇、不良的社会和文化因素等三个方面。

也有研究者从家庭、学校、社会或个体中的某一单个因素进行分析,其中从家庭因素方面进行研究的占多数。如刘贤臣等通过调查发现,父母关系差、离婚、经常闹矛盾、争吵、教育态度不一致,以打骂为主要方式,以及对孩子的学习不管不问或考前威吓、过分溺爱等家庭因素与小学生心理和行为问题的发生密切相关,经常打骂或威胁儿童行为问题的发生率高达30%。[①] 在学校因素方面,以往的研究认为教师在以师为本的观念影响下,过分强调在与学生交往过程中的角色关系而忽视心理关系,导致师生关系不良,给小学生的心理造成了压力。也有研究者从个体心理因素方面进行了研究,认为认知因素、情感因素、个性因素和心理挫折是影响青少年心理健康的四个主要因素。此外,也有研究者从遗传作用、生理缺陷或疾病以及社会影响等角度对小学生心理问题产生的原因进行了研究。如认为母亲孕期的健康、营养和分娩情况以及儿童的发育状况是小学生心理健康发展的生理基础,必须注意儿童及青少年早期的生理发育状况。

著者认为,影响学生心理健康的因素可以归纳为三个方面:一是人际关系方面,包括师生关系、亲子关系、同伴关系和对异性的看法;二是学习方面,如

[①] 刘贤臣,郭传琴,翟静,等.儿童行为问题及其防治对策:3927名儿童行为问题调查分析[J].山东医科大学学报(社会科学版),1998(1):45-47.

学习压力、厌学、学习困难、学习障碍等；三是自我方面，如自我评价、自我体验、自制力等。人际关系、学习和自我三个方面的因素往往联系在一起，构成学生心理问题的综合诱因。

四、心理健康教育的内涵

面对各方面严峻的心理健康状况调查报告，我国在相当大的范围内，从上到下掀起了心理健康教育的热潮。心理健康教育受到了广大教育工作者的重视，各地各级的许多学校聘请专职的心理教师，开设心理健康教育课程，建立设施完备的心理咨询室和较全面的学生心理档案。心理健康教育开展得如火如荼。然而，什么是心理健康教育呢？它与学校目前的德育有什么关系呢？

（一）心理健康教育与德育的关系

1.相同点

心理健康教育与德育的基本职能、教育内容和教学渠道是相类似的。学生心理健康教育是根据学生的生理、心理发展特点，运用有关心理教育的方法和手段，培养学生良好的心理素质，促进学生身心全面和谐发展与素质全面提高的教育活动，它是素质教育的重要组成部分，是培养高质量全面发展人才的重要环节。

德育及思想品德教育是学校对学生进行的思想教育、道德教育和心理品质教育的总称。它是教育者根据一定社会或阶级的思想、政治原则和道德行为规范，有目的、有计划地对受教育者施加影响，培养他们的思想观念、道德品质和心理品质，使他们逐步形成一定社会或阶级要求的思想品德教育活动。心理品质教育是心理健康教育和德育共同的内容。

2.不同点

心理健康教育与德育在理论基础、具体目标、教育内容和方法上存在区别。

首先，理论基础的区别。心理健康教育主要以心理学理论为指导，而德育主要以马克思主义、马克思理论为指导，同时借鉴伦理学和心理学的部分理论。

其次，具体目标的区别。心理健康教育的目标在于促进与维护学生的心理健康，逐步形成良好的心理素质。德育工作则是按阶级及社会的利益和准则去规范学生的行为；心理健康教育主要解决学生心理发展中的矛盾与冲突，促进个体心理成熟、身心全面和谐发展。德育工作直接解决学生的社会倾向和政治倾向问题,帮助学生树立正确的世界观、人生观、价值观,解决是与非、善与恶的问题。心理健康教育是把学生放到人际关系层面上考虑,要求学生作为一个特定的人,同周围的环境和具体的每一个人保持心理上的适应。而德育工作,把学生放在社会关系层面上去考察和培养,要求学生按照他现在所扮演和将来要承担的社会角色去行动。

再次,心理健康教育和德育在内容上是交叉关系,二者都有培养心理品质的任务,但各自有自身的特殊内容。心理健康教育以认识自我为主要内容,增强学生自我调控、承受挫折、适应环境的能力,促进学生情绪成熟,不断提高自我意识水平,以及进行学习、课外休闲、心理指导等。而德育以认识社会为主要内容,让学生了解社会的要求、规则和道德规范,并逐步形成社会所要求的思想观点和道德行为。

最后,方法上的区别。心理健康教育特别强调尊重学生、信任学生、相信学生的潜力,以平等的态度对待学生,接纳、指导、协助学生达到助人自助的目的,多运用交谈、倾听、讨论、角色扮演、心理测量、心理训练等方法。而德育工作主要是采取说服教育、提供榜样、确立规范、实践锻炼等方法,是一个教导过程。德育工作扮演塑造者的角色,通常以自己的要求去规范学生的思想言行。

在心理健康教育中,教育者不是为学生出谋划策、指点迷津,不是扮演塑造者的角色,也不是强求学生接受其个人的意见。它的作用在于推动学生积极思考、自我反省,增强其分析问题的能力,使其通过解决自己成长过程中出现的问题变得成熟起来。因此,心理健康教育要求教育者抛开个人的主观立场,设身处地地感受学生的内心体验,以深刻了解其思想行为的动机,并尊重、理解与接纳学生,使学生充分感受到自身价值,自尊心受到保护,寻找与强化剖析自我、改变自我的勇气,教育者与被教育者始终处于平等的地位。

心理健康教育需要理解接纳,不需要说教与劝告,是言语的隐士,是心灵的使者。它要求教育者每时每刻体验学生的内心世界,换位思考,并对学生的情绪做出适宜的回应。它以尊重为基础,以同感为前提,意在以心灵的沟通来强化学生自我反省与自我完善的意向。它旨在帮助人成长,不企图加以指导,目的在于强化学生自律与自我完善的意向。因此,心理健康教育不是一个灌输过程,而是一个通过平等对话助人自助的过程。

综上所述，心理健康教育与德育工作有密切的联系，同时也具有重大的区别，二者不能互相取代，但可以互相补充，相得益彰，充分发挥各自在育人活动中的独特作用。

（二）心理健康教育的重要意义

心理健康教育是素质教育的重要内容。所谓素质教育即依据人的发展和社会发展的实际需要，以全面提高全体学生的基本素质为根本目的，尊重学生的主体和主动精神，注重开发学生的智力潜能，使学生形成健全个性的教育。素质是人的身体和心理客观基础的发展，是从量变到质变的一个连续不断积累的结果。每一阶段出现的心智都是下一阶段的基础，并促进人在新的水平上发展。成长的可教育性就是在不断提高的基础水平上体现出来的。因此，素质是一个人处在发展中的基础条件，个性素质结构包括生理、心理两大基本要素，学生素质的发展有多方面的内容。

心理素质不仅是其中重要的组成部分，而且对其他素质的发展有着很大的制约或促进作用，它既是素质教育的出发点，又是全面素质教育的归宿。要使学生在身心两大素质方面得到健康全面的发展，教育者有必要对其实施有针对性的教育，因为就学生个体而言其内在的身心素质必须通过结合外部影响，即教育的作用才得以形成，这就为素质教育的提出和实施提供了必要的前提。因此，心理健康教育是素质教育的重要组成部分，其中心理素质是以先天禀赋为基础，在环境和教育的影响下形成和发展起来的个体稳定的心理品质，既包括智力因素又包括非智力因素。心理健康教育是有目的、有计划地对学生的心理施加影响，使他们提高心理健康水平，全面发展个性的过程。

心理健康教育有助于塑造健全的人格。心理健康是健全人格的基础，而健全人格又是心理健康教育的最终目标。心理健康教育一方面能对人的心理问题起到预防、保健和调节作用，使人保持健康的心理状态，或是使已受心理问题困扰的人恢复心理健康；另一方面，根据个人全面发展的理论和目标，充分挖掘人的潜能，消除不良心理品质的消极影响，使人的身心状况达到最优化。因此，进行心理健康教育对个人的全面发展具有重大的意义。

心理健康对学生成长的意义是广泛而普遍的，它是学生个性全面发展的基础。学生任何一个方面的发展都是建立在特定的心理素质之上的。健康的心理如同健康的身体一样，对于受教育者来说具有普遍意义，能够对他们个性的各个方面，学习和生活的各个领域产生积极的影响。例如，一个心理健康状态比较好的学生,与一个心理健康状态有一定问题的学生相比,前者在各方面都更容易取得进步并获得成功。积极的自我意识能够使学生在艰苦的学习中不怕困难,和谐的人际关系使学生更乐于参与学校的各项活动等。当然,学生在其他方面的成就和进步也能够反过来对发展基础的心理健康有所帮助。心理健康水平直接影响人的身体健康状况。现代医学表明,许多心理问题能直接引起或加剧某些疾病的发展,甚至使一个人的生理机能全面衰竭。身心医学的实证研究表明,情绪直接影响性成熟的进程,情绪过度抑郁会直接导致性激素分泌量不足,影响身高和体重;不良情绪还能引起呼吸加速、心跳加快、手脚麻木、浑身皮肤有针刺感、头晕目眩等。

如果身心的健康出现问题,德、智、体、美、劳的教育将沦为空谈。很难设想一个在心理上存在问题乃至障碍的学生,能够正常接受各类教育。在个体身上所表现出来的一般心理问题主要是失落、孤独、空虚、抑郁、无助、绝望、矛盾、焦虑不安、心绪不宁等情绪反应,以及失眠、记忆力下降、注意力难以集中、自控力减弱、缺乏持久性、自我否定、自我封闭等行为特征,难以保持良好的精神状态。例如,对于一个有强迫症倾向的学生来说,他的主要精力甚至全部精力都用在对抗自己的强迫行为上,周而复始却又难以自拔,根本没有精力和条件去吸纳老师传授的知识,更不可能去关心集体、帮助他人。当下,有多少学生为情感和人际关系等问题所扰,以致成绩一落千丈?有多少学生因情绪失控而自伤或伤人?有多少学生因缺乏学习动机而厌学逃学?

另外,随着时代的发展,未来的社会将给人们带来更多更大的心理负荷,从而对未来人才的心理素质提出了更高的要求。例如,未来社会要求人们具有执着的追求精神和创新精神,具有高度适应发展变化的能力,具有较高的责任心和能力,具有坚强的挫折承受能力,具有完善的个性……这些要求都需要通过心理健康教育来实现。

(三)心理健康教育的目标应具有的特征

1.面向未来

心理健康教育目标体系的立足点应是面向未来的心理健康教育,要建立在让下一代适应未来发展的需要上。因为未来世界的发展速度非常快,教育给予人的不仅有已有的知识、经验,还有在变幻莫测的动态环境下的种种发展机会,只有在知识、能力、系统、心理状态等方面大大超过前人,才能成为时代的成功者。因此,心理健康教育的目标应该是面向未来的。

2. 个性发展

心理健康教育应保证学生的个性得到充分发展。在教育过程中应非常重视受教育者的主体性,并把个性作为整个教育的出发点。因为个性的全面充分发展是人实现充分发展、激发潜能与实现价值的基本条件。人与人之间在基本心理素质上是相同或相近的,但人与人之间的心理素质又存在着很大的差异。在环境和教育的影响下,每个人的主观能动性不同,使人与人之间的差异客观存在。心理素质教育就是从人的差异出发,通过教育过程,使每个学生在原有的基础上得到完善与发展。

3. 目标多层面

心理素质不是单一的构成,它包括心理健康水平、个性心理品质、心理能力及社会适应状况等各个不同而又相互联系的层面。因此,心理素质教育的目标与要求应体现在以上各个层面上,并应有积极与消极之分。

以上三个方面的特征,为我们构建小学生心理健康教育的目标提供了基本框架。由此,我们认为,小学生心理健康教育的基本目标是通过学校有意识的训练,使每个受教育者都具有良好的心理品质和社会适应能力,提高其心理健康水平。

(四)小学生心理健康教育的主要目标

《中小学心理健康教育指导纲要(2012年修订)》指出,小学生心理健康教育的主要目标包括以下几个方面:

(1) 培养和训练小学生的认知能力,注重开发其心理潜能,矫正其不良认知。通过认知发展教育,使小学生了解认知发展的规律、特点及自身认知水平,通过常规或特殊训练,帮助他们挖掘和认识自身的不良认知,并学会对认知进行调控。

(2) 培养和训练小学生的自我情绪调控能力,使他们情绪稳定,心情愉快,积极情绪多于消极情绪,经常保持乐观、积极向上的心态,情绪反应适度。通过情绪、心理调适,使他们了解人的情绪的正常值及自身情绪变化的特点。通过有效的调控手段,使他们经常保持良好的心境和乐观的情绪,形成适度的情绪反应能力和较强的抗干扰能力,避免情绪大起大落,使之学会科学地调控自己的情绪,从而避免心理失衡。

(3) 培养和训练小学生的意志,使他们能自觉地确定行为目标,并根据目的去克服各种困难,以实现预定目标。注重提高其行为的自觉性、果断性、顽强性和自制力。通过优化教育,使他们充分了解意志力在成才中的作用,协助其提高调节自我克服困难的主观能动性,提高意志行为水平,学会应对挫折刺激,增强心理承受力,从而打造果敢持久的意志品质。

(4)培养和训练小学生的自我观念,使他们具有健全的个性,能正视自我、悦纳自我,对自己未来的生活和学习充满期待。学习以积极进取的人生观作为导向,把自己的愿望、目标和行为统一起来,在日常教学中通过有意识的个性心理训练和调适,使小学生学会自我教育,矫正不良的个性品质,促进个性的完善,形成良好的性格。

(5)培养和训练小学生,使其具有良好的学习动机,科学的学习态度、方法和学习策略。通过学习、心理调适和训练,培养学生学习的专注力和学习技巧,使学生学会考试心理的调节、学习时间的安排、休息时间的安排等。

(6)培养和训练学生,使其具有和谐的人际关系,乐于与人交往,宽以待人,乐于助人,客观评价别人和自己,取人之长,补己之短,形成积极的交往态度。通过积极的人际交往使小学生掌握人际交往的特点和规律,通过有意识的训练帮助他们领会交往技巧,在群体中能够与人和睦相处,善于在群体中发挥自己的特长,从而在复杂的人际关系中减少冲突,促进人际和谐。

(五)小学生心理健康教育的具体目标

除以上主要目标外,心理健康教育具体到每个年级和每种心理品质上可以包括自我意识、认知、情绪情感、意志、个性、学习和交往等七个方面。

1.小学低年级心理辅导课程目标

(1)自我意识方面——认识到自己重要的社会角色,并为做一名小学生感到自豪;认识到自身的身体特征、性别特征;初步认识自己与父母、教师、同学的关系;会借助别人的评价间接认识自我。

(2)认知方面——应学会观察,掌握简单的观察法,如顺序法、比较法;养成注意习惯,注意的稳定性有所提高,具有一定的抗干扰能力;语言表达能力与思维能力和谐一致;在机械记忆的基础上,初步懂得意义记忆;充分发挥无意想象,并向有意想象过渡;在直观动作思维的基础上,积极发展具体形象思维;具有日常生活方面的基本概念。

(3)情绪情感方面——认识喜、怒、哀、乐等基本情绪表现;体验积极情绪和消极情绪;热爱大自然,保护环境,发展美感;学会从家庭、学校的日常生活中寻找快乐;认识并体验学习的快乐;培养理智感。

(4)意志方面——从事日常学习和简单劳动,具有坚持性;活动前有相对明确的目的;会用一些外部因素来约束自己,提高自觉性;能够独自或适当借助帮助战胜挫折和困难。

(5)个性方面——懂得合作,与同伴友好相处;做事有信心;热爱生活,乐观向上;与大自然和社会保持和谐;爱护环境,具有环保意识;学会关心父母、老师、同学和其他人;富有同情心,面对或听说处于危难中的人或动物时,会表示同情;会做一些力所能及的家务,不懒惰,爱学习,明辨是非,发展良知,有一定的善恶观念。

(6)学习方面——认识到学习在自己生活中的地位,对学习有较浓厚的兴趣;为得到老师、家长的表扬而努力学习;能顺利地完成学习任务,会听课、做作业、参加考试等;喜欢探究事物间的联系,好发问;爱护学习用品;每天能够在家里自律学习20~30分钟,注意养成自习习惯。

(7)交往方面——会恰当使用礼貌用语;喜欢交往,积极主动地与父母、老师交往,尤其是与同学进行交往;懂得如何同陌生人交往;认识到自己是班集体中的一员,言行符合群体规范,有班集体的归属感与荣誉感。

2.小学高年级心理辅导课程目标

(1)自我意识方面——能够初步认识到自己的兴趣、优点及缺点,认识到自己身体的变化,如身高、体重等;能够简单了解自己的情绪、性格等。

(2)认知方面——注意集中性较好,观察具有一定的深刻性、精确性;能够使用意义记忆,会运用两三种常用记忆策略;想象具有目的性,创造成分增多;形象思维得到发展;具有联想能力,实现事物间的迁移。

(3)情绪情感方面——具有形象道德感,有爱憎意识;有较强的理智感,能体验到学习中的苦与乐;懂得如何提升情绪,使积极心境占主导地位;了解简单的不良情绪疏导方式。

(4)意志方面——学会自我激励,积极进取;面对冲突会做出比较正确的选择;抵制诱惑的能力提高,具有一定的自我约束能力;克服困难的能力增强,能够正确对待学习和生活中的挫折与困难。

(5)个性方面——学会助人,乐于奉献;懂得与他人分担忧愁,分享快乐并且合群;诚实,积极克服嫉妒、任性等不良性格;勇于承担责任,具有责任心;不过分强调自我,有适度的自尊。

(6)学习方面——具有良好的学习习惯,会预习、听课、做作业,复习做小结；以教师表扬、父母夸奖、同学羡慕等精神奖励为学习动力；有相对稳定的学习兴趣；各科学习均衡发展，不偏科，学会运用学习策略，关心学习结果；具有读、写、算等基本能力。

（7）交往方面——喜欢与同性别同学交往，成为同性团体中的一员；具有团队精神，有集体荣誉感；积极参与有组织的游戏活动；初步具有交友的内在标准，且较稳定持久；学会原谅他人，促进人际关系和谐。

第二节　身心社灵

一、身心社灵模型的发展历程

（一）身心灵全人健康模式（BMS 模式①）

身心灵全人健康模式（BMS 模式）是 20 世纪 90 年代初香港大学的陈丽云教授等提出并开创的，这种模式是建立在中国传统文化基础之上的本土化心理辅导模式，运用中国传统文化中的人生哲学和中国传统医学中的身心互动理论和养生观念，以道、儒、佛、医思想为背景，结合西方心理辅导形成，从身体、情绪和观念三个层面全面介入，强调人个体的内在潜能，发掘正面能量；在全人的关注、全面的介入、全方位的干预下，通过生理、心理和精神（灵性）三者相互作用，以促进人的全面健康。② 在该模式中，"身"指躯体；"心"指心理，即情绪范畴；"灵"指精神和灵性状态，如人对生命意义、人生价值的思考以及人的生死观、苦乐观、价值观等。该模式强调三者之间的互动关系，既层层递进又相互融合，以达到保持身体健康、精神愉悦，参悟生命真谛为目的。

首先，婴儿来到这个世界，最初只是通过神经系统隐约地感受外界，对外界刺激做出简单的知觉反应，通过神经机能形成自己的感知系统。之后，孩子逐渐能够以外界的某一特定对象为焦点进行观察，凡是被看见的东西都会成

---

① 在身心灵全人健康模式的概念中，"身""心""灵"分别指"身体（body）"、"心理/情绪（mind）"和"精神（spirit）"，body-mind-spirit model，简称 BMS 模式。
② 陈丽云，樊富珉，梁佩如.身心灵全人健康模式[M].北京：中国轻工业出版社，2009.

为玩具。对成长中的孩子来说，每天都是全新的，充满着新奇的初体验，他们不断地使用视觉、触觉、嗅觉、听觉等来探索这个未知的世界，尽情感受新鲜而美好的事物。接着，孩子能够扶住东西直立起来，他们认识世界的范围迅速扩大，展开双臂扑向父母的怀抱，跟着母亲咿呀学语，和父母玩捉迷藏的游戏。在认识外部世界的这个体验时期，孩子自身的"体验感"是他们成长过程中最宝贵的财富，为下一个阶段的发展奠定了基础。在父母的辛勤哺育下，孩子一步步健康成长起来。对孩子来说，外界每一个细小的事物既是新鲜而有趣的，同时也会给他们带来些许不安，而父母总能在适当的时候给予孩子勇气和力量。父亲、母亲、爷爷、奶奶……亲人们是孩子成长的一个个加油站。

其次，小学阶段是儿童成长的重大转折时期，这一阶段是儿童智力、情绪自控力、人际交往等各方面发展的重要时期。对于很多儿童来说，这是一个精力旺盛的快乐时期，虽然刚入学时儿童的生活面临巨大的变化，儿童的自我认同需要经受考验，但这种刚入学时的担心和脆弱很快便被抛之脑后。儿童如果处于一个重视其智力和人际关系的社会环境里，他们的认知、情绪和社会性便能得到相应的刺激，进而健康成长。6～12岁的儿童在成长的过程中逐渐显示出一些独特的成长特征。

第一，儿童进入学校以后开始了以学习为主导的活动，生活内容发生了重大的变化。学校不同于家庭，也不同于幼儿园，尽管游戏仍然是刚入学儿童的主要活动，但学习却成为儿童的主要任务，个体的行为导向也会更具有目的性和勤奋感，儿童承受并适应着社会角色与环境的改变。在这一过程中，儿童的心理发生了质的飞跃。

第二，学龄初期儿童的语言和思维发展开始从口头语言、具体形象思维逐步向书面语言、抽象逻辑思维过渡，但在小学阶段儿童的思维模式仍以具体形象思维为主。

第三，儿童初步形成关于集体的态度和观念，"社会化"意义也发生着质的变化。

第四，从生命的孕育到诞生，从婴儿阶段到蹒跚地迈向大自然，从认识外部世界到认识他人，然后再逐步认识自己，再到超越个人的更高的精神追求，从"生物人"到"社会人"再到"灵性人"，个体经历了一个从近乎纯粹的生物体逐渐转变为具有丰富心理内容的社会实体的过程。这种转变反映了人类个体成长的复杂性和多样性。

(二)个体成长的"生物-心理-社会"模型

该模型认为个体从开始孕育到成长为一个成熟的社会成员,心理和行为既受到其生物性因素的影响,同时也受到其心理和社会性因素的影响。生物、心理、社会这三方面的因素彼此有层次地交织成一个系统并发挥作用。因此,我们必须从多个角度去分析儿童发展的各种现象和特点,唯有如此才能避免简单片面,做到具体客观。

生物、心理、社会这三方面的因素对个体的影响虽然是错综复杂地糅合在一起的,但是仍然具有密切的内在联系。其中,生物因素是基础,它决定了个人基本形态构造上的差异,同时又影响着个人的行为习惯及人格等心理因素的获得。从通常意义上讲,一方面,生物因素是由遗传决定的,但个人的生活方式和个体成长的经验也会给这些生物因素造成影响,并使之发生顺应变化。另一方面,后天社会环境中的文化习俗、父母抚养方式、家庭结构及学校环境等因素,在心理发展上给个人提供了一个示范的导向,使得个人按照一定的社会文化要求去相应地发展自己的心理和行为,并和生物因素共同决定了个人的心理行为走向。因此,当个体的自身素质和社会影响这两个方面的因素在个人身上形成压力并具有不和谐成分时,个人就会出现应激反应或产生障碍。譬如,一个神经类型过于敏感的学生在面临比较严苛的外部学习压力时,极易出现各种不适应症状和心理障碍。这也是为什么在开学初或是考试临近时,一些儿童会表现出诸如发烧、头痛、腹痛或其他一些身心症状。

由于"生物-心理-社会"模型已经获得心理学、医学和其他行为科学等多个学科的广泛认同,因此,在该模型的基础上认真细致地去识别儿童的问题行为和心理障碍才能够更加全面地认识和理解他们。

(三)"身-心-灵"生命结构

何仁富教授等在其著作中将"身-心-灵"生命结构纳入全人生命教育的目标之内。[①] 在这一结构体系中生命教育是个体生命全方位、全层次的自我呈现和自我实现的教育。人的生命作为一种实际存在,不只是身体的欲望,也不只是心理主义的各种模块,同时也不只是哲学和宗教里的精神孤岛。现实的人的生命存在,实际上是身心灵的统一体,身心灵是我们生命存在的三个同时呈

---

① 何仁富,汪丽华.生命教育十五讲 儒学生命教育取向[M].北京:中国广播影视出版社,2018.

现的层次或者状态。我们的生命存在中的内心或心理是我们可以意识和体验到的。我们的生命存在着灵性或精神,使我们可以直觉领悟到自身生命的存在,可以命名为精神生命。因为生命存在是这样一个全能的、多层面存在,相应的生命教育也形成了身心灵不同层次的目标,以实现全人生命和谐成长。

(四)个体成长的"生物-心理-社会-灵性"模型

著者将上述三个模型整合为"身-心-社-灵"模型,同时将小学生的心理健康教育置于该模型中进行如下探讨。

世界卫生组织在1947年正式提出全人健康的基本概念:全人健康是身体、心理和精神的健康,而不仅仅是没有疾病。全人健康以医学哲学为基础,在医学模式由单一的"生物医学"向"生物-心理-社会-灵性"的整体健康模式转变过程中,不断为全人健康概念的形成注入新元素。全人健康是一种生活取向和一种责任。根据全人健康的多维性、动态性、能动性和整体性等特征,研究者从全人健康的静态与动态两个角度出发对其内涵进行深入研究。

从静态角度分析,全人健康是个体所处的一种完美健康状态。Hoeger等指出全人健康是指个体对健康平衡状态的维持,并通过个体的潜力来达到整体健康状态。[1] 胡卫平等认为全人健康是人类在身体、心理和精神三个层面所达到的一种理想状态,这种状态可以使人找到更充实的生活存在。[2] Smith等认为全人健康应该从多维度理解,不同维度下的健康状态使个体有着更高的生活期望和生活幸福感,是一种健康向上的生活状态。[3]

从动态角度分析,全人健康可以阐述为人们追求最佳健康状态的过程。Hill认为全人健康是一种使人们达到身体、心灵平衡状态,并追求健康和幸福的生活方式。[4] Archer等认为全人健康是通过激发内在潜能来实现个体身

---

[1] HOEGER W W K, HOEGER S A, HOEGER C J, et al. Lifetime physical fitness & wellness[M]. Englewood: Morton Publishing, 1989.

[2] 胡卫平,师全真,马红艳.身心康宁理论研究评述[J].山西师大学报(社会科学版),2008,35(2):132-135.

[3] SMITH S L, MYERS J E, HENSLEY L G. Innovative practice putting more life into life career courses: the benefits of a holistic wellness model[J]. Journal of college counseling, 2002, 5(1): 90-95.

[4] HILL N R. The challenges experienced by pretenured faculty members in counselor education: a wellness perspective[J]. Counselor education & supervision, 2004, 44(2): 135-146.

体、心理、精神等层次全面有效状态的一种过程。①

身、心、社、灵四个方面互相影响，相互统一。身体可以影响心理，心理亦可影响社交和灵性，灵性可以影响身体和心理，四者相互联系。全人健康的四维要素在循序渐进中促使个体实现最佳状态的稳定性与动态性，在整体性的基础上实现各构成要素螺旋式上升的动态平衡。身心灵是我们个体生命存在的三个层面，但却不是相互分离的层面，而是相互贯通、合为一体的生命存在整体。我们不可能有脱离自然生理生命的所谓个性心理生命或者灵性精神生命，同样，我们也不可能有所谓的脱离个体心理生命和灵性生命的生理生命。

作为一个整体的生命存在，身心灵各自承担不同功能，如果我们可以将个体生命存在形象地比喻为一辆汽车的话，那么："身"就是生命的基础，犹如汽车的四轮；"心"是生命的中枢，犹如汽车的发动机；"社"是生命的广度，犹如汽车的远光灯；"灵"是生命的方向，犹如汽车的方向盘。四者必须合作统一，才会有真正意义上的生命活动，生命才会既有能量又有方向。不过，在这种统一中身心社灵各自执行着完全不同的功能，其中心作为生命存在的中枢，是生命存在的动能系统，它是否接受灵的指引，对于生命活动的意义呈现具有决定性作用。

首先，人具有生物性生命，是现实的具体的人。作为自然生理性的肉体生命而存在，这是人和自然界的其他生物体一样所必须具有的生命存在状态，是人存在的物质载体和本能性的存在方式，是最基本的生命尺度，是一切智慧、力量和美好情感的唯一载体，是人拥有一切财富的条件。皮之不存，毛将焉附。对每一个个体而言，失去了生命，也就失去了一切。生物性、肉体、生命是人整个生命的基础，是人创造一切价值的前提和先决条件。

其次，人具有"心理"算法。每个人在成长历程中，不可能一帆风顺，或多或少会遇到一些坎坷，而此时具备健康的心理显得尤为重要。健康的心理可以帮助人们积极地适应艰难的环境，快速调整不佳的心理状态，从而为到达最终目标提供源源不断的前进动力。小学阶段是人生长发育初期，这一时期生理发育很快，而心理则几乎从零开始。尽管孩子入学前受到家庭的一些影响，

---

① ARCHER J, PROBERT B S, GAGE L. College students' attitudes toward wellness [J]. Journal of college student personnel, 1987, 28(4): 311-317.

但是这与学校教育阶段相比则显得微乎其微。特别是在小学阶段,一个人的性格、情绪、意志、品质、人格、兴趣爱好及各种技能等,都在这个时期初步形成,人的潜能(想象力、创造力、记忆力、思维力、注意力等)也将逐步得到开发。我们只有从小抓起,加强学生心理健康教育,使他们初步形成健康的心理,才能为孩子的未来奠定基础。

再次,人具有社会性生命。人是这样一种生灵,生命中的每根神经纤维,对于存在就是息息相通的,并不仅仅同他自己相联系,而且是同存在相联系的。正是因为同存在相联系,这个人才能获得本真性。人是具体的生活与现实生活中的人。作为一种群居性动物,其不可避免地要与周围的人发生并结成各种各样的关系,如生产关系、同学关系、师生关系、同事关系、亲属关系、夫妻关系、上下级关系等,不一而足,并在不同的社会分工和家庭生活中扮演不同的角色,遵循特定的行为规则和伦理习俗,同时也不可避免地要接受本民族本地区的文化熏陶。生活在现实社会中的人,必然是生活在一定社会关系中的人,这种复杂的社会关系构成了人的本质。诚如马克思所言,人的本质不是单个人所固有的抽象物,在其现实性上,它是一切社会关系的总和。生命具有深深的社会烙印的本质就在于人所具有的这种人际性社会生命。

最后,人还具有灵性。生命作为精神而完成的生命,既包容着真理又包容着激情;既包容着屈服又包容着力比多;既包容着正义又包容着强力意志。在本能,虽然正如帕斯卡尔所说的那样,那是一棵脆弱的芦苇,但它是一棵能思考的芦苇,我们全部的尊严就在于思想。正是人意识的存在,使得人能反思,能超越动物似的自在存在,获得属于人的自为的生命,具有了作为人的价值和意义。人之所以为人,就在于人有高于动物的意识活动,有超越生物性生命的精神世界。

存在于世的每一个人,不但要思考何以为生,还要思考为何而生,这是人对于生活意义、生命价值发自内心的追问。世人对生命价值的诉求、人对生活意义的思考、对生命价值的追求,为人的生存夯实了根基,加足了动力,也为人的整个生命整体找到了支点。只要人在世界上存在一天,大脑就不会停止思考,人类就要创造,就要超越,就要更好地认识世界、改造世界。

综上所述,人具有四重生命的存在,即生物性生命、社会性生命、心理性生命和精神性生命,它们是人生命整体的四维,也是自我创生并充满无限可能的自为生命。它们互相关联,彼此影响,又互相包容嵌套,共同构成人的圆满生命。而人的生命的存在样式,则彰显着生命的多种形态。

二、身心社灵与小学生心理健康

(一) 小学生的身体发育及性别意识

1.身体发育

生命的孕育是一个神奇的过程,地球生命的诞生,离不开宇宙孕育生命产生的环境。在经过几十亿年的演化之后,地球从一个蛮荒之地脱胎变成了如今生机勃勃的星球,其中生命是大自然演化的最大奇迹。大自然创造了千千万万种生物,正是生物的多样性体现了生命无处不在、变化多端的神奇。海洋陆地,物种丰富多彩,令人赞叹不已,我们不得不惊叹宇宙万物之神奇,生命之精妙。大到宇宙,小到母亲的十月怀胎,生命的孕育和诞生都充满着惊喜。在经过了激动不安的十月怀胎之后,一个婴儿在各种祝福声中呱呱坠地。生命是如此伟大与神奇,从最初的精子与卵子结合,到一个崭新生命的诞生,再到生命的发展成熟,这一过程充满了多少艰辛!

生命是一段旅程,它的历程是绚丽而丰富的,如果能够乘兴而行,不管路途多么遥远,无疑都是幸福的。生命的潜力是无限的,生命的力量是巨大的。只要坚持,生命之花定会在有朝一日恣意绽放。生命的伟大源于生命的潜力,生命能否伟大,取决于潜力的发掘。在狭缝中诞生的生命,与其说是自然的奇迹,不如说是生命自身努力的结果。崖间碧草、悬壁青松、雪域藏羚,以及海底火山口附近的细菌,在一个个生命最不适宜生存的地点,生命之花却依然绚烂绽放。同时,自然的选择是神奇的,是生命潜力的彰显。每一个生命都值得被尊重,天生我材必有用,即使是狭缝中的生命,我们也要让自己绽放得绚烂多彩,哪怕是仅仅一瞬!

对于小学生来说,生命的画卷刚刚展开,身体也开始进入迅速发育的阶段。一般情况下,个体 6~13 岁这个时期,我们称之为学龄期。小学生的生长发育不仅包括身高增长、体重增加,还包括全身各器官逐渐分化,机能逐渐成熟,开始进入第二个生长突增期。

人体各器官的生长发育虽不平衡,但却遵循着一定的规律。从 7 岁开始,人体的生长发育遵循下肢发育先于上肢,四肢早于躯干,呈现自下而上、自肢体远端向中心躯干发育的规律变化,此规律称为生长发育的向心律。从生物力学的理论分析,其发展顺序也是符合向心律的。人体各部位总负荷量的大小次序是足、小腿、大腿、手臂、躯干、头。按照形态和功能统一的法则,负荷量和强度最大的是下肢,其次是上肢和躯干,向心律恰好适应上述功能的需要。此外,小学生生长发育的特点主要表现在以下几个方面。

(1) 新陈代谢旺盛

新陈代谢包括同化作用和异化作用两个方面。人体从外界摄取营养,变为自己身体的一部分并且储存能量,这种变化叫同化作用。与此同时,构成身体的一部分物质不断氧化分解,释放能量,并将分解的产物排出体外,这种变化叫异化作用。学龄儿童正在长身体,同化作用大于异化作用,所以他们需要从外界摄取更多的营养,以保证正常生长的需要。

(2) 体格发育在儿童期平稳发育的基础上出现快速增长

小学生在6～9岁时,体格发育基本上是平稳的,身高平均每年增长4～5厘米,体重平均每年增长2～3.5千克。10岁以后,小学生逐渐进入青春期,体格发育也进入快速增长阶段。这时男孩身高一般每年可增长7～9厘米,有的甚至可增长10～12厘米,女孩一般每年可增长5～7厘米,有的甚至可增长9～10厘米。体重每年可增长4～5千克,有的甚至可增长8～10千克。

女孩青春期身高生长开始突增的时间比男孩约早两年,所以10岁左右,女孩身高由以前略低于男孩开始赶上和超过男孩;在12岁左右,男孩身高开始突增,而此时女孩生长速度开始减慢;到十二三岁,男孩身高生长速度又赶上并超过女孩。男孩由于突增期间增长幅度较大,所以到成年时绝大多数身体形态指标均比女孩高。

(3) 骨骼逐渐骨化,肌肉力量尚弱

小学生的骨骼正在骨化,但骨化尚未完全。骨骼中的有机成分和水分多,钙、磷等无机成分少,所以儿童骨骼的弹性大而硬度小,儿童不易发生骨折,但容易发生变形。不正确的坐立、行走姿势可引起脊柱侧弯、高低肩、后凸如驼背等。这时期的儿童肌肉虽然在逐渐发育,但主要是纵向生长,肌肉纤维比较细,肌肉的力量和耐力都比成人差,容易出现疲劳。因此,在劳动或锻炼时,不应该让他们承担与成人相同的负荷,以免造成肌肉或骨骼损伤。

(4) 乳牙脱落,恒牙萌出

随着身体的发育,儿童一般在6岁左右开始有恒牙萌出。最先萌出的恒牙是第一恒磨牙,俗称六龄齿,接着乳牙按一定的顺序脱落逐一由恒牙接替。到十二三岁时,乳牙即可全部被恒牙替代,进入恒牙期。替牙期是龋齿的高发期,尤其是乳磨牙和六龄牙,很容易患龋,这时期儿童应该更加注意口腔卫生。

(5)心率减慢,呼吸力量增强

从心脏血液循环系统的发展来看,小学生的心脏容积和血管容积之比小于成人,但新陈代谢快,需要较大的血液循环量,因此心脏必须加快跳动,才能使血液循环保持平衡。一般而言,小学生的心率为80~90次每分钟。此外,由于此阶段的心肌纤维发展较弱,再加上心跳较快,心血管系统还未发育健全,所以要防止儿童心脏负担过重和体力活动过度。

小学生的神经系统在这一时期也在急速发展。神经系统是人体内由神经组织构成的全部装置,是人体内起主导作用的系统,由中枢神经系统和周围神经系统两个部分组成。中枢神经系统包括脑和脊髓,周围神经系统包括与脑相连的12对脑神经和与脊髓相连的31对脊神经及自主神经系统。大脑是中枢神经系统最高级的部分,大脑皮层是人体进行意识活动的物质基础。

小学生的神经系统发展的特点是大脑结构与技能得到迅速发展,特别是大脑结构逐渐完善。脑重的增加表明脑神经细胞体积的增大和脑细胞纤维的增长。儿童到了六七岁时,脑重约为1280克,已接近成人脑重的90%。此时左右大脑半球的一切传导通路几乎都已形成,所以当身体受到外界刺激后,可以以很快的速度准确地传到大脑皮层的高级中枢,大脑皮层间增加了暂时联系的可能性,条件反射也比较容易建立。

六七岁后脑重增长缓慢,9岁时脑重约为1350克,到12岁时脑重约为1400克,基本上和成人一致。大脑神经细胞的体积增大,细胞分化基本完成,许多新的神经通路出现。此时,大脑额叶生长迅速,其运动的正确性、协调性得到发展,大脑的抑制能力和分析综合能力提高,神经的联络纤维在数量上大大增加,联络神经元的结构和皮层细胞结构机能迅速形成和发展。这是联想、推理、抽象和概括的思维过程的物质基础,也说明这一阶段神经系统的发育,特别是脑的发育在机能上进一步成熟。

随着大脑皮层的发育生长,儿童脑的兴奋过程和抑制过程也逐步趋向平衡。觉醒时间较长,睡眠时间较短。条件反射形成时间较短、潜伏期较短和比较容易巩固的特征,使儿童能够更多地接受外界刺激,更好地支配和控制自己的行为,为儿童心理的进一步发展提供了便利条件。

脊髓是中枢神经系统的低级部分,主要具有传导功能和调和反射功能。因此,当脊髓受损时,其传导机能和反射机能就会出现障碍。为使儿童神经系统正常发育,增强灵敏性、协调性,教师和家长应注意加强儿童感觉器官的训练,加强体育活动及进行适当的劳动锻炼。此外,还需要为儿童制定良好的学习和生活规划。

案例 1——我是一只丑小鸭

• 自知之明是最难得的知识。

——西班牙谚语

巧英是一个爱漂亮的 9 岁女生。她一直觉得自己长得不漂亮,喜欢临摹漫画中美丽的女孩形象。她多么希望自己能够长得跟漫画中的人物一般美丽啊!有一天,班里一个女孩子指着一幅动漫对巧英说:"你长得跟这个女孩很像!"巧英嘴上说着"哪有",心里却乐开了花。从此,巧英越发喜欢临摹那个被说成像她的动漫女生。有一天,她刚刚临摹完成的画作被班上一个调皮的男孩看见,他拿着画满教室跑,边跑边笑着说:"快来看啊!动漫版的巧英,美若天仙……"巧英恼羞成怒,奋力追上这名男同学,并从他手上夺回皱巴巴的画纸,一怒之下撕得粉碎,心里想:"我就知道自己没有那么漂亮,真丢脸!"

[知其然]

巧英的烦恼源自对自身外貌的自卑,在经由"生理自我"迈向"社会自我"的过程中,对自我外貌的关注不再局限于个人观感,而是扩展到在群体中的受关注度,即个人的美丑将决定他人是否喜欢自己。因此,在大人眼中不重要的美丑评价在巧英眼中却成了大事,得到认可的时候自我感觉良好,被取笑时低迷失落。此外,这一阶段的孩子开启了偶像崇拜模式,他们讨论与模仿偶像,由外到内地找寻自己与偶像的连接。

[所以然]

一个人能否正确地认识与看待自己将会影响他的心理健康,如果片面地认识自己,会产生不良情绪。如果巧英既能接受自己的优点,又能接受自己的缺点,这就是心理学上所讲的"自我悦纳"。"自我悦纳"是心理健康的表现,是一种积极的自我体验,也是一种表现为对自己满意的情绪体验形式。一个悦纳自己的人,并不意味着他的一切都是完美的,而是说他在接受自己优点的同时,也了解自己的缺点,并且很坦然地承认了自己的不足之处。此后,不断克服缺点,注意自我形象塑造,把握做人的准则,不断完善自己,更加自信地面对生活,最后走向成功。可以说,悦纳自我既是一种修养,也是一种难能可贵的品质。要想别人喜欢你,首先你就要喜欢你自己,所以我们学会爱这个世界之前,先学会爱自己。每个"我"都很独特,每个"我"的生命都充满阳光。

[小贴士]——塑造积极的自我

儿童自我意识的发展,是自我人格核心建构的重要组成部分,每一个人的行为表现、身心健康、人际关系和发展状况都受到自我的制约。儿童时期的重要任务之一就是要获得对自己的认识,意识到自己是一个不同于别人的人,并且这一任务是在人际交往中随着自我意识逐步提升、自我调节能力逐步增强的方式渐进完成的。自我意识的发展顺序上,首先是认识外部世界和他人,之后才逐步认识自己,具体的发展历程如下。

①自我意识萌芽时期(出生至1岁前后)

人出生后的第一年尚无自我感觉,自然也谈不上自我意识。这时的小孩不能意识到自己身体的存在,人我不分,物我不分,不能区分"我"与"非我"的概念,也就是无自我意识可言。动作的发展对儿童自我意识的发展产生了重要影响。当婴幼儿学会爬行和走步之后,能自主地将身体移动到自己想去的地方,这对自我意识的发展起着重要作用——自己能支配自己的身体和行为了。

②自我中心时期(1~3岁),即生理自我期

1岁后,"我"字在言语现象中出现,儿童逐渐能用"我"来代替"宝宝""妞妞"等一类原先自己对自己的称谓。这时,儿童的心理产生了"自我"的概念,儿童以自我为中心,常会说"我高兴""我不要""我不好意思"。语言的发展对自我意识有着重要影响。这时,儿童获得的是生理自我。1岁半左右是儿童自立的一个关键时期,儿童学会说"不"。儿童大约从1岁半左右开始学会说"不"字,这是儿童自我选择能动性的表现,他们渐渐获得了自我决定的能力。

③客观化时期(3岁至青春期),即社会自我期

3岁左右,儿童开始进入幼儿园,开始出现了自尊的感觉,具有了发挥自己能动性和主动性的愿望。随着儿童内在发展的需要,他们对集体游戏产生了兴趣。在集体游戏活动中,由于扮演不同的角色,儿童逐渐开始觉察到自己在集体中的地位,学会对自己和他人进行评价,并渐渐获得了社会自我。

小学阶段是儿童自我意识的高速发展期，他们从"小孩子"变成了"小学生"，生活的主要内容从幼儿阶段的游戏，转变为小学阶段完成集体交给的指定任务。通过正确的教育，每个儿童都想成为班上的好孩子，得到同学、家长和老师的信任和尊重，并学会主动地考虑自己应当怎样学习和行动，儿童的自我意识逐步提升到一个较高的水平。在小学阶段，社会交往以及各种社会关系对儿童自我意识的发展产生了重要影响。

④主观自我时期（青春期至成人期），即心理自我期

此时，人开始对自己的内心世界感兴趣，能够更加客观地评价自己和别人的个性品质。在中学阶段，学生的自我意识具有封闭性的特点，同时又充满矛盾。

纵观以上的个体发展历程，自我的发展常常滞后于其他心理的发展，且总会不断出现新的冲突，个体会在经历一段平静和谐的状态之后，再次出现新的问题。正处于自我发展的小学生，不可能所有的行为都"坏透了"或一直"全优"，好学生不能或不会犯错误与差生没有优点的观点，是既不符合学生心理发展的特点，也不利于学生成长的。教师只有深刻地理解学生的自信心的发展特点，才能给予学生真正需要的支持和帮助，以促进儿童更好地成长。

自信心是儿童自我概念的核心内容，它的形成和发展直接影响着儿童个性的发展和成熟，乃至一个人一生的心理成长和心理健康。自信心强的孩子在学校中能更积极主动地参加各种活动，在活动中得到更多的锻炼和发展；能积极地与教师、同伴交往，与他人建立起良好的关系；面对困难能勇敢地大胆尝试。其实，人成年之后的自卑心理或自负心理，都可以追溯到他们童年时期自信心发展的情况和教育的状况。在小学阶段，教师作为对小学儿童自我概念发展有着重大影响的"重要他人"，要关注对学生自信心的培养，促使其形成健康的人格。

相关研究表明，小学阶段儿童自信心的发展呈非直线不匀速发展的特征。在社会交往主动性、自我评价等方面，随着年龄的增长而下降；低年级阶段的独立性则随着年龄的增长而提高。高年级儿童的自信心随着年龄增长呈现下降的趋势，说明随着社会的快速发展，教师及家长对高年级儿童的发展要求越来越高，而这时儿童又处于毕业的特殊阶段，教师和父母的过高期望及学业等多方面的压力不断增加，而儿童的社会适应能力、应对学习压力的能力、人际关系的调整能力、参加各项集体活动的能力还相当有限，这一切都影响了儿童

自信心的发展。

此外,研究结果显示双亲儿童自信心的发展水平与单亲儿童自信心的发展水平存在着明显差异,进一步证实了家庭结构的裂变对儿童自信心的发展有负面影响。而独生子女与非独生子女在自信心发展水平的维度上并无显著差异。

儿童自信心的发展,关系到他们心理发展的水平和心理健康的程度,关系到他们日后健全人格的形成和良好行为习惯的养成,关系到一生的成长。因此,教师在日常的学校生活中,必须通过各种途径和方式(显性或隐性)培养儿童的自信心。

[游戏库]

游戏①　天生我材必有用

以全班为单位,完成以下任务:

首先,每位同学拿出一张白纸,写上自己心目中的"全班之最",折叠好交给老师;

其次,由老师公布全班之最,如果遇到没有之最的同学,请主持游戏的老师补充进去;

最后,全班分享:当被念到名字的时候,感受如何?你如何看待这个称呼?通过这次活动,你有什么感想或启示?

游戏②　写给我的(某一部位或器官)的一封信

To 我的_____:

感谢你长在我身上,这些年你陪着我一起长大,你最大的优点是_____,因为这个优点你让我变得可爱、招人喜欢。我希望带着你继续学习和生活,也喜欢你一如既往地陪着我慢慢变好!谢谢你!

欣赏你的_____
年　月　日

2.小学生性别意识的发展

亲爱的孩子,你是男生还是女生?男生和女生的身体构造一样吗?你是怎样知道自己是男孩或者女孩的呢?男孩和女孩,哪里不一样呢?你了解自己的身体吗?今天我们一起来探索身体的秘密吧!你们经常照镜子吗?有没有发现自己的样子和小时候的样子变化很大呢？为什么你是男生或是女生？你的小脑袋中是不是藏着这些小问号,今天就和大家一起来探究身体的秘密吧。

每个人都希望自己的形象能给别人留下一个良好的印象,形象是一个人内心世界的外观。当我们走进装饰一新、环境优雅、服务周到的商场,就会感到这个商场有良好的氛围,会产生信赖感。同样,拥有良好自我形象就像拥有无形的资产,会使我们受到更多人喜欢、接受和理解。那么处于豆蔻年华的你们,怎样做个好男(女)孩呢？

德国哲学家莱布尼茨说过："世上没有两片完全相同的树叶。"物种是有其多样性的,人也有各种式样,不能够强求所有人都是一样的,尊重别人之前请先爱惜自己！基础教育阶段是个人人生观、价值观形成的基础阶段,也是个人性别意识和性别角色养成的关键时期。青少年在这一关键时期不论从生理还是心理,都会产生许多微妙的变化。例如,有些女同学身体开始发育,她们不敢挺胸抬头；部分男同学声音开始变粗,他们羞于开口说话；还有的同学脸上长出青春痘或者小胡子,他们开始怀疑自己的容貌,缺乏自信；异性之间开始产生好奇心理,渴望走近对方却又不知如何相处……这一系列的关于性别的问题都成为影响青少年身心健康成长的阻碍。因此,开展性别教育,有利于帮助青少年解决自身存在的性别困惑,以更好地适应这一时期的身心发展需求。

案例2——男女有别

> • 男女有别,各有优势。
> ——民间谚语

小龙10岁了,有一次和母亲一起去游泳。他们来到女更衣室前,母亲对他说："小龙,现在你长大了,不能再进女更衣室了,男生的更衣室在对面呢。"小龙拉着母亲的手不肯放："我都习惯了。我怕！如果对面有坏人,怎么办？"母亲拗不过他的央求,只好把他带进了女更衣室换衣服。

小龙觉得没什么,但是女更衣室里的女士们可就尴尬了,一位40多岁的大姐忍不住说："这孩子多大了啊？长得高高壮壮的,男生和女生身体不一样,我儿子很小的时候,就不好意思进来了。"当时在场的人都听出来了,这话的言外之意是:都这么大了还跟着母亲来女更衣室,有点不合适啊！

无独有偶，在课间活动时，一群女孩在一起聊女生的专属话题——最新一期的女团节目。男孩小强也想加入，可女孩们却异口同声地说："不行不行，男孩怎么可以聊女孩的话题呢？"小强不理解地说："为什么我就不能参与？我知道的比你们还多！"女孩们异口同声地叫道："不行就是不行，我们坚决不让男孩参与进来！"小强非常生气，于是当女孩们热聊时他就站在一旁不离开，女孩们挪地方后他也跟着去。就这样，他们吵了起来，并闹到老师办公室。

小芳是个小女生，她剪着短头发，性格大大咧咧、跑跳灵活、不拘小节，还喜欢和男生一起踢足球并称兄道弟。女孩们都很喜欢她的豪爽和路见不平。如果有谁招惹她或她的朋友，她一定拔刀相助，吹响战斗号角，男生女生都敬称她为"哥"。

[知其然]

小龙都10岁了，还要和母亲一起进女更衣室，引起了别人的不满和尴尬。他还没有意识到自己是男生，去女更衣室不合适。心理学研究表明，性别意识形成的关键期在1岁半到3岁，6岁时性别认知完全形成。同学们，你们有没有感受到男生和女生的不同呢？有没有想过世界上厕所为什么要分别设置男厕所和女厕所呢？那是因为男生和女生的身体构造不同。

我们不光通过头发长短、穿着来辨认男生和女生，更重要的是我们身体的某些重要的部位是代表着性别差异的。是哪些部位呢？就是我们游泳时所遮住的部分。小男生游泳时穿着小短裤，里面藏着男性生殖器。小女生穿的泳衣和男生一样吗？不，不一样，但她的小短裤里也藏着很重要的东西，那就是女性生殖器，而且她们的胸部也要很好地保护起来，因为那也是很重要的身体器官。泳衣保护起来的地方是男生和女生重要的身体器官。我们一定要保护好它们！

为什么女生们不跟小强聊天？同学们为什么叫小芳"哥"？男生和女生有什么不同呢？男孩子和女孩子都有各自喜欢玩的游戏、喜欢说的话，性别不同，性格也不同，这就是我们所说的性别意识。平时你有注意观察男生和女生的玩具有什么不同吗？男生和女生的玩具为什么会有很大的不同呢？这是由于男生、女生的生理和心理不同导致的。你可曾想过，为什么是男孩或是女孩？我们的性别是由什么决定的？科学家告诉我们，决定性别的因素是和染色体息息相关的。有两个特别的染色体叫作X染色体和Y染色体，它们带着性别的信息。女孩子有两条X染色体，而男生带有一条X染色体一条Y染色体,都是由父母亲遗传给我们的,所以在我们出生前就已经决定了我们是男生还是女生,我们不可以自己选择。

[所以然]

游泳衣里面的身体部位是自己珍贵的秘密,不能让别人看,更不能让别人摸。如果有人对你说:"我给你好吃的,你给我看一下。"或者说:"我带你去玩,你让我看一下吧。"你也一定要拒绝说:"不行!我不喜欢。"如果有人想要触摸泳衣里面的身体部位,你也一定大声坚定地说:"住手!我不愿意。"

因此,如果你是男生,我为你感到高兴,也许你有优秀的智力,有成为伟人的素质;有在艺术创作和科学研究中、在重要的岗位中从事第一线工作的潜力。如果你是女生,我也为你感到高兴,这是因为女生更善于表达自己的思想,普遍观察敏锐,发现问题和解决问题的直觉力较强;女生的想象力更丰富,更富有创造力,思维灵活,不受常规约束。无论你是男生还是女生,都应该知道自己的优势和能力,因为我们虽不能选择性别,但可以选择自己热爱的人生。

[小贴士]——身体即边界

我们有宝贵的身体,我们是身体的主人。我们要保护自己的身体,同时尊重自己的身体和别人的身体,因为那是我们的隐私,随意暴露自己的隐私部位是不道德的行为。我们要爱惜自己的身体。注意,如果有人想要摸或看你的隐私部位,那是性侵犯,是犯罪。为了预防危险,我们要学会保护自己。

此外,我们也要避免受到性别刻板印象的制约。性别刻板印象是指社会对某个个体在其特征和习惯上做的归纳和总结,是对个体在语言和行为上的定性期待。性别刻板印象直接影响人们的理念、动机、行为、态度和对他人的评价。大多数人们普遍认为男人应该勇敢、坚强、正义、上进,女人应该温柔、贤惠、顺从,长期受性别刻板的制约,导致人们形成了错误的观念。

当今社会,不论是学校和家庭,不论是教师或是父母,对青少年的教育都受制于性别刻板印象的制约,并导致了生活中的种种性别问题的产生和青少年性别意识的偏差。开展基础教育阶段性别教育,旨在为人们打破由封建社会长期以来构建的性别刻板印象,在青少年的成长道路上,使他们学会分析和理解生活中的性别问题。

小学阶段具有以下特点的女生较受欢迎:脸上经常带着微笑,温柔大方的女生;活泼而不疯癫,稳重而不呆板的女生;心直口快、朴素善良、随和的女生;

聪颖、善解人意的女生；纯真不做作、有性格的女生；能听取别人意见,自己又有主见的女生；坦然、充满信心的女生；不和男生打架的女生；说话斯文的女生。

同样,具有以下特点的男生较受欢迎：大胆、勇敢的男生；幽默、诙谐的男生；思维敏捷、好学、善于变通的男生；团结同学、重友情的男生；集体荣誉感强的男生；有主见的男生；热心助人的男生；有强烈上进心的男生；勇于承担责任、有魅力的男生。

男生有男生的精彩,女生有女生的风采。男生女生虽有区别,但互有特点,都有各自的优势,只要认清自己的优势,发挥优势,积极上进,男生女生都可以很棒。有男有女,世界才和谐,不同特征的人们构成了地球上最美的一道风景。所以我们在日常生活中要学会互相欣赏、互相尊重、互相学习。

[游戏库]

游戏① 钱多多

活动目的：学会主动和异性交往,感受男女同学一起游戏的乐趣,提高快速反应的能力,放松身心。

活动时间：8分钟。

适合人数：10~60人。

活动规则：首先,约定女生代表1元钱,男生代表5角钱；

其次,全体参与者围成圈,注意听主持人的口令；

再次,主持人说钱多多时大家齐声提问多少钱？主持人会告诉大家一个数额(例如2元5角),大家根据这个数额快速寻找伙伴,二女一男或一女三男都可以,同时还要手牵手围成一圈,蹲下来就算完成任务；

最后,游戏过程中,如果有人速度慢,或者不敢主动去找人,没能找到符合要求的组合,就需要留下来表演节目。

讨论要点：找到同伴时,你的心情如何？找不到同伴时,你的心情又是什么样的？

游戏② 我们欣赏好男孩、好女孩

首先,请大家描绘出自己心目中"好男孩"和"好女孩"的形象。要求每个人自己先列出至少5条,形象包括外貌、行为、气质、性格等多方面。

其次,组内交流,统一意见,全班交流。

最后,请男生组讨论"最让男生讨厌的女孩",女生组讨论"最让女生讨厌的男孩"。把小组意见记录下来。

游戏③ 猜猜他(她)是谁

每位同学上交一张自己小时候的照片,由老师随机发给同学们,大家来猜猜他(她)是谁?他(她)小时候和现在一样吗?发生了哪些变化?

(二)小学生的情绪发展过程和特点及常见情绪困扰

1.小学生的情绪发展过程

(1)小学生情绪发展的四个阶段

首先,个体阶段(0~2岁)。这时婴儿内部的情绪与外部环境发生着的事情不分离,情绪表现形式以身体运动和口头发声为主。

其次,个体间阶段(2~7岁)。儿童情绪与外部事件相分离的意识增强,外部事物被视为有感情的,但这种感情是被儿童投射上去的。

再次,相互作用阶段(7~12岁)。无论是关乎情绪的内部世界,还是有关事件的外部世界,都已被儿童赋予了独立的地位。通常情况下,个体会更多地把情绪看成是一个人的内心体验。

最后,自主阶段(12岁以后)。从此时开始,主观和客观世界已明确地划分开来,情绪也完全属于主体内部和个人。

(2)小学生的情绪发展特点

首先,情绪具有丰富性。进入小学的儿童,已基本具有人类的各种情绪表现形式,他们的主要活动形式由游戏转向学习,在学习中体验各种情绪。

其次,情绪具有稳定性。小学儿童的情绪虽然还带有很大的冲动性,但与学前儿童相比,他们的情绪已逐步内化,调节和控制自己情绪的能力也在逐步增强。

再次,情绪具有社会性。小学儿童不仅能辨认和了解他人的情绪状态,而且能够以更多可控的方式表达情绪,六七岁的儿童已经开始出现掩盖自己真实情绪状态的能力,知道如何表达自己的情绪。

最后,将情绪与评价相联系。小学儿童此阶段的情感体验,与评价中的他人态度有很大的关联。教师对学生的成败评价、相关周围人的态度,都会影响个体的情绪体验。如果学习评价不能让儿童体验积极情绪,儿童就会变得消极、冷漠,甚至一蹶不振。

2.小学生的常见情绪困扰

(1)嫉妒情绪

黑格尔曾说,嫉妒是平庸的情调对于卓越才能的反感。嫉妒是对才能、成就、地位以及条件和机遇等方面比自己好的人,产生一种怨恨和愤怒相交织的复合情绪,具有普遍性,古今中外,没有哪个国家的人完全没有嫉妒心。这种不健康的心理在小学生中较为常见,它是一种消极的情感,是十分有害的不良心理。它直接影响小学生的情绪和积极奋进的精神,破坏学生的正常交往,危害学生的身心健康,甚至会给自己或他人带来不幸。学生产生嫉妒心理并不可怕,主要看我们教师如何疏导,让学生克服嫉妒心理,使之能够在平和的心理状态下学习和生活。

案例 3——开膛破"妒"

- 不要让嫉妒的蛇钻进你的心里,这条蛇会腐蚀你的头脑,毁坏你的心灵。

——亚米契斯

- 嫉妒就是比较,如果你不要比较,嫉妒就会消失。

——[印度]奥修《智慧之书》

小敏和菲菲都是心语小学六年级 2 班的学生,小敏家境贫寒,从小乖巧懂事,还会帮忙分担家务,学习成绩在班上名列前茅,老师们经常表扬她坚强不屈的性格,父母也对她寄予厚望。菲菲家境优越,长相甜美,被父母捧为掌上明珠的她对自己要求很高,不单学习成绩优异,还担任学校大队委以及参加各种舞蹈演出,是学校的明星人物。

二年级下学期的一次数学竞赛上,小敏发现自己忘记带橡皮擦了,坐在后桌的菲菲贴心地送上自己多准备的一块橡皮,解了小敏的燃眉之急。竞赛结束后两个人便成为好朋友,在学习上互相督促,在生活上互相帮助。小敏在学习上非常刻苦,成绩一直名列前茅;菲菲各方面都表现优异,热情大方,才艺双全,经常在校级活动上崭露头角。

转眼到了六年级期末,在校级的学期末优秀表彰提名会上,小敏和菲菲都被提名为"校级三好学生"候选人。对于小敏来说能得到这个奖将会给自己和家人带来荣光,是告别小学生涯的最佳礼物。小敏的父母早就盼望女儿不仅拿到班级三好生还能拿到校级三好生,他们认为这是对普通家庭的莫大肯定。对于菲菲而言,校级的其他奖项都拿过许多,唯独校级三好生没拿过,她很渴望能取得该项荣誉。

在之后的全校选举投票中,菲菲的选票大大超过了小敏,从而获得"校级三好学生"的称号。看到菲菲得奖后开心的样子,小敏只能假装开心地上前恭喜菲菲,然后失落地离开教室,回到家后趴在床上痛哭。父母见状一个安抚情绪,一个怪她不够度量,小敏更加难过了。她在内心深处不断地嘀咕着:我哪里比不上她了?凭什么不是我?接下来几天,小敏都刻意跟菲菲保持距离,尽量避免接触,甚至很想找朋友倾诉自己的委屈和不满,但是又担心同学会觉得自己小气,以后不再跟自己交朋友。渐渐地,小敏失去了往日的快乐,终日闷闷不乐,成绩也因此受到了影响。

[知其然]

嫉妒是一个人看到自己身边的人在某些方面超过自己,便情不自禁产生的一种难受的感觉。菲菲评上了"校级三好学生"而小敏没评上,小敏在后续表现出来的内心状态就是一种嫉妒心理,俗称"红眼病"。虽然在各种影视书籍作品中嫉妒经常被视为品行不端、道德败坏的负面心理,但嫉妒却是人类社会中一种比较普遍的心理现象,特别是在竞争环境中最容易产生。

嫉妒是负面的,但是嫉妒是人的本能,只要具备"竞争"与"落败"两个条件,嫉妒就会应运而生。因此,每个人在一生中都有嫉妒他人的经历,即便是单纯的儿童在本能的驱使下也会产生嫉妒。正确看待嫉妒并不是否定它的存在,而是妥善处理好自己的嫉妒情绪,在认知和行动上积极调整。不擅调整的人会去打击、诬陷别人甚至动手打人;擅长调整的人却会因为嫉妒而发奋努力,见贤思齐,争取在下一次比拼中超过对手,超越自我。

[所以然]

嫉妒心理会影响我们的身心健康,会影响我们的生活和学习。嫉妒会使人产生伤心、愤怒、怨恨等消极情绪,而这些情绪会降低我们学习的热情和效率。一个总是嫉妒别人的人很难交到知心朋友,孤独和寂寞会伴随左右。因此,我们要认清嫉妒的危害,看清自己的缺点,明白自己不可能处处都比别人领先;还要转变思路,变"你行—我不行"为"你行—我也行"。

[小贴士]——儿童的道德发展

当儿童产生嫉妒心理时往往遭遇家长的"道德镇压",实际上嫉妒是人类的普遍情绪，不应单纯以道德作为衡量标准。关于儿童的道德发展，科尔伯格提出了儿童道德发展的六阶段理论，为我们了解儿童的道德发展规律提供了参考。

第一，服从于惩罚的道德定向阶段。这一阶段的儿童以惩罚与服从为导向，由于害怕惩罚而盲目服从成人或权威。

第二，相对的功利主义的道德定向阶段。这一阶段的儿童对行为好坏的评价首先是看能否满足自己的需要，有时也包括是否符合别人的需要，稍稍反映了人与人之间的关系。

第三，人际和谐的道德定向阶段。此阶段的儿童以人际关系的和谐为导向，对道德行为的评价标准是看是否被人喜欢，是否对别人有帮助，是否会受到赞扬。

第四，维护权威或秩序的道德定向阶段。此阶段的儿童以服从权威为导向，服从社会规范，遵守公共秩序，尊重法律的权威，以法制观念判断是非，知法守法。

第五，社会契约的道德定向阶段。这一阶段的儿童认识到法律、社会道德准则仅仅是一种社会契约，一般他们不违反法律和道德准则，但不用单一的规则去评价人的行为。

第六，普遍原则的道德定向阶段。此阶段的个体判断是非不受外界的法律和规则的限制，而是以不成文的、带有普遍意义的道德原则为准则。

[游戏库]

游戏① 寻找萤火虫

以5~6人为单位，完成以下任务：

首先，每位同学准备几张黄色的便笺纸，写上其他几位同学身上的你所羡慕的品质，一张写一个，写好后揉成团堆放在一起。

其次，每个品质都代表一只萤火虫，挨个打开纸团，让书写者说说他为何会羡慕这种品质，也让被羡慕者说说他是如何形成这些品质的。

最后，小组内分享：当被别人羡慕时，你的感受如何？你如何看待别人具有的品质呢？

游戏② 三人角力

活动目的：提高运动能力，勇敢面对挑战，学会以良好的心态面对胜负，培养不放弃、坚持到底的精神。

活动时间：10分钟。

适合人数：3人。

活动规则：首先，每次3人参加比赛，进入圈绳内面朝外站成"等边三角形"，布绳放在腰部位置。

其次，游戏开始后，3个人通过角力，去取放在自己前方1米处的矿泉水瓶，谁先拿到谁获胜。

讨论要点：面对目标，你是怎样想的？当3个人僵持不下时，你是怎么想的？当你失败的时候是怎么想的？从游戏中你得到了什么启发？

(2)抗挫力差，意志力薄弱

①抗挫力

所谓挫折，是指个体在从事一定的活动中，由于主观或客观因素的阻碍或干扰，致使动机不能实现、需求不能满足而产生的情绪状态。而抗挫能力是指个人在遇到挫折时，能顺利克服挫折带来的消极心理状态的能力。抗挫能力差的小学生如果得不到及时的心理健康指导和关心，就会难以走出挫折困境，长此以往导致他们抗挫能力较差，经不起风浪，在遭遇挫折时便会产生极其痛苦的情绪和采用消极的处理方式，甚至走向极端。

小学生抗挫能力差已成为一个普遍存在的社会问题，而良好的抗挫折能力和坚强的意志力不仅是学生心理健康的重要标志，更是学生坦然面对生活和学习中的各项挫折，顺利完成学业和健康生活的保证。

②意志力

意志力是一个人在生活中形成的比较稳定的意志特征，是性格的重要组成部分。小学生的意志力是通过意志品质表现出来的，对小学生意志品质的一系列实验研究发现，小学生意志品质的发展具有以下四个特点。

首先是自觉性。意志的自觉性是指人在行动中具有明显的目的性，能充分认识所采取行动的意义，使自己的行为服从于一定要求的良好品质，受暗示性和独断性等不良品质则是与自觉性相反的品质特征。容易受暗示的人，只有在得到提示、命令、建议时才表现出积极性，而且很快就会受到别人的影响，不假思索地接受他人的思想。行为具有独断性的人，表面上看似乎是独立地采取行动、执行决定，但实际上从不考虑自己所采取的行动是否合理，执行决定时也听不进任何劝告,固执己见、一意孤行。一般来说,小学生还不善于自己提出活动的要求,常由教师和家长对他们提出明确的要求,并在教师和家长的监督和帮助下达到要求。在整个小学期间,小学生意志的自觉性和独立性仍在持续发展。

其次是果断性。意志的果断性是一种明辨是非、迅速而合理地做出决定并立即采取相应行动的良好品质,与之相反的则是优柔寡断和草率决定等不良品质。小学生在做决定时往往具有冲动性和情绪化的特点,他们不善于仔细、全面地考虑问题,不善于经过深思熟虑按照一定的原则做出决定。

再次是自制性。意志的自制性是一种能够自觉、灵活地控制自己的情绪,以约束自己产生或完成与任务相反的行动的良好品质。自制力强的小学生善于控制自己的思想、规范自己的行为,能克制自己不应有的情绪冲动,抵制来自外部和内部的诱因干扰,自觉遵守纪律、执行决定。尽管小学生在自我约束、遵守规章制度等方面的能力发展较晚,但在教学活动和学校纪律的要求下,小学生的自制力也逐渐发展起来。

最后是坚持性。意志的坚持性品质是一种在行动中能以坚韧不拔的毅力克服种种困难而坚持到底的良好品质。具有良好坚持性品质的人能够在活动中持之以恒,在困难、艰苦的条件面前不犹豫不动摇,一鼓作气,善始善终。尽管小学生还比较依赖教师或成人的帮助,自制力比较薄弱,但在教育的要求和影响下,小学生意志的坚持性正在逐步发展。

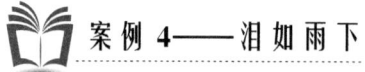

案例 4——泪如雨下

• 岁不寒,无以知松柏;事不难,无以知君子。

——荀子

雷宇是一个小学四年级的男生,性格内向,木讷腼腆。按照他母亲的说法,雷宇从小就是一个非常好带的孩子,缺点之一就是太害羞,说一两句就哭,脆得像块玻璃。幼儿园阶段他便经常因为小朋友之间推搡摔倒,或者没抢到玩具坐地大哭。本以为他上了小学会好些,没想到整个一二年级都在泪水中度过,同学们也给他起了一个形象的外号叫作"泪雨"。上了三年级之后,雷宇的泪水开始往心里流,大家经常看到他苦着脸走在回家的路上。这一天放学回家的路上,宏彬快步追上来问道:"雷宇,我听说你家附近有个篮球场,咱们周六下午一起去打篮球吧!"雷宇想到周六下午妈妈已经帮他约了牙医,犹豫了一下,但又不好意思拒绝同学,于是答应了下来。可他刚答应完就后悔了,觉得对不起妈妈难过想哭的感觉又涌上心头。类似这样的情况经常发生——每当同学向他提出要求,他总是犹豫不决,一方面担心答应了会耽误自己原先的安排,另一方面又害怕得罪同学以后没人跟自己玩。

为了让自己改掉优柔寡断的毛病,雷宇痛下决心一定要学会拒绝,但是最后还是败下阵来。正如他平时的表现,总有积极向上的目标,但经常管不住自己,遇到诱惑或者干扰就妥协,事后又非常愧疚。

[知其然]

雷宇同学的问题主要出在意志力薄弱,主要表现在做事优柔寡断,容易半途而废。

意志力中的果断性是意志的良好品质,具有果断性品质的人,能够及时做出有充分根据的决定,并且立即执行决定。果断性建立在对问题情境准确分析的基础上,它与盲目的行为有质的区别。由于小学生知识经验少,不善于仔细、全面地考虑问题,因此,在做出和执行决定时,他们容易受外界和自己情绪的影响。

意志力中的坚持性在日常的学习、生活中非常重要,人们做点儿事并不难,难的是坚持不懈地做下去,"人贵有恒"说的就是这个道理。在日常生活中,人们做事常常会出现半途而废的现象,这就是缺乏坚持性的表现。对于跟雷宇同学一样年纪的小学生来说,坚持性差的现象非常普遍。

[所以然]

针对优柔寡断,教师需引导学生明白人的时间和精力是有限的,应该有目的、有计划地把这些时间和精力用到有意义的事情上。目标计划一旦设定,就要果断地排除干扰,坚持自己的计划。如果同时想做两件有意义的事情,那么应先分析哪件事情价值更大,选择价值大的事情。如果重要性差不多,则任选一件,尽快做出决定。教师和家长可以用寓言故事等形式使学生认识到尽快做出决定的重要性。同时,从故事中选取正向事例,引导学生用心体会主人公魄力决断的过程,并将这种感受迁移到学生自己的生活中去,逐渐养成果敢的意志品质。

首先,教师需要以兴趣带动和激发小学生参加活动的积极性,促使小学生在活动中表现出更大的意志努力。教师可以增添活动和学习内容的趣味性、生动性,精心设计活动和学习方式,如采用游戏、比赛、表演、抢答、讲故事等形式,使学习和活动过程本身就能吸引小学生,对他们善始善终地坚持做某件事起到促进作用。

其次,对小学生来说,只有具体可行的目标,才可能促使他们去为实现这一目标而坚持不懈。所谓具体目标是指该做什么、怎样去做,目的和要求必须一清二楚。所谓可行的目标,是指确定的目标要与小学生的年龄、经验和能力水平相适应,是经过其自身的努力能够实现的,即目标不要定得太高或太低。当小学生实现一个目标后,成功的喜悦会强化他们的进取精神,激起他们确立下一个目标,从而养成不断进取的习惯。

再次,对从事某种活动持之以恒要靠自觉。因此,让小学生学会检查、监督自己是否在朝既定目标努力是必要的。要让小学生学会自我检查和自我监督,可以从教师的检查和鼓励开始,比如,与小学生共同确定某种活动、某个目标后,每天检查小学生完成的情况,并让他们做自我评价,对他们的良好表现给予鼓励,对做得不够好的要引导、激励他们改正。之后,可以为他们画一张自我鉴定表,让他们对实现学习计划、养成良好行为习惯、达到某种活动目标等情况进行打分,并定期把自我鉴定表交给教师,让教师了解和表扬小学生的自觉行为,对小学生的自我监督进行检查。这样,小学生在学会自我评价、自我监督后,才能督促自己持之以恒地从事某种活动。

最后,教师在教学中也可以加强对学生进行挫折教育。温室里的花朵在遇到高强度的冷风时内心必然会受到打击,这就是所谓的学习上的挫折。教师利用这些糟糕的情况,教育学生在遇到学习方面的打击时一定不要气馁,相信自己总有一天可以解决这些问题。面对生活中的挫折时也是这样,人生没有过不去的坎,只要你还活着就务必珍爱自己的生命,才能有机会与挫折相抗衡。这样的教育能够让学生在面对生活中的困难时首先想到的是解决问题,而不是一味逃避,在解决问题之后变得更加热爱生命。小学教师可以在教学过程给学生一些适当的挫折教育,比如在学生考试成绩十分优异的情况下,再给一套比较难的题目,以磨砺小学生的抗挫折能力。

[小贴士]——海豹部队

如果你想改变世界,从整理你的床铺开始;如果你想改变世界,在鲨鱼面前不要退缩;如果你想改变世界,你必须在最黑暗的时刻把自己的能力发挥到极致!

——海豹部队

作为世界上数一数二的特种部队，海豹部队的训练自然也是所有特种部队中最严苛的。如果其他国家特种部队训练强度用普通难度来形容，那海豹部队就是地狱难度！据知情人士透露，海豹部队最严苛的"地狱周"训练，淘汰率可以达到70%！而被淘汰的这些人并非普通士兵，他们也是特种部队士兵，能让特种部队士兵都受不了的训练，强度可想而知。

举几个例子，海豹部队地狱周训练中，最难的不是拉练或者负重训练，而是水下逃生自救。参加训练的士兵会被绑住双手和双脚，然后挂上重物扔到深水池中（有时候也会是河水），被扔进水里的士兵需要在5分钟内，用嘴咬住池子底部氧气面罩，然后再想办法自救。这种情节，我们之前只在魔术表演中见到过。但魔术表演是假的，而在海豹部队中人人都是"真刀真枪"实战，每个人都是真实生活中的"魔术师"。

为了训练士兵耐寒，海豹部队会在冬季前往阿拉斯加，然后让士兵赤裸上身在冰原上拉练，还会要求士兵跳入寒冷刺骨的冰水中，完成各种战术动作。而这种拉练不会只做一次，在海豹部队中，这种拉练像吃饭一样普通。

相比身体上的训练，海豹部队特别看重意志力的锻炼。地狱周训练中最残忍的环节，是所有训练特战队员6天只能睡4小时！平均一天连1小时都睡不了！这样做的目的是让海豹特种部队成员时刻保持警惕，感知危险。但长期不睡觉给人造成的伤害显而易见。

除了地狱周训练外，海豹特种部队还会根据驻扎地不同，而选择增加一些训练科目。比如驻扎在中东的海豹部队，就增加了沙尘暴天气下如何作战的训练科目。海豹部队士兵专门挑在特大沙尘暴天气进行训练，而中东沙尘暴遮天蔽日，非常恐怖，人在其中极易迷失方向，甚至是陷入流沙中。海豹部队的这个训练，在当时甚至让美陆军专家不满。但也正是因为增加了这类训练，才使得海豹部队成为美军在中东最为可靠的作战力量。这似乎也是海豹部队成功所在。

在21世纪的今天，很多人都信奉武器制胜论，但实际上，决定一场战争胜负的关键只能是人的素质。严苛的训练才能培养出能打硬仗的队伍！

[游戏库]

游戏① 勇闯雷阵

活动目的：培养面对挑战的勇气，提高处理应急事情的能力，拓展思维能力和提高记忆力，在互相帮助与提醒中增进团体凝聚力。

场地材料：室内空地，雷阵图一张，安全路线图四张，粉红色与绿色小旗各一面。

活动时间：40分钟。

适合人数：每组10~15人。

游戏规则及情景导入：我们是一个突击队，需要为大部队开拓一条安全的道路。这时，我们来到了敌人设置的雷区面前。我们的任务是在三分钟内，在布满地雷的阵地中找出一条安全的道路，每个人都随时可能牺牲，大家敢不敢接受挑战？好的，我们以小组为单位进行挑战。哨声响起后，每次派出一位队员记录，雷阵每次只能踩入一个格子。根据主持人手中的雷阵安全路线图举旗示意，如果举的是绿色的小旗，表示安全可以继续前进。如果主持人举的是红旗，则表示踩到了地雷，队员牺牲，必须退出雷阵，再由小组派出下一位队员继续探路，直到队员顺利走出雷阵为止。行走路线必须是往前后左右走，不能斜走，也不能跨格走。挑战过程中，其他队员不能发出声音，但可以用手势提醒。如果超过三分钟，没有队员安全走出雷阵或者所有队员全部牺牲，任务都算失败。

讨论要点：游戏过程中你的心情如何？要想安全走出雷区，要注意哪些方面？

游戏②　一封挑战信

活动目的：培养勇于尝试的精神和善于抓住机会的意识。

活动时间：5分钟。

适合人数：人数不限。

游戏规则：主持人出示一封信对大家说："我手上有一封挑战信，需要一位勇敢者上来打开，它里面到底有什么内容，事先是不能告诉大家的，内容或许是请你表演一个节目，或许是要送你500万的奖金……具体谁也不知道，但是如果你一旦选择上台接受挑战，就必须按挑战信的要求来做。"邀请参加者上台接受挑战。

讨论要点：在不知道信中内容时，你是怎么想的？当有人接受挑战告诉大家新的内容后，你又是怎么想的？从游戏中你明白了什么道理？

挑战信的内容：首先，请大声地告诉大家你的姓名和班级。

其次，请大声地告诉大家这几句话：机会面前人人平等，但是犹豫者容易失去机会，勇敢者常常抓住机会，聪明者善于创造机会。

最后，如果你能勇敢地抓住机会，送你一份小礼物。

(3) 学习困扰

在小学生入学之前游戏是主导活动，他们在游戏中得到了心理上的最好发展，游戏对幼儿的心理发展具有不可替代的重要作用。入学之后，学习代替游戏成为他们的主导活动，小学生们在学习过程中逐步发展自己的心智。可见学习对小学生的心理发展发挥着重要的促进作用。但当今有不少小学生，由于无法适应学校的学习生活而抵触到校学习，害怕老师尤其是班主任。面对如此困境，老师和家长们该如何处理呢？

小学生学习心理特点：一般来讲，学前儿童在游戏活动中，可以按照自己的意愿或兴趣选择性地参与，但对于小学生而言学习不是仅凭意愿或兴趣参加的可有可无的活动，学习成了必选项，是具有严格要求的有一定强制性的社会义务，要求儿童必须完成。小学生不仅要学习他们感兴趣的内容，而且还要学习一些虽然不感兴趣但是必须学习的东西。

案例 5——我真笨

- 古之成大事者，不惟有超世之才，亦有坚忍不拔之志。

——苏轼

小丽是一名小学五年级的学生，生性活泼开朗，学习用功，成绩优异，很受老师、家长和同学们的喜欢。自从这学期开学后，她就给自己制订了学习计划表。由于别人都说早上学英语好，所以她每天早上6点钟起床背半小时的单词，听半小时的听力。晚上放学回家，各个科目在什么时间看都很固定，背完了这科背那科，一遍遍地读背，可记忆效果并不好，她就自己找来各科参考资料去做。由于内容太多，她就延长晚上学习的时间，第二天又强迫自己早起，弄得睡眠不足，一上课就打瞌睡，有时硬撑着听下去，可脑子里一片空白，什么也没听进去。越是这样，晚上越要多费时间，造成恶性循环。她感到非常着急，不知如何是好。于是她自责起来："我真笨，用了这么多时间还是学不好。"

[知其然]

广义的学习是指人与动物在生活过程中获得个人经验，并由经验引起行为持久的变化过程，包括人与动物的各种学习形式。人类将获得的社会历史经验作为认识世界和改造世界的一种内在力量。

对于学生来讲，学习通常指学生在学校里进行的学习，是学习的一种特殊形式，是狭义的学习。它既不同于人类历史经验的积累过程，也不同于人们在日常生活环境中所进行的学习。学生学习的主要特点如下。

首先，学生的学习是以掌握间接知识经验为主的。学生主要是学习和掌握前人所积累的各门科学知识，即间接的知识经验，是在较短的时间内接受人类的认识成果。学生的学习不需要也不可能事事从头实践。当然，学生为了更好地理解、巩固和运用所学知识，有时也会通过实践去获取一定的直接经验，但学生的实践是服从于一定的学习目的的，与科学家探索尚未发现的客观真理的实践活动是不同的。

其次，学生的学习是在教师有目的、有计划、有组织的指导下进行的。教师在学生的学习中起着极其重要的作用。教师通过系统的指导和传授，使学生的学习避免多走弯路，从而能够在较短的时间内取得更有效的学习成果。

再次，学生学习的主要任务是掌握系统的科学知识、技能，形成科学的世界观和良好的道德品质。学生科学世界观和良好道德品质的形成过程，也是学习的过程，是在掌握系统的科学知识和技能的基础上，通过有计划、有组织的各种教育活动实现的。

最后，学生的学习是在学校班集体中进行的。班集体这一特殊团体中的人际交往和人际关系等对学生的学习有重要影响。

[所以然]

学习方法是学生为提高其学习成绩在学习过程中所使用的方法。案例中的小丽在学习上的问题是典型的学习方法不当。教师不妨采取以下方法指导她学会学习。

①根据个性特点来选择学习方法

每个人都有自己独特的个性,个性不同,则学习方法也不相同。性格外向的学生活泼好动、思维敏捷、反应迅速,但坚持性差。因此,外向型学生不必强迫自己一直埋头复习,可以用"交替学习法",不断变换大脑的优势兴奋中心,该玩时就玩得痛快淋漓,该学时就"两耳不闻窗外事",必要时就用意志来约束自己。而内向型的学生沉着稳重,感知事物细腻,思考问题有深度,学习认真能持久,但思路不宽,领会知识速度慢。因此,内向型学生应在发挥自己优势的同时,培养发散性思维,开阔视野、拓宽思路,多与同学交流讨论。

②根据思维的状态来选择学习方法

人的思维状态在一天之中是有变化的,这些变化受时间、环境和情绪的影响,我们应根据变化特点,采取不同的学习方法。在思维进入最佳学习状态时,我们就把最重要的功课或难题放在这段时间里去复习、思考和背诵;在思维处于低谷时,我们可做阅读、浏览、整理笔记、练习会话等。

③根据记忆特点选择学习方法

记忆方法是多种多样的,或是机械记忆法,或是形象记忆法,或是理解记忆法,但不管采用哪种方法和记忆形式,只要能记得牢、效果好,就可以加以利用。如果记忆效果不佳,就应忍痛割爱、另择良法。

④根据不同学科选择学习方法

各学科都有其独特的规律和基本的学科结构。因此,在学习时教师要引导学生掌握各门学科的基本知识结构,以及各个结构有些什么内容,怎样把它们联系起来等。总之,方法的选择要因学科而异。在教学中,开设学习策略指导课,循序渐进地向学生传授各种学习策略,并让学生了解不同学科要采用不同的学习方法。学校实施"思路教学"和"自主—合作—探究"式教学,可以为学生学习策略的学习提供平台,使学生把学科知识的学习与学习策略的学习和运用有机结合。学校可以开设自我提问引导训练、出声思维训练、学科学习策略训练等科目。

[小贴士]——解密学习心理

学习心理是指与学习活动紧密相关的非认知系统的心理因素及其倾向性,是学生在获得、巩固知识与技能的过程中,内心世界产生的一种感受与体验,其外延广泛,内容丰富,主要包括学习目的与动机、学习态度与方法、学习策略、学习习惯、学习自信心等。

儿童进入小学就开始了正规的课堂学习。小学的课堂学习与幼儿园以游戏为主的活动截然不同,教师、家长对孩子的要求也从幼儿标准上升到小学生标准。若想学生学得快乐,教师和家长又不烦恼,只有使教育符合所教学生年龄段的学习心理特点,才能够形成学生愿学、教师愿教的学习氛围。那么,小学生的学习心理包含哪些内容呢?

①学习动机

动机是直接推动有机体活动以满足某种需要的内部状态,是行为的直接原因和内部动力。当学生不存在智力障碍和缺陷时,学习动机的有无及强弱程度对学习就至关重要。这也就意味着学习动机是学生学习积极性的主要源泉。它不仅对学生的学习有重要影响,而且其本身还是学校教育的重要目标。在教与学的过程中,教师要特别重视激发和培养学生的学习动机。小学生在新的学习和生活条件下,在相应的年龄发展特征的制约下,一般具有如下特点。

首先,学习动机由不够明确向比较明确发展。小学低年级学生之所以要去学校学习是有多种原因的,有的是希望像哥哥姐姐那样背上书包佩戴红领巾,有的是希望像哥哥姐姐那样认出周围广告或者电视上的文字,有的是想和已经上了学的小朋友一起玩,有的是为了遵照父母的要求。他们的动机多种多样,但不够明确,学习动机的清晰度不够。随着小学生知识经验和独立性的发展,他们逐渐自觉地意识到比较明确的学习动机,提高了学习动机的清晰程度。

其次,学习兴趣由学习的形式向学习的内容拓展。小学低年级学生对学习过程的形式感兴趣并从中得到满足。例如,黑板报上的小鸭、手里的小棍、算盘上的算珠、书里画页的变动,读拼音、写生字、念课文的交替变化,对教师课堂提问的回答等,都能吸引他们参与到学习活动中。从对教师提问的回答来看,我们常常发现这种现象,在小学低年级的课堂提问中,乐于举手回答教师提问的孩子相当多,因为他们希望教师注意自己,如果能被教师提问或走到黑板前回答教师的问题,那是一种极大的乐趣。但是等教师把他们叫起来后,有的孩子却不会回答,这是因为他们开始就没有听明白教师的问题,或者开始听明白了,由于思想过于集中在教师是否会叫自己这一点上,一旦站起来,反而把问题忘了。也有的孩子可能根本就不会回答,但看到别人举手,自己也举手了。由此可见，这一时期的学生比较多的是对学习过程中直观、变化和活泼的教学形式感兴趣。

从小学中年级起，在良好的教育条件下，学生开始注意学习内容。他们的学习兴趣减少了与学习形式的直接联系，而逐渐被学习的内容所左右。例如，他们对较复杂的学习（分析课文、写作、低水平的计算等）有了更多的兴趣，不再满足于一般化的、低水平的智力活动。

最后，学习目标由近景向远景发展。小学生的学习动机较多的是服从眼前利益和学校要求，缺乏远大目标。例如，在小学时期对于大多数学生来说，学习是为了取得好分数，为集体争光。随着年龄的增长，小学生逐渐懂得自己学习的社会意义，懂得当前的学习与将来要达到的目标之间的关系。形成远景动机。例如，有的学生学习是为了"将来当一名医生，医生能治病救人"，或"当一名农学家，改变家乡农业的落后面貌"，这些都是远景性的学习动机。但是，属于社会动机的社会责任动机则出现较晚，因为学习的社会责任动机的形成不仅要求学生真正理解学习的社会意义，同时要求学生形成自我检查、自我评价的心理品质，并以此为基础，养成组织、计划、检查和评价自己学习活动的能力。

学习动机不足的学生，学习成绩倾向于落后。因此，为了提高学生的学习成绩，教师就要激发学生的学习动机，引导学生做到以下几点。

首先，提高思想认识，消除影响学习动机的外部不良因素。社会、学校和家庭等一些外部不良因素，往往扰乱学生的思想，使他们对学习产生错误的看法。教师应指导学生在思想上树立正确的学习目标，消除影响学习动力的外部不良因素。要将那些玩世不恭、目光短浅、贪图享受的想法驱逐出大脑，多接受正面、积极上进、严肃认真、鼓励人积极奋斗的观点。无论如何，要建立这样一种基本的认识：学习者必须有学习者的精神面貌。

其次，主动调节自己的行为，坚持积极正确的做法。光有认识而缺乏行动是不行的。有了正确的认识，必须用这种认识调节自己的行动。如果原来自己有了一些积极正确的做法，就应当下决心坚持，不为外来的错误思想和观念左右，不能让错误的认识代替自己正确的认识，不能让错误的行动代替自己正确的行动。能主动调节自己的行动，才能说明自己是主人，才能证明自己具有了独立的思想和观点。

再次，积极努力创造成功，增强对学习的自信心。学习的成功是积极努力创造获得的,不是不费吹灰之力等来的。成功会带来自信,自信会增强学习动机,使自己精神焕发,挑战学习任务。人在克服困难完成挑战性任务中,会逐渐发现克服困难的乐趣,从中获得促使自己努力的原动力,使自己在学习中劲头十足。学习上的成功可大可小,大成功必然是从一个个小成功积累获得的,不能好高骛远、冲动急躁,要懂得集腋成裘、万丈高楼平地起的道理。在教学中,可以适当地开展竞赛活动,为学生增加提高自信心的机会。竞赛是激发学生积极性的有效手段。在竞赛中,由于自尊心和好胜心,学生学习兴趣和克服困难的毅力大为增加。例如:开展"我对得最多"活动,表扬细心做作业的学生,并给予相应的称号,例如"认真无敌超人",展出他们的优秀作业,在学生中树立榜样。这样持续下去,不仅可以培养学生的正向动机和良好习惯,还有利于调动学生学习的积极性。

最后,分析自己的需求,提高需求档次。心理学家马斯洛曾经把人的需要由低级到高级分成不同的层次:生理的需要、安全的需要、归属与爱的需要、尊重的需要、自我实现的需要。他认为,低级的需求获得满足以后,人就会产生追求上一级需求的动机。根据马斯洛需要层次理论,学生如果把自己的需求仅仅定位在低层次水平上,说明他们尚未将自身提升为社会化高的、社会性强的人。因此,教师要指导学生明白学习是一种高级的需求,应该具有追求目标。但是,由于小学生的自我认知能力尚浅,其学习需求多是外在动机驱使的,例如课堂趣味性、教师和家长的表扬等。因此,心理课堂设计要具有趣味性,能够激发孩子的学习需求。

②学习态度

学习态度是学生在学习过程中所体现出的一种较为稳定的心理倾向,囊括了学生在教学、学习活动中的注意状况、情绪状态和意志力表现等。良好的学习态度是促进学生参与学习活动的内在动力源,不但能推动学生学习行为的顺利进行,影响学习活动的发展方向和结果,也对学生的学习行为具有调节和催化作用。关注学生的学习态度培养,能有效地提升学生的学习效率,发挥出事半功倍的积极效果。

小学生在小学的学习活动中已初步形成了一定的学习态度,对待所学科目是积极还是消极,是主动还是被动,是喜好还是厌恶,这些学习态度的具体体现都会对学习效果产生关键性的影响。学习是学生的主要任务,是小学生获取知识、求得个性全面发展的重要途径,也是他们发展智力、培养能力和形成良好道德品质和科学世界观的过程,同时也是促进身心健康成长的主导因素。因此,小学阶段对学生提出了较高的心理素质要求,然而处于该时期的小学生的心理素质却尚未定型与成熟,加之学校和家庭的过高期望,致使小学生产生了一些学习心理方面的问题。

[游戏库]

游戏① 记忆高手

活动目的:培养良好的观察力和记忆力。

场地和材料:室内,彩色画报若干。

活动时间:10分钟。

人数:不限。

游戏规则:第一,主持人把每张画报给大家看一分钟。

第二,收起画报,以抢答的方式请参加者回答与画报内容有关的问题,例如图中女性的裙子是什么颜色的?她有没有戴手表?画报中标注的年份是什么时候?

讨论要点:你是怎么观察和记忆的?可以通过哪些途径提高记忆力?

游戏② 铁钉架

活动目的:善于不断尝试,突破思维定式,提高耐心与细心的品质,培养坚持不懈的精神。

活动时间:15分钟。

适合人数:每组5~10人。

游戏规则:第一,通过小组合作,把1根大铁钉垂直钉到木板上,然后把剩下的12根铁钉放到这根垂直的铁钉上。

第二,需要遵守以下几个规则:不能使用外力扶助;不能使用工具让铁钉弯曲、变形;不能使用其他材料粘接或捆绑;不能放倒木板;不是脑筋急转弯,所以不能用意念和想象。

讨论要点:刚开始你觉得这个任务难吗?有没有觉得不可能完成而想放弃的念头?从这游戏你明白了什么道理?

(4)焦虑情绪

现在的教育正处于由应试教育转向素质教育的阶段。虽然以前经常考试的局面有所转变,但是据调查有70%的小学生在面对每个学期的终结性考试时,还是会出现紧张、发慌等情绪。这种因考试引起的急性情绪障碍,就是心理学所说的考试焦虑。它对小学生的学习、生活和成长影响很大,应引起广大教育工作者的重视。适度的考试焦虑将有利于学生的学习,而过高或过低的考试焦虑都会产生负面影响。严重的考试焦虑对学生有很大的危害,不仅会降低学生的学习效率,影响考试成绩,还可能形成恶性循环,甚至危及学生的身心健康。

考试焦虑是考生中常见的一种以担心、紧张或忧虑为特点的复杂而延续的情绪状态。在考试之前,当考生意识到考试对自己具有某种潜在威胁时,就会产生焦虑,这是在面临高考或中考的学生中普遍而突出的现象。他们怀疑自己的能力,忧虑、紧张、不安、失望、行动刻板、记忆受阻、思维发呆,并伴随一系列的生理变化,如血压升高、心率加快、面色变白、皮肤冒汗、呼吸加深加快、大小便增加等。这种心理状态持续时间过长,就会出现坐立不安、食欲缺乏、睡眠失常等情况,影响身心健康。这种心理是考生对考试具有自律性和责任心的表现。

案例6——逢考必败

> • 要克服生活的焦虑和沮丧,得先学会做自己的主人。
>
> ——李嘉诚

小红是小学四年级的学生,活泼可爱,学习也很用功,可就是怕考试。一到要考试时就极度紧张、面红耳赤、心跳加速、心神不宁、眉头紧锁。考试时,考卷一发下来她就双手颤抖,头脑一片空白,注意力不能集中,看题时错位错行,严重时题都看不清;本来记得好好的知识怎么也想不起来,即使后来想起来也只是个别词句;有的题本来能用很简单的方法做出来,她却用很复杂的方法做,一出考场就什么都想起来了,气得直拍大腿。可下次考试,她还是有这毛病。越是这样,到考试时越是紧张,心理负担越重,以至于形成恶性循环。如果有人问她最大的心愿是什么,她会毫不犹豫地回答:"取消考试。"

[知其然]

考试焦虑是一种情绪反应,当学生意识到考试情景对自己具有某种潜在威胁时,就会产生这种紧张的内心体验。造成考试焦虑的原因很多,既有生理方面的原因,也有心理方面的原因。从生理方面来说,原因有缺少睡眠而造成的过度疲劳;因食欲不佳而导致的营养不良,影响大脑供血,身体不适等。从心理方面来说,原因有父母和教师对考生要求过高,或考生本人对考试结果过分看重,造成较大的心理压力;平时复习不充分,知识掌握得不牢固,缺乏必要的应考策略和考试技巧,造成自信心不足,产生严重的自卑感;考场气氛紧张,监考人员态度严肃,造成考生过分紧张。

[所以然]

针对以上造成考试焦虑的生理和心理原因,教师可以从以下几个方面指导小学生进行调适:

1.考前做好准备

首先,要有思想上的准备,树立正确的考试态度,正确对待分数。放下思想包袱,积极乐观地对待考试。考试前,保持轻度兴奋,暗暗放松,跃跃欲试,心情稍有紧张。其次,要认真做好复习。按照考试的要求,认真复习,扎实的知识、技能可以使学生降低紧张程度,防止怯场。再次,要注意休息,劳逸结合,避免考前睡眠不足和过度疲劳等不适。

2.培养自信心,充分估计自己的才能与知识

给自己鼓励和积极的心理暗示,相信自己在考试中一定能够正常发挥,注意力集中在试卷上便能排除恐惧和焦虑,顺利渡过这一关。

3.讲究考试方法

由易到难是掌握知识的规律,考试时也不能违背这一规律。拿到试卷后,首先浏览试卷上的各种试题;答题时由易到难,先做会做的,会给你带来成功的喜悦,以此来增强积极的情感体验,这样就会使大脑皮质处于良好的兴奋状态,从而有利于发挥出最佳的应考水平。

4.适应紧张,克服情绪大起大落

对于即将参加的考试,感到适度的紧张,这是正常的,这不仅不会妨碍考试,反而会提高考试效率,发挥出最佳水平。心理学家研究表明:中等强度的焦虑状态,会达到最佳的学习效率。对考试抱无所谓的态度、丝毫不紧张与过分紧张焦虑一样会降低学习效率。

[小贴士]——**考前放松训练**

放松训练是通过使全身各部位的肌肉紧缩后再松弛,从而达到松弛大脑神经的目的。训练时遵循自下而上的原则,从脚步肌肉开始直到头部肌肉为

止，完成一次训练。在做放松训练的同时，可以在头脑中预想考试的过程，想象自己如何进入考场，如何拿到考卷，如何填写考号和姓名，如何答卷、检查、交卷等过程，想象得越具体越好，边想象边体验全身心放松的感觉。这种训练可以在考试前一两周开始，每天训练一两次，每次进行10~20分钟即可。

[游戏库]

游戏①　三打白骨精

活动目的：培养接受挑战的勇气，学会以良好的心态面对胜负，学会互相鼓励，增强集体荣誉感，培养不放弃、坚持到底的精神。

场地和材料：室内或户外的平地，无材料。

活动时间：20分钟。

适合人群：每组10人左右。

游戏规则：第一，全体参加人员先学习三个动作，一是唐僧的动作，端正站立，双脚合拢，双手合十；二是白骨精的动作，双脚左右开立，双手叉腰；三是孙悟空的动作，单脚站立，右手反转至前额呈遮阳望远状。

第二，分两组进行挑战，每组派出一人，面对面站好。

第三，其他队员齐喊口令，孙悟空在大家喊出"空"的时候，请挑战者做出上述三个动作中的一个。

第四，如果两个人做的动作一样表示平局，继续再来。

第五，如果不一样，则按照孙悟空胜唐僧，孙悟空胜白骨精，白骨精胜唐僧的规则判定胜负，胜者留在场上，负者被淘汰。

第六，负者所在的小组派出一位新队员挑战对方的胜者，直到某一组所有队员被淘汰，游戏结束，另一方胜出。

讨论要点：当你失败的时候是怎么想的？你觉得用什么样的心态面对胜负最合适？

游戏②　叠杯塔

活动目的：增强在强压力下良好的心理调整能力，培养耐心和细致的做事风格。

场地和材料：室内，桌子一张，塑料杯6个，秒表。

活动时间：3分钟。

适合人群：1~2人。

游戏规则：每次一位挑战者上场进行挑战，在30秒内将6个杯子按照口对口底对底的方式叠起来,在手离开杯子后杯子不会倒则此次挑战成功。为了增加紧张感,还可以加设对抗因素,例如让两人同时进行,较快者为胜。

讨论要点:执行任务过程中你会紧张吗?你担心的是什么?

(三)小学生的人际交往和人际困扰

1.小学生的人际交往

人际交往是小学生社会生活的重要组成部分,小学生在与人交往的过程中学习社会规范和与人相处的技能。在社会学习的过程中逐渐学会了适应,在适应中人际交往的技能又得到了进一步的发展。较强的交往能力和较好的人际关系不仅有益于小学生的心理健康,也能促进其认知能力的发展。

人际交往是指由协同活动的需要引起的交往者之间相互沟通、相互认知及相互作用的复杂多变的联系过程。人作为社会性的个体,交往是人的基本需要。人与人之间通过接触,在互相联系中彼此传递信息,达到了解并产生相互影响,从而形成这样或那样的人际关系。因此,可以说人际交往是人际关系的起点,具体包含以下三个方面。

①人际交往是信息的沟通

交往过程的首要方面就是交往双方的信息沟通,它是学生相互知觉和理解的基础。学生在共同活动中彼此交流的各种观念、思想、兴趣、情感等都可以看作信息。沟通即信息传递的过程,作为人与人之间的沟通与两个设备之间简单的信息传递是不同的。因为每一个人都是积极的个体,信息不仅在传递,而且也在形成、补充和发展。人们力求在这里确定出共同的意义,这一点只有在信息不仅被接受,而且被理解、认识的条件下才能做到。

人际沟通需要以一定的符号系统为工具来传递信息。符号系统有语言符号系统和非语言符号系统之分。语言符号系统是人类最重要的沟通工具,它作为信息的载体,有着巨大的优越性,它的概括性使其既能指示具体的某个事物,也能标志它所概括的一类事物以及抽象的概念关系。因此,知识、思想、观念等只有通过语言才能被明确地表达。非言语符号系统有:无声动姿,包括点头、姿态转换、面部表情、手势及身体接触方式等;无声静姿,包括静止的体态、空间距离等;有声辅助语言,包括声音的音调、音量、节奏、变音转调、停顿、沉默等;类语言,即有声而无固定意义的声音,如呻吟、叹息、叫喊等。

②人际交往是相互认知

学生在交往时不但进行信息沟通,还通过对方的外部资料形成一定的印象,并力图揭示其观念、态度、情感和行为动机等内在因素。这种个人对人的知觉、理解和评价过程叫作人际认知。人只有认识和了解与之交往的对象之后,才有可能更可靠地确定和对方的实际关系,更好地预测与其共同生活的前景,并进一步表示自己对他人的态度。

人际认知既是人际交往的前提又是人际交往的结果。首先,人们的交往始于对对方外貌、表情、服饰和说话的内容、语调的感知,并由此判断情绪状态、行为动机、职业、年龄及文化水平;其次,人际认知又是形成人际关系的基础,由人际认知人们形成对他人的印象和对他人行为内在原因的推测,进而调节自己的行为并预判对方的行为。

③人际交往是一种相互作用

人际交往是小学生认识自我、他人和社会的基本形式与途径,它为小学生自我意识和自我同一性的发展创造了条件,小学生的内在需要也是在交往过程中得到满足的。因此,人际交往既是小学生社会化的重要条件,又是他们保持心理平衡和完善个性的有效方式。同时,人际交往的目的在于满足其各种动机。因此,在与他人进行信息交流了解对方时,人们还会通过彼此的交互作用来影响对方的态度,改变对方的行为以符合自己的愿望。人际相互作用的种类和方式很多,按交往者积极程度的标准,可将其分为感染、暗示说服和模仿。

2.小学生的人际困扰

埃里克森的人格发展阶段论认为,人际交往对儿童身心发展有重大影响,通过人际互动,学生发展自己的兴趣,学习如何与他人相处,建立适当的自我概念。小学时期是儿童心理发展历程的一个重要时期,是儿童学会人际交往、适应学习生活、融入集体生活的基础阶段。小学生的交往对象主要是父母、教师和同学,因此,学校是小学生一生中可塑性最强时期的主要生活环境。在学校内的交往主要分为两类,一是与同伴交往,二是与教师的交往。学校中的人际关系是构成少年儿童社会经验和形成他们对社会中人与人之间关系的概念与情感的重要基础。小学阶段良好的校内人际交往环境和人际关系,能使孩子们身心愉悦,培养乐观豁达的品格,在当今乃至今后的生活中都能积极主动地适应环境,应对各种问题。

近年来由于社会环境、家庭教育等多方面因素的影响,致使许多小学生在校内的人际交往上或多或少显现出了一些问题。有些小学生不能与他人和谐共处,致使学习效率下降;有的小学生内心冷漠,对集体他人漠不关心,无动于衷;有的小学生气量狭窄,为人处世"我"字当头,容不得别人比他强;有的小学生情绪波动大,容易发怒,甚至还会产生偏激行为,这常常会引起他们的离群、冷漠、自卑、抑郁,甚至敌对和反社会倾向,影响他们的心理健康。因此,我们很有必要在小学生的这一关键时期对其实施人际交往辅导。

案例 7——同伴关系

> • 爱朋友,喜欢朋友,用诚意去对待朋友,但不要依赖朋友,更不要苛求朋友。能做到这几点,你才可以享受到交友的快乐。
>
> ——罗曼·罗兰

晶晶是班上公认的"知心姐姐",人美心善,周围总是围着很多同学;晓静是班上的"小麻雀",不论好事坏事她知道后立即宣传开来。虽然晓静性格活泼,快人快语,但是下课或放学时,身边却没有朋友,越是这样她越是加大宣传力度,结果适得其反,同学们更加疏远她了。

有一天,晶晶和晓静一起留下来做值日,晓静心情很低落,一边扫地一边叹气。晶晶觉察到了晓静的不适,关切地问道:"晓静,你是不是有什么心事?"晓静喃喃自语道:"为什么我身边总是没朋友呢?我就那么讨人厌吗?"说着说着眼眶就红了。晶晶把扫帚放到一边,拉着晓静的手说:"晓静,你有什么想法慢慢说出来,看我能不能帮助你。"于是,晓静把自己不被理解的感受竹筒倒豆子一般倾诉了一番,整个过程晶晶目光注视着晓静,时不时地微微点头。晓静讲了十几分钟,突然停住了,说道:"我突然明白为什么大家那么喜欢你了……因为你能够安静地听我把话讲完,而不是着急打断我,这个过程太舒服了!"晶晶笑眯眯地说:"其实,我什么也没做!"

[知其然]

小学生的同伴交往具有以下几个基本特点:第一,小学生与同伴交往的时间更多,交往形式更复杂;第二,小学生在同伴交往中传递信息的技能增强;第三,小学生善于利用各种信息来决定自己对他人所采取的行动;第四,小学生开始形成同伴团体。

小学生的同伴交往开始分为友谊关系和同伴团体两方面。所谓友谊,是指儿童在与同伴的交往过程中,逐渐与一个或多个同伴形成较为亲密的关系。成为朋友应该具有什么样的条件呢?对这个问题的回答因儿童的年龄及认知发展水平不同而有所不同。8岁以前,儿童友谊的基础主要是共同活动,认为朋友就是住在附近的同伴,而且喜欢和他们玩。在8～12岁,由于儿童观点采择的能力增强,他们更能推断他人的需求、动机、意图和渴望。对这一年龄阶段的儿童来说,友谊的基础是心理相似性,朋友之间应当具备共同的志趣,朋友之间的关系应该是忠诚而友好的。

卡耐基说:"做个听众往往比做个演讲者更重要。专心听别人讲话,是给予他人最大的尊重、呵护和赞美。"倾听是一种有意识的、主动的听,是一种能力、一种素质,也是一门艺术,更是一种重要的修养。倾听,不仅有利于接受信息、启迪心智,而且能激起思维火花,促进学习进程。倾听是一种含有听讲技巧的高效活动,涉及鉴赏性思考、主动性理解、批判性接受等方面的内容。倾听不仅仅是用耳朵来听说话者的言辞,还需要一个人全身心地去感受对方谈话过程中表达的言语信息和非言语信息。案例中的晶晶通过倾听,不但拉近了彼此的距离走进了对方的内心,还缓解了晓静的担忧情绪,让晓静明白了多听少说的交友秘诀。

[所以然]

倾听是一种人际交往礼仪,在交往中能够专注地倾听对方讲话,是表示对对方的礼貌和尊重,是对对方的一种赞美和恭维,对方也会因此而喜欢、信赖你并乐意与你交往。正如汤姆·彼得斯在《追求优秀的热情》一书中所说:"倾听是礼貌的最高形式。"从小学会倾听,不仅对今后的学习生活有帮助,还会是人生道路上的宝贵财富。故事中你最希望和谁成为朋友?显然是晶晶。会倾听的人才能收获信任、友谊,倾听原来如此重要。

[小贴士]——人缘来自经营

在现实生活中,有的人人际关系很好,朋友很多,有的人则人际关系不良,朋友很少或根本没有朋友。造成这种差异的原因,除了少量先天的影响因素外,还跟生活习惯、性格等后天的影响因素密切相关。同学之间相处,光有热情是远远不够的,还需要以下策略,才能获得好人缘。

①主动帮助他人。在处理人际关系时,主动对他人表达关心,助人为乐。

②言而有信。做个讲信用说到做到的人,认真按时地完成答应的任务会让你赢得尊重,给友谊加分。

③宽宏大量。人与人交往难免磕磕碰碰,心存芥蒂。如果总是抱着小肚鸡肠、睚眦必报的心态与人对抗,交友之路将越走越窄;相反,能做到以恕己之心恕人,退一步海阔天空,定能为自己迎来好人缘。

④虚怀若谷。学生时代正是吸纳知识的大好时光,取得一点小成绩便沾沾自喜,自以为是,甚至在同学面前吹牛显摆,容易招致同学的反感,给人留下轻浮的印象。

⑤微笑待人。"爱笑的人运气都不会太差",这句话告诉我们微笑能够促成人际关系的良性互动,进而对个人发展产生积极作用。遇到陌生人时微笑表达善意与亲和力,遇到冲突时微笑化干戈为玉帛,遇到不开心的事情时微笑为自己加油打气,微笑神奇而有力量,请加强练习以备不时之需!

⑥兴趣广泛。小学阶段课业压力相对较轻,此时适量参加一些感兴趣的课外活动,例如音乐、舞蹈、绘画、体育运动等,不仅可以增强体质,还可以排遣孤独寂寞,并在参加的过程中结交新朋友,扩大人际圈。

[游戏库]

游戏① 拆字

以全班为单位,完成以下任务:

首先,让大家动手翻字典,查找汉字"听"的繁体字写法;

其次,请同学上台用粉笔写下大大的"聽"字;

最后,引导同学们说出古人设计这个"聽"字的用意,探讨这个字给你带来的启发。

游戏② 听风者

三人一组,做以下活动:

首先,分为倾诉者A、倾听者B和观察者C三个角色,由A分享一件自己的难过往事,B负责倾听,C全程做好观察和记录的任务;

其次,一轮结束后,首先由A和B来表达交流过程中的感受,再由C来点评与提出改进意见;

最后,进入下一轮,直到三轮结束,再次分享与总结。

案例 8——师生关系

> 具有教育效果的不是教育的意图,而是师生间的相互接触。
>
> ——布贝尔

蕙兰是一个小学四年级女生,人如其名,蕙质兰心,所有人都很喜欢她。在家里,蕙兰总是很积极地帮忙做家务,小小年纪能做很多事情。在班级里,蕙兰也发挥自己的强项,把班级收拾得整整齐齐,深得老师喜爱。但是,一讲到成绩蕙兰就犯愁了。原来进入三年级以来,由于课程难度增加,她的成绩一路下滑,尽管上课认真听讲,课后认真完成作业,无奈成绩还是老样子。渐渐地,蕙兰开始感觉班主任不再经常对她笑了,表扬她的次数也越来越少。为了挽回班主任的微笑,蕙兰更加积极地参与班级事务,但是班主任的笑容却一点没有变化。有一次回答问题,蕙兰两眼紧张地盯着班主任,声音却卡在喉头发不出来,尴尬得满脸通红。班主任似乎觉察到了蕙兰的不对劲,下课后主动邀请蕙兰去办公室谈谈。蕙兰说出了自己的所思所想,班主任对她说:"我们所有老师都很喜欢你,但是比起我们的喜欢,你自己喜欢自己显得更加重要!"

[知其然]

小学生的人际交往对象主要是父母、教师和同学,由此会形成亲子关系、师生关系和同伴关系。其中,小学生与教师的关系是其中一种重要关系。与幼儿园的教师相比,小学教师更为严格,既引导学生学习掌握各种科学知识与社会技能,又监督和评价学生的作业、品行。与中学教师相比,小学教师的关心和帮助更加具体而细致,也更具有权威性。

几乎每一个儿童在刚跨进小学校门时都对教师充满了崇拜和敬畏,教师的话甚至比家长的话更有权威性。对小学低年级学生来说,教师的话是无可置疑的,这种绝对服从的心理有助于他们很快掌握与适应学校生活的基本要求。但是,随着年龄增长,小学生的独立性和评价能力也随之增长起来。从三年级开始,小学生的道德判断进入可逆阶段,学生不再无条件地服从、信任教师了。他们对教师的态度开始发生变化,开始对教师做出评价,对不同的教师表现出不同的喜好。有研究发现,小学生最喜欢的教师往往是讲课有趣、喜欢体育运动、严格、耐心、公正、知识丰富、能为学生着想的教师。小学生对教师的评价还影响着小学生对教师的反应,他们对自己喜欢的教师往往报以积极的反应,而对自己不喜欢的教师往往报以消极的反应。例如,同样是批评,如果来自小学生喜欢的教师,他们就会感到内疚、羞愧;如果来自不喜欢的教师,他们就会反感和不满。

影响小学生与教师关系的一个重要因素是教师的期望。心理学研究表明,教师的期望对小学生的成长具有广泛的影响,学生的学习能力、阅读能力和行为表现等都会不同程度地受到教师期望的影响。教师一般是根据学生的性别、身体特征、社会经济地位、家庭状况、兴趣爱好等信息来对学生形成期待的。当教师对小学生有高期望时,就会在其面前表现得更和蔼、更愉快,更经常表现出友好的行为,如点头、注视学生、谈话更多、等待学生回答的时间更长、更经常地赞扬学生等。教师对待学生的不同方式传递着不同的信息,如认为高期望学生的失败是因为没有好好努力,而低期望学生的失败是因为缺乏能力。

[所以然]

首先,应明确师生关系的性质。师生之间的关系应是和谐、亲密、平等的,没有尊卑之分,不存在绝对的鸿沟,不应该在心理上形成讨好的姿态,与老师交往,不必羞怯和自卑,应大大方方,有礼有节。其次,对于刚刚开始人生新征程的儿童来说,小学教师(尤其是班主任)是他们模仿的对象,教师的人格可以影响到儿童一生的为人。因此,像案例中的班主任一样,不仅传授文化知识,还凭借自己的学识、教养和力量去告诉孩子如何去爱自己,明白人的尊严与价值,学会善待自己,友爱他人。最后,师生关系是一种双向互动的人际关系,对儿童而言,儿童对教师的态度是师生关系的一个重要成分;对教师而言,教师对儿童的期望是师生交往中颇为重要的因素。

[小贴士]——**师徒情**

冲突性(师生之间是否经常有情绪、行为上的冲突)、亲密性(是否具有紧密相处、互相接纳的态度和行为)、反应性(是否有情绪、认知上的主动反应)是小学儿童师生关系的三个重要因素。这三个因素不仅构成了小学生师生关系的内在结构,而且也是影响师生交往过程的重要因素。根据师生关系结构成分的不同特点,小学生的师生关系表现为亲密型、冲突型和冷漠型三种类型。有研究发现,四年级是师生关系最好的时期,从师生关系的类型来看,四五年级是师生关系变化最大的时期。该研究还指出:在师生关系的类型上,随着年级的升高,小学儿童积极师生关系类型的统计数逐渐下降,而消极师生关系类型的统计数逐步上升。

[游戏库]

游戏① 角色扮演

请同学轮流上台做小老师,上台讲解准备好的自己擅长的内容,天文地理文史数哲皆可。讲解结束后,请试着回答同学的提问,也可以抽点同学回答问题。全程结束后,请站在讲台上模仿某位老师的说话方式发表一下对这次"讲义"的看法及感受。

游戏② 每当我走过老师窗前

一小组队员闭上眼睛,用心安静地听歌曲《每当我走过老师的窗前》,并在音乐声中回想自己和老师之间发生过的难忘事情。听完歌曲后,小组队员交流刚才听歌曲时所想到的事情。选择一件大家觉得不错的事改编成主题为"难忘师生情"的小品剧,并进行表演。表演时间在3~5分钟,讨论分工,排练的时间为20分钟。不管节目好不好,都需要坚持完成。

想一想:你的老师让你感到难忘吗?接到这个任务时你觉得困难吗?表演完小品后,你的心情是怎样的?从这个游戏中你明白了什么道理?

案例9——亲子关系

> • 和睦的家庭空气是世界上的一种花朵,没有东西比它更温柔,没有东西比它更适宜于把一家人的天性培养得坚强、正直。
>
> ——德莱塞

亲情是人世间最真挚而美好的感情。在我们成长的道路上,父亲母亲给予我们真诚而无私的爱。小时候,我们对父亲母亲一副崇拜,随着年龄的增长,我们有了自己的思想,开始独立行事,渴望从父亲母亲那里拿到"解放证书",渴望父亲母亲像对待大人那样对待我们,也难免会挑战父母的权威。这样的矛盾和冲突是不是经常困扰着我们呢?有没有尝试过与父亲母亲心平气和地交流沟通呢?更好地理解对方,必然能让彼此之间的关系更为和谐。

星期六,六年2班的陈兴从学校踢完足球回家,他兴奋地冲过客厅,来到房间,寻找自己落在家里的手机。透过房门的缝隙,他看见妈妈正背对着房门看着什么,"妈妈,我回来了,你在看什么?""哦,没看什么,我在打扫房间。"匆忙间,妈妈突然转身,一脸尴尬,手里正捧着陈兴的手机。"妈妈!你怎么可以随便翻看我的 QQ 和微信聊天记录?"爸爸闻讯赶来,附和着:"爸爸妈妈也是关心你,别一惊一乍的!"陈兴一把抢过妈妈拿着的手机,怒火中烧,砰的一声愤然摔门而去。

他来到网吧,连上 Wi-Fi,在微信朋友圈中发了这么一段话:今天出门没带手机,回家竟然发现妈妈在偷看我的聊天记录,这太令人气愤了!和好朋友聊的悄悄话,是不想任何人知道的,即使是爸爸妈妈也不可以,那是我的秘密!我以后再也不理妈妈了,爸爸不但不批评妈妈,还和妈妈同流合污,我永远都不会原谅他们。谁来安慰我受伤的心灵?

[知其然]

陈兴的内心苦恼大家遇到过吗?如果爸妈了解我们的内心感受和心理需求,也许上文中的情景就不会发生;也许不但不会出现这样的烦恼,还能让彼此间更好地交流,友好相处。看来,向爸妈诉说自己内心的想法和感受,进行适当沟通非常重要。到了五年级,我们逐渐长大,陈兴选择把生活、学习中的苦恼告诉同学或者虚拟网络上的陌生人,大概是觉得自己已经独立和成熟,需要有自己的空间。

11 岁了,我们越来越有自己的主张,越来越有独立性,越来越想自己做决定了。当你开心或者不开心的时候,你还会像小时候一样与爸妈分享吗?当你觉得和爸妈意见不一致时,你会主动与他们探讨吗?放学后,你还愿意和爸妈分享学校发生的点点滴滴吗?假期里,你还期待着和爸妈一起去休闲娱乐吗?或者在不知不觉中,你和爸妈的距离已经越来越远了?这些问题的答案都是否定的。就如陈兴一般,有一部分同学开始嫌弃爸妈的碎碎嘴,指责爸妈的横加干涉,或者干脆采取冷处理,对爸妈敬而远之。不再把爸妈当成自己的贴心人。其实,爸妈的关注与唠叨,正是他们对自己浓浓的爱。

[所以然]

爸妈无私的付出才让我们茁壮成长,享受这份甜蜜的亲情时也要深深体会这样一份无私、无条件的大爱。为了让爸妈理解支持我们的决定,减少生活中发牢骚顶撞他们的现象,我们必须在生活中及时体察他们的心情。多多体会爸妈给予我们的爱,善于控制自己的情绪,心平气和地和爸妈说话,包容爸妈的不合理行为。同时,我们也应该积极与爸妈沟通,分享每一天的所见、所感、所想,说出自己的心情和感受,无论快乐与痛苦,让爸妈成为我们的知心好友。

[小贴士]——流动的亲情

进入小学是儿童第一次在真正意义上脱离家庭的"保护网"走向社会的历程,这对孩子与父母其实都是一种新的体验,他们的心理都会产生微妙的变化。

第一,父母与儿童交往的时间在变化。儿童有了自己的独立时间和空间,与父母在一起的时间明显减少。同时,父母关注儿童的时间也在减少,因为有了学校教育,父母大大减少了与孩子一起谈话、为孩子讲故事、同孩子一起做游戏的时间。

第二,父母与儿童交往的内容也在发生变化。在孩子入小学前,父母与孩子共有一个世界,所要处理的也是孩子自身的问题,如发脾气或者与小伙伴打架等。可孩子入学后一系列新的问题摆在父母和孩子面前,如长大了是否该学做家务、孩子都与哪些同学交往、孩子学习不好怎么办等,许多问题都可能导致亲子之间感情上的变化。因此,这些无论对父母还是孩子来说都是新的考验。

第三,父母与儿童交往的方式也在变化。在学前基本上是父母管教,孩子言听计从,而且孩子也是什么都依赖父母。进入小学后,随着年龄和环境的变化,孩子开始独立思考问题,虽然在很大程度上他们摆脱不了对父母的依赖性,还是想要寻求父母的指导意见,但这时候他们已经开始萌生了自己的想法,倾向于自己做决定,而不是由父母替代自己做决定。

由此可见,进入小学后,儿童与成人接触的机会相对减少,他们更喜欢与自己同龄的伙伴交往。同伴交往是小学生最主要的交往方式,也是促使小学生形成和发展个性特点、社会行为、价值观和态度的一个独特而主要的方式。

[游戏库]

游戏①　如果你是

如果你是陈兴的好友,在看到陈兴的微信朋友圈后,你会怎样给建议呢?请写一写。

游戏②　我爱我的家

活动目的:学会感恩父母,珍惜家人之情,感受与亲人一起生活的美好而难忘的时光,学会大方展示自我,提高自信。

场地和材料:安静的室内,音乐,每人一份纸和笔。

活动时间:40 分钟。

适合人群:每组 8 人左右。

游戏规则:第一,小组队员闭上眼睛,用心聆听歌曲《我爱我的家》,并在音乐声中回想自己与家人之间发生过的难忘事情;

第二,听完歌曲后,小组队员交流刚才在听歌曲时所想到的事;

第三,选择一个大家觉得不错的故事改编成题为"我爱我的家"的小品剧,并进行表演展示;

第四,表演时间 3~5 分钟,讨论分工、排练的时间为 20 分钟,不管节目好不好,都需要坚持完成。

讨论要点:接到这个任务时,你觉得困难吗?表演完小品后,你的心情是怎样的?从这个活动你明白了什么道理?

(四)小学生的生命情感发展

所谓生命情感,即灵性,是个体对自身情感及对自我生命的体认、肯定、接纳与珍爱,对生命意义的自觉,以及对他者生命乃至整个生命世界的同情、关怀与钟爱。生命情感绝非玄妙莫测、无迹可寻,它就隐藏在人们形形色色的活动之中,根植于现实世界又保持着对现实世界的超越,引导个体走向生命的深层境地,实现对人生百态的全面看护。生命情感作为人生的全面看护,是个体求真感、伦理感和审美感的基础与源泉。而良好的生命情感使个体生命在面向世界的时候始终保持良好的积极开放的姿态,即乐于与周遭进行活泼有趣、富有爱心的对话与交流。

1.小学生兴趣爱好的养成

兴趣是指一个人力求认识某种事物或从事某种活动的心理倾向。例如,一些体育迷一谈起体育便会津津乐道,一遇到体育比赛便想一睹为快,对电视中的体育节目特别迷恋,这就是对体育有兴趣。一些老京剧票友们总喜欢谈京剧、看京剧,一遇到京剧就来劲,这就是对京剧存有兴趣。所谓打锣卖糖、各爱各行,意思是人们的兴趣是多种多样、各有特色的。在实践活动中,兴趣能使人们工作目标明确,积极主动,从而能自觉克服各种艰难困苦,获取工作上的成就感,并能在活动过程中不断体验成功的愉悦。古往今来,许多成就辉煌的成功人士,他们的事业往往萌生于青年时代的兴趣,沿着兴趣的道路不断前行,最终成就自我。

俗话说,兴趣是最好的老师。我国古代著名的教育家孔子说过,知之者不如好之者,好之者不如乐之者。确实如此,一旦我们产生了学习兴趣,在学习过程中就能自觉地克服困难、集中注意力、活跃思维,促进学习活动顺利开展。

案例 10——爱丽的烦恼

> • 一个深广的心灵总是把兴趣的领域推广到无数事物上去。
>
> ——黑格尔

树洞先生您好,我叫爱丽,是一个五年级的女孩。最近我感到很苦恼,因为我对英语不感兴趣,每次看到英文就跟看天书一样,开口发音更是困难,我一站起来朗读英语就会引起哄堂大笑。我们班有的同学从幼儿园开始学英语,现在讲着一口流利的英语,早读课领读,还能熟练地跟英语老师对话,在班上可出风头了。而且我最近听一个上初中的表姐说,初中英语跟语文和数学一样重要,如果小学读不好,落下得多了自然跟不上。我开始担心自己的英语成绩,目前就只有不到 80 分,到了初中该怎么办呢?我也曾努力早起背英语单词,无奈就是记不进去,过目就忘,妈妈经常说我古文那么难记都能背下来,几个字母怎么就背不下来?说到底可能还是不喜欢的缘故吧,拿起书就反感。树洞先生,请告诉我该怎么做才能喜欢上英语呢?

——一位不喜欢英语的女生

[知其然]

兴趣与投入是人生幸福感的来源。美国芝加哥大学心理学教授米哈利花了 30 多年的时间对几百位各行各业的人进行了访谈,研究令人感到幸福和满足的真正原因是什么。他发现和人们通常想象的不同,不是在人们很放松什么事也不做的时候,而是当人们专心致志地从事某项活动,甚至忘我地完全沉浸在这种活动中的时候,他们感到最为愉悦和满足。对不同的人而言,幸福和满足可能是跳舞,可能是演奏乐器、绘画,也可能是阅读、写作。在实际生活中,兴趣与职业往往交织在一起。虽然我们将兴趣划分为职业兴趣和非职业兴趣,但这两者之间往往很难准确划分,因为几乎每一种兴趣都可以与某种职业联系起来。例如,逛商场购物的兴趣可以演变为采购或者着装指导的工作,饲养小动物的兴趣可以和动物饲养人员、宠物医院、宠物医生、野生动物保护专家挂钩。许多人也的确将自己的业余爱好变成了自己的职业。例如,有的人因为喜欢收集地图而成为文物所的研究人员,有的人因为喜好旅游而成立野外探险俱乐部,并成为旅游器材经销商……类似的例子比比皆是。

米哈利将这种状态称为"flow",它的原意是流动,也被译为沉静或心流状态,因为这时候人们的体验好像被一股潮流往前推动,一切都平稳而自然地发生了。在这种状态下,人们无暇思考这样做可能带来什么样的回报,或担心自己的表现如何,只是整个人都忘情地投入其中,享受从事这个活动过程本身带来的快乐。而且这种活动通常对我们的体力或智能有一定的挑战,同时人们也在最大限度地使用自己的技能。心流状态下个人与其积极情绪相连接,例如自信、希望、快乐等,而不是逃避、焦虑和恐惧等负面情绪。

[所以然]

兴趣是人对客观事物的选择性态度,它表现为人力求认识和获得某种事物,并且力求参与相应的活动,兴趣通过情绪反应来影响一个人的行为积极性。这就意味着,凡是从事自己感兴趣的学习和工作,人便会感觉心情舒畅和愉快,效率也会较高。相反,如果是从事自己不感兴趣的事情,则可能心理动力不强,缺乏激情,效率也随之降低。对于小学生来说,他们的学习在很大程度上受兴趣和情绪左右。因此,培养学生对学习的兴趣,包括对学习内容的直接兴趣和对学习结果的间接兴趣,有助于增强学生的学习积极性,从而提高学习效率。

兴趣爱好不是天生就有的,它是环境影响和后天培养的结果。怎样培养自己的兴趣爱好呢?主要有几种方法。

第一,增加知识,培养兴趣。知识是兴趣产生的基础条件,因而要培养某种兴趣,就必须拥有对某种知识的积累。如要培养写诗的兴趣,就应当先接触一些诗歌作品,体验诗歌美好的意境,了解一点写诗的基本技能,这样就可能诱发出诗歌习作的兴趣。

第二,树立志向,稳定兴趣。要使兴趣不断发展增强,就必须始终保持好奇心,像科学家那样善于提出疑问,往纵深方向发展,不断进行探究。问题总是无穷无尽的,长期保持好奇心,兴趣也会相应地稳定发展。青少年是励志的最佳时期,可根据自身的条件和兴趣爱好,确立个人的人生志向和理想,如此这般建立的兴趣爱好更具有社会性和方向性,也更能稳定和持久。

第三,扬长避短,选择兴趣。兴趣爱好主要靠后天培养,但也离不开一定的客观条件,包括个人的素质、学校家庭的条件、社会的需要等。例如,有的同学嗓音生来沙哑，却爱好唱歌，这种爱好就难以持续，很难有所成就。再比如，有个少年的父亲是书法家，他选择书法作为自己的兴趣爱好。由于经常得到父亲的指点，小小年纪书法就很有成就。所以，我们在选择兴趣爱好时，要根据自己的各方面条件，扬长避短，发挥自己的优势，使兴趣发挥出最佳效能。

第四，参加实践，强化兴趣。在实践中获得成功，可以使人的需要得到满足，体会到成功的乐趣，从而增强兴趣。实践中出现新的未知领域会激发我们探求的欲望。闻名世界的英国发明家法拉第年轻时是个书店学徒，他在装订大英百科全书。史书中的电学知识引起了他的好奇心。最初他还不太懂，读不进去，入门后便对电学产生了兴趣，以浓厚的兴趣开始，以顽强的毅力钻研，终于发明了世界上第一台发电机。

[小贴士]——兴趣发动机

拓展米哈利的心流理论，人们的满足感、幸福感往往来源于从事某种活动，而不是无所事事或单纯的享乐游玩。他一直强调要做自己喜爱的事情才能获得快乐，而这也正是工作原本的意义所在。对大多数人而言，工作占据的是他们一生之中和一天之中最好的时光。

显然，如果我们所从事的事情是自己所喜欢的，那我们的工作和生活会愉快得多，多半也会对这样的工作更有激情，更有可能在这样的工作中获得满足感。兴趣与能力也有密切的关系，人们倾向于在他们感兴趣的事情上投入更多的时间，往往得以培养更强的能力。由于有较强的能力，人们在从事自己喜欢的事情时就会感到得心应手，因此增加了对这件事情的兴趣，从而形成良性循环。也有一些人因为担心能力不足而放弃或怀疑自己的兴趣，却忘记了以兴趣为动力，能力是可以在后天培养出来的。所以需要注意的是，兴趣并不等同于能力，兴趣测评的分数也不代表能力的高低。当然，并不是所有的兴趣都应该或能够在自己的职业中得到满足，兴趣也可以通过兼职、志愿活动、参加社团、业余爱好等多种方式来实现。关键在于工作和生活、不同的生活角色之间的协调与平衡，以及工作与个人爱好的适度统一。在选择职业的时候，有必要将兴趣作为一个重要的因素考虑进去，在现实的基础上进行择业是成功就业的前提和基础。

[游戏库]

游戏① 回忆快乐时刻

请放松，深呼吸，然后回忆三个自己感到特别愉快，忘了时空和自己的时刻。哪怕只是片刻的时光，也请仔细回想当时的场景、细节以及自己的感受，并将感受写下来。

游戏② 兴趣清单

活动目的:找寻自己的兴趣爱好,并进行适当的归纳总结,便于更好地积累与发展。

场地和材料:室内,每人一份纸和笔。

活动时间:5分钟。

适合人群:全班同学。

游戏规则:两个人一组,面对面坐好。

首先,两个人轮流在对方的纸上写上自己的兴趣爱好,允许适当停顿;

其次,将对方写在自己纸上的内容念给对方听,看是否需要补充和完善;

最后,分享看到对方兴趣爱好时积极向上的感觉。

讨论要点:你如何看待自己的兴趣爱好?听到对方对你的兴趣爱好的评价,你有什么感觉?

2.小学生价值观的养成

当前的世界新格局,学生在未来将面临更多挑战,因此人生观、价值观和世界观的偏差问题要引起重视。特别是在城镇小学不容乐观,由于种种原因,学生们的服务意识普遍比较淡漠。因此,从小教导学生参与各种各样的志愿服务,培养其参加志愿服务的意识与能力,其长大成人后步入社会,才能够更好地融入社会,并且有较强的社会责任意识。

小学阶段的学生,他们人生观、价值观和世界观处于形成过程中,身心发展不成熟,对规则和道德约束的认识也相对较低。因此,教师抓住机会引导学生参加志愿服务活动,通过志愿活动让学生更深入了解作为社会公民应当承担社会责任,这种责任担当,要通过持续的公益实践才能形成。与此同时,如果教师能够引导学生将这种担当与爱国主义联系在一起,就能够使小学生对爱国主义有更深的认识,进而使学生未来成为一个知法守法的爱国好公民,这正是教师对学生进行德育的最好方法。

案例 11——疫无情，人有爱

> • 爱人者，人恒爱之；敬人者，人恒敬之。
>
> ——孟子·离娄章句下

晨晨是一个普通的四年级小学生，长相平常、成绩平平，在班级里并不起眼。有一次她在路上遇到音乐老师，老师竟然没认出她来。回到家，晨晨郁闷地趴在床上嘟囔，碰巧母亲经过，她赶紧问了一句："妈，你说我有优点吗？""当然有！你很乖、很懂事，从小带你出门放哪里都老老实实不乱跑，可省心了！"晨晨更郁闷了，她想：从小到大除了懂事似乎没别的优点，难道我要平凡一辈子吗？

两天后，学校突然通知改上网课，晨晨明白疫情又严重了，上一次新冠疫情暴发她才读二年级，只记得身为护士的母亲当时一直奋斗在一线，将近一个月没回家，这次母亲又要走了吗？晚上，疲惫的母亲刚到家，晨晨便一下扑了上去："我不要你走，我要你在家陪着我！"母亲摸着她的头温柔地说："妈妈不走，这次我在家附近做志愿者。""那我也去做志愿者！"母亲笑着说："好啊，到时你来给我做助手。"

第二天，母亲穿上防护服站到了核酸检测工作人员的队伍里，晨晨被安排在网课之余为楼栋里的各家各户送菜。由于电梯管控，所有的菜都需要通过楼梯搬运至门口，第一天晨晨就累得浑身酸痛，倒头大睡。第二天、第三天……晨晨坚持做了一星期，整栋楼都认识了这个小小的身影。

复课后，班主任在全班同学面前点名表扬了晨晨，夸奖她在抗击疫情中的优秀表现。晨晨正在纳闷班主任怎么会知道这个事情，没想到班主任看穿了晨晨的心思，当着全班同学的面说："我的小姨跟晨晨住同一个小区，是她跟我讲了晨晨做志愿者的事情。她说多亏了晨晨，大家每天都能吃上新鲜的果蔬，她远在外地的儿女也不用担心了！我们能做的事情虽小，但意义很大，大家都要向晨晨同学学习！"

晨晨内心暖洋洋的，她在志愿之行中感受到了自己的不平凡，是她生命中明亮的一笔，那个平凡的自己变得坚强、勇敢和自信了！

[知其然]

志愿服务是一种主体性的活动，是志愿者在自己信念和意愿下，积极主动地、不求回报地为他人或社会做一些力所能及的事，并在具体的实践活动中实现自己的价值，检验与完善自己的价值观。案例中的晨晨之所以能感觉到那份温暖与自豪,正是因为她完成了自己力所能及的事情,并提高了自己独立解决问题的能力,感受到自己为社会服务和奉献的人生价值。

[所以然]

现代义务教育提倡发展小学生的素养,发展素养的核心是促进学生的全面发展。也就是说,在教育教学中,教师除了文化教育之外,还应通过必要的教育手段对学生进行全方面的发展塑造。因此,教师审时度势,引导小学生参加志愿活动,其重要性大大超出志愿者本身所具有的意义。志愿实践活动,不仅可以帮助学生在情感交流中实现自己的人生价值,培养其全面发展的责任感和健全的个性,还可以帮助小学生学会自我管理,培养其自身的创造力。

小学生参与志愿服务,既是当代社会发展的要求,又是培育和践行社会主义核心价值观的重要途径。德育工作不仅仅是一种知识的传授,更是一种精神化了的行为。道德教育的实践途径和方法不能简单地从一般学科教学的角度出发,片面地理解为主要依靠直接讲授或理论传授,而应充分重视德育实践活动本身的教育意义。

首先,小学生参与志愿服务,应打破原有的教学模式,创造真实的德育环境,让学生在帮助他人的过程中感受到自我价值实现的喜悦。同时,在不断锻炼自己、服务他人的过程中,营造一种赠人玫瑰、手留余香的文化氛围,并以一种随风潜入夜、润物细无声的情怀,提高全民族的道德水平。

其次,小学生参与志愿服务,有利于小学生进行社会角色体验。通过志愿者角色的体验和实践,小学生在潜移默化中学会了作为一个社会人的权利和义务,并且在利他的行动过程中培养起了感恩社会、服务社会、回馈社会的责任意识。

最后,志愿服务是个人不以获得报酬为目的,自愿奉献自己的时间、技能、经历和财富,为帮助他人和促进社会发展的一种公益利他行为。因此,在利他这一高尚的精神品质的引领下,小学生志愿者能够不断进行自我感化、自我完善与自我超越。

[小贴士]——志愿者发展史

北京奥运会后,我国的志愿服务获得了极大发展,政府出台相关政策,大力推动中小学生志愿服务的制度化发展。2009年,教育部出台了《关于深入推进学生志愿服务活动的意见》,明确要求中小学把志愿精神作为进一步加强和改进未成年人思想道德建设的重要内容,充分发挥志愿服务活动的育人作用。

2015年,教育部印发了《学生志愿服务管理暂行办法》,对学生志愿服务的工作机构组织实施、认定记录、教育培训、条件保障等问题进行了阐述,进一步加强了对各级各类学校学生志愿服务工作的指导。

共青团中央把建立健全以志愿服务及团体活动为核心的实践育人制度作为创新思想、政治引领和价值引领的重要方式,于2016年和教育部联合印发了《关于中学加强中学生志愿服务工作的实施意见》,其中要求未成年学生可以参加与其年龄、智力相适应的志愿服务活动。

强调学校是开展志愿服务教育的主阵地,要把志愿精神作为未成年人思想道德建设的重要内容,纳入学校的教育教学,体现到课堂教学、课外活动和社会实践中,不断增强广大青少年的志愿服务意识。

2017年9月,教育部印发的《中小学综合实践活动课程指导纲要》指出,要通过在综合实践课程中设置公益活动、志愿服务等社会服务活动,充分发挥实践活动课程在立德树人中的重要作用。同年,国务院颁布的《志愿服务条例》明确规定,学校、家庭和社会应当培养青少年的志愿服务意识和能力,高等学校、中等职业学校可以将学生参与志愿服务活动纳入实践学分管理。

2020年7月,教育部印发的《大中小学劳动教育指导纲要(试行)》明确指出:"服务性劳动教育让学生利用知识、技能等为他人和社会提供服务,在服务性岗位上见习实习,树立服务意识,实践服务技能;在公益劳动、志愿服务中强化社会责任感。"这从劳动教育的角度强调了志愿服务学习的重要性和必要性。

[游戏库]

游戏① 人生五项

活动目的:学会表达自己的观点和态度,理解和尊重每个人的人生价值取向,学会珍惜生命,珍惜拥有。

场地和材料:安静的室内,音乐,每人一份纸和笔。

活动时间:40分钟。

适合人群:全班同学。

游戏规则:首先,在柔和的音乐声中进行语言引导:每个人都有自己的梦想,每个人都希望在自己的人生历程中拥有更多的东西,也许是一群要好的伙伴,也许是一个健康的身体,也可能是很多很多的钱。请你静静回忆,在你的人生历程中,你最想得到什么?或者你觉得对你来说人生中最珍贵的东西是什么?它可能是一种事物,也可能是一种感觉,或是一种想法。请大家闭上眼睛,静静地、认真地想一想,想好以后,请在纸上写下你认为对你来说最重要的五样东西。

其次,假设我们的生活遇到了意外,非常不幸,你将失去五种东西中的一种,请你认真思考,轻轻地将这种东西划去。

最后,岁月不停,生命有限,你生命中最重要的东西终将一一离你而去。现在请拿起笔,再次划去单子上面的三种,只留下最后一种。

讨论要点:你写下的五样东西是什么?为什么是这五样?你第一个划掉的东西是什么?当时你的心情是怎样的?在考虑留下最后一种东西的过程中,你是怎样想的?你有什么感受?从这个游戏中你收获了什么?

游戏② 背人过河

活动目的:培养良好的团体合作能力和助人意识,提高身体的灵活度与协调性,感受团体活动的快乐。

场地和材料:宽敞的平地、小呼啦圈、秒表。

活动时间:20分钟。

适合人数:10人。

游戏规则:第一,情景导入——一群好朋友到森林探险,遇到了一条水流很急的河,河上有石头可以帮助大家过去,但是石头间的距离太大了,有一些队员跨不过去,经过商量,大家决定采用接力背人的方式,让大家安全地渡过这条河。

第二,把10个小呼啦圈紧靠着排成一列,5位身体较强壮的队员按一、三、五隔着一个呼啦圈的方式站在呼啦圈内。

第三,站在第一个呼啦圈内的队员用背靠背、手挽手的方式,把待过河的队友背起并转身放到第二个空着的呼啦圈内。

第四,接着由站在第三个呼啦圈内的队员按相同的方式把在过河的队员依次往回送。

第五,当待过河的队员们都上岸后,原来站在呼啦圈内的5位队员也采用相同的方式依次被背上岸,任务结束。记录所有的总时间,比一比哪一个探险队效率更高、速度更快。

讨论要点：你们小组是如何进行分工的？活动中谁更辛苦？你觉得在与队友的配合过程中要注意什么？

3.小学生生命观的养成

随着社会的不断发展，人们的生活水平不断提升的同时，生活节奏也在不断加快，生活压力随之而来。现如今，烦恼、焦虑这一类的负面情绪不仅出现在成年人身上，也大量出现在小学生身上。近年来，关于小学生自杀事件的新闻报道层出不穷，2016年6月，湖南娄底某小学12岁的男生，因情绪不稳定在全班师生面前跳楼身亡；2018年3月，一小学女生在家割腕自杀，在她留下的日记中，她提到的原因是作业过多、压力过大；2018年12月，陕西汉中一位女童因为携带糖果到学校被老师批评，从三楼跳下……从已有的新闻报道和研究数据来看，小学生出现自杀、自残等漠视生命的现象越来越多，整个社会急需提升小学生珍爱生命、保护生命的意识，使其感受到生命的可贵，从而减少自我伤害的行为。因此，对小学生进行生命教育刻不容缓。

我们常常把"珍爱生命"放在嘴边，这几个字说起来是如此简单但要做到却有一定难度。对于一个人来说生命是最珍贵最重要的，但是又有多少人是在即将失去生命的那一刻才意识到生命的宝贵？而小学生对于一个国家而言是国家生命延续的希望，国家在不断发展和进步，培养了一批又一批接班人，他们在各行各业为祖国贡献自己的力量。学生的健康成长对于一个家庭、国家和民族都有着不同程度的影响，一个健康成长的学生才能为家庭、国家和民族带来希望。在当前快节奏带来的各种社会压力下，我们的小学生也正经受着巨大的学习和生活压力。因此，教师和家长除了关心小学生的学业，加强对他们珍爱生命的价值观引导显得尤为重要。

案例12——叩问生命

- 世界上只有一种英雄主义，那就是了解生命而且热爱生命的人。

——罗曼·罗兰

在一次心理课上，心理老师要求同学们在小册子上画出自己的"小心思"，一个六年级女生的作品引起了老师的注意（见图2-1）。小册子的封面上写着

"人类死后怎么了",册子里写有"人死后会怎样?地球会怎样?人类真的对未来有用吗?",所画的宇宙中心也是一个偌大的黑洞,似乎正在吞噬着画者的热情。

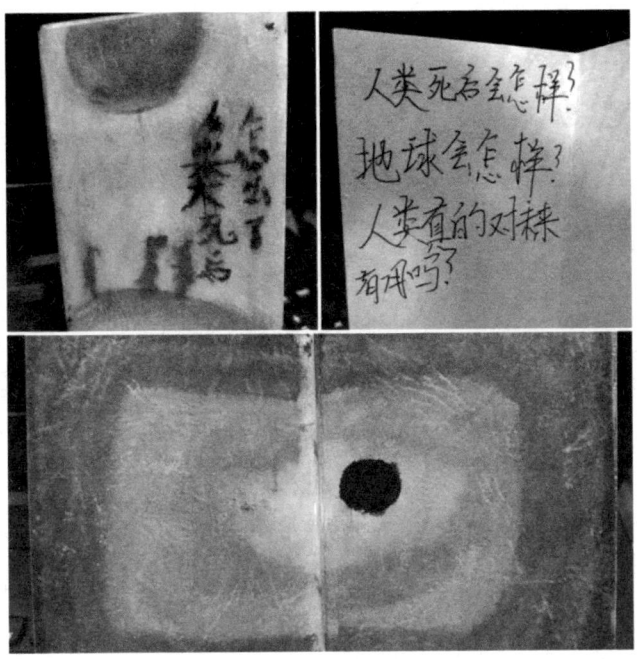

图 2-1　六年级女孩的生命困惑

在之后的单独约谈中,画者婷婷坦言进入小学六年级以来课业难度加大,在学业上明显感到吃力。同学关系也发生了微妙的变化,以前亲近的几个女同学也开始对自己疏远。回到家里父母又责怪自己不如以前听话,好像全世界都在跟自己作对,经常陷入情绪低谷,有时候甚至想过一死了之。有一天,她刚好看到中央台在播放一档宇宙探秘的节目,自己着迷于浩瀚宇宙的同时,也对死亡产生了新的想法,即死后将何去何从的问题,于是将自己的所思所感留在了这幅画作上。"老师,您知道我们死后会去哪里吗?"心理老师思考片刻后告诉婷婷:"我也不清楚人死后到底会去哪里,因为去世的人无一生还。所以这个问题就像一个盲盒,或许等我们努力活好了这一生,在临近终点的时候自然会有答案!"

[知其然]

儿童处于智力和心理迅速发展与转变的阶段,人们在儿童阶段就会对生死问题产生好奇,开始寻求对死亡的了解。但由于受我国传统思想和文化习惯的影响,国内多数家长忌讳和回避谈论死亡的话题,即使遇上亲属去世,有关去世者的信息和话题也会被禁止,而对死亡问题忌讳的社会氛围,使得许多中小学校尚未开展与死亡相关的教育。再加上日常生活中充斥着音乐、艺术、文学、动画影片对死亡的美化描述和社会媒体对死亡事件的失范报道,将自杀行为戏剧化、浪漫化、夸大化,容易引发尚未形成独立思考的儿童曲解死亡概念,产生不珍惜生命的行为。报道自杀性事件的网络新闻很少会报道自杀事件带来的严重后果,尤其是对其朋友和家人造成的严重心理伤害时常未加说明,加上自杀的网络新闻经常使用煽情的新闻标题,这些标题往往与文中的真实信息不一致,致使儿童可能会无法辨别这些冲突的信息,从而建立一些错误的生死观念,甚至还可能引发自杀传染,最终不利于危机干预和健康引导。

儿童阶段可能会经历死亡事件,若不能很好调整儿童的悲伤情绪,可能会引发很多不良心理反应。研究发现,学生第一次经历死亡的年龄以 7~12 岁居多,小学六年级就有超过 80% 的学生曾接触过死亡事件。张林等针对社区内 11~16 岁儿童创伤事件的调查显示,儿童自身经历的创伤性事件发生频率最高的是对自己很重要的人的死亡。① 在面临丧亲等生活巨变时,儿童青少年普遍会表现出生理、情感、行为和认知上的强烈反应,若他们刻意埋藏心中的悲恸和痛苦,抑或是他们的哀伤行为被外界忽视或误解,就有可能引起青少年生理、心理和认知上的问题,如焦虑、抑郁等。Wolchik 通过纵向调查 50 名曾经历过丧亲过程的青少年后发现,能够积极向外界寻求身心支持、帮助的孩子,在人际关系方面优于其他人;若是家庭能以真诚、公开的态度向儿童说明死亡的真实原因并恰当处理悲伤情绪,可以帮助儿童建立正确的防御机制,以调节不良心理,深化对生命的正确认识。②

[所以然]

小学生是祖国的希望和未来,他们对于每个家庭来说都十分重要,对国家和民族也同样重要。对于每个人,尤其是当代的学生来说,"珍爱生命"不是单

---

① 张林,关持循,杜思怡,等.社区儿童少年心理韧性与创伤症状相关性研究[J].重庆医学,2015,44(33):4695-4697.
② WOLCHIK S A.Mother-child relationship quality and effective discipline as mediators of the 6 year effects of the new beginnings program for children from divorced families [J].Journal of consulting clinical psychology,2008,4:579.

纯的四个字，也不是面临学生自杀才要进行的教育，珍爱生命价值观的教育要从小学开始，使小学生从踏入学校的那一刻起，便对"珍爱生命"四个字进行深刻的认识，并且教师应在日常学习中时刻教育学生珍爱生命，让学生将珍爱生命的价值观放在心里，使他们在以后的生活中和学习中不管遇到怎样的挫折和困难，都不忘生命之可贵。

首先，教师需在学科教学中渗透珍爱生命的价值观教育。我们平时所说的学校，在普通意义下就是让学生学习学科知识的地方。但是，学校的作用不仅仅是教授学生学习课本知识，更重要的是使学生形成正确的价值观，养成良好的学习和生活习惯。教育部门在教育改革过程中对教师的工作进行了调整，即教师需在进行学科教育的过程中渗透价值观的教育，将学生所学的学科知识与个性化发展联系起来，促使学生喜欢学习、乐于探索，提升自主学习的积极性。学生在学习学科知识的过程中受到教师的体贴关爱，充分感受到个体生命的价值，从而能够将珍爱生命的生命价值观逐步根植于心间，成为学生良好价值观的重要组成部分。此外，将珍爱生命的价值观教育渗透于学科教学的课堂上，也有助于学科教学的有序进行。将课程内容赋予生命的价值和意义，能够使整个课堂"活"起来，从而使学生更加热爱学习、热爱生命。例如，小学语文教师在讲授《小苗与大树》一课时，这里的小苗和大树可以进行有生命意味的对话。它们之间的谈话不仅告诉了小学生一些关于成长的故事，教师还可以通过课文内容引导学生叙述自己成长的故事。这样的课堂更能够调动学生的学习热情，使课堂教学有序有趣地进行下去。此外，教师可以将课文内容的高度进行提升，通过对小苗和大树的成长过程的探讨，最终引发学生对生命价值的思考，加深对生命的认识，从而将"珍爱生命"谨记在心。

其次，教师在教学中要注重对学生的生命关怀，进行生命化教育。教师不论是在教学中还是在与学生的交流过程中都要尊重学生，时刻注意保护学生的自尊心。在处理各种问题的时候，充分考虑学生之间的个体差异，因材施教，无论学生好坏、对错都应该给予最基本的尊重。教师在教学过程中首先不能歧视每位学生，无论他的长相如何、成绩如何、家境如何都应当一视同仁，不对学生进行言语攻击或者讽刺挖苦。例如，在面对犯错的学生时，要注意保护好孩子的自尊心，去了解他们犯错的原因，再有针对性地进行批评教育；在面对成绩不佳的学生时，要善于发现其优势并鼓励其扬长避短，后来居上，使他们意识到自己的价值，不至于失去信心。总之，教师在日常教学与生活中对每一位学生发自内心的尊重和对其个人价值的肯定,能够唤醒学生内在的自信心,进而提升其生命价值,保有对生命的热爱。

最后,虽然很多学校将情感教育纳入了教育体系,但是在具体实施过程中,仍然存在只追求程序化和公式化的培养模式,缺乏人文精神的培育。当前在小学进行价值观教育时,更多集中在告诉小学生应该做什么,很少告诉他们为什么要做,该如何做。过于宽泛的价值观教育无法使小学生真正体会到价值观的深刻内涵,自然无法帮助小学生将价值观充分内化于心,外化于行。尤其是内卷盛行的当下,小学教育教学的关注点也往往局限于学习方面,容易忽视人作为鲜活的生命体对于情感的需求,缺少对学生生命本身的关照。这种单一的、缺乏温度的教学理念,很难让小学生内心产生情感共鸣。加上教师往往只关注学生的学习成绩,对学生的心理较少关注,过于崇尚高大上的说教,而脱离了真实生活情景,无法与现实生活紧密结合在一起。这种不实用的价值观教育,无法让教师真正捕捉到小学生内心的真实想法,师生之间的心理距离渐远,久而久之容易导致学生思想偏激、内心孤独、情感脆弱。比如有一项针对四五年级的学生进行的问卷调查,当问到今后的职业理想是什么时,50%的学生表示想当明星,30%的孩子表示想找一份轻松却能赚很多钱的工作。这样的结果需要我们高度警惕。当今社会的快速发展,尤其是物质条件的改善,导致不少孩子在精神上缺钙、思想涣散、好高骛远,总是幻想一夜成名,却忽视了成功背后的艰苦努力。

小学阶段是培养学生正确价值观的关键期,需要教师们努力提高育人的责任感,培养小学生价值判断和价值选择的意识,促进小学生树立正确的价值观。价值观作为情感的一部分,对小学生的个体成长非常重要,尤其为了适应时代的发展,对小学生进行多样化的正向价值观引导,帮助他们获得更为真切的价值感受,显得更有意义。因此,教师应该根据小学生身心发育特点,发挥榜样示范作用,引导他们规范自己的思想行为。一方面,在平时,教师要发挥言传身教的作用,用充满正能量的行为,让学生们充分感受到正确的价值观引导。另一方面,对于道德品质突出的学生,教师应该及时表扬,并让其他学生进行模仿和学习,由模仿继而再到自发形成,其效果强于灌输强制。小学生的思维方式处于形象具体阶段,他们需要父母和教师的引导才能形成正确的认知。因此,及时给小学生树立可以模仿的榜样,对于引导他们形成正确的价值观意义重大。

强化辨析力,关怀情绪体验。现代社会的多元化,让小学生不可能仅仅依据一种标准来看待所有的价值观。因此,教师要有意识地把精力放在培养学生辨析力上,帮助他们在复杂的社会背景下做出正确的判断。教师应该直面价值冲突,积极审视多元价值折射出来的教育危机,除了要关注小学生的知识接受能力外,还要关注他们的情绪体验,将价值观教育切实融入日常的教学中,使小学生真正感受到情感的支持。在面对当前多元化的价值冲突时,教师要敢于在冲突环境中引导学生树立正确的价值观念,让小学生在亲身实践中得到实实在在的情感滋润,进一步加深对价值观的理解,增强辨别是非善恶的能力,不至于误入歧途。

[小贴士]——美、日、欧的生命教育

在美国由于生命教育概念兴起较早,社会工作专业体系的发展也非常完善,如针对中小学生开展死亡教育系列讲座,开设挫折教育心理辅导班等,在校园内为学生们提供体系较为完善的生命教育活动。美国的生命教育多以实践教育为主,通过有计划地学习生命教育的内容,引导学生对生命事件有正确的认知和处理。其中死亡教育包括自我接受教育、生存意愿教育、哀伤阶段教育等。美国的学校社会工作方法以其独特的方式促进学生健康成长,在生命教育的运用中取得了较好的成果。

英国的生命教育最早是由一名叫泰德·诺夫斯的社会工作者所提出和倡导的,他主要针对吸毒青少年开展社会工作服务。在服务过程中,他发现生命教育的理念能够帮助人们提升生命意识,从而减少对毒品的依赖。之后,在社会的关注和资源的整合下,生命教育中心开办,由社会工作者进行操作和运营。生命教育中心引导学生养成良好的道德品质,追求幸福的生活,热爱生命,并且结合学校和社区,链接各方的资源共同发挥作用。同时生命教育中心也邀请家长和其他社区成员参与中心的教育活动,让更多的人参与生命教育,构建起一个共同学习、相互帮助的和谐氛围,在互动式情境中学习生命教育。

日本自杀率居高不下,特别是在校园暴力频发的学校,青少年自杀案件数不胜数。所以日本学校在教学大纲里融入敬畏生命和尊重他人的道德教育,以此来开展生命教育。日本的学校社会工作在生命教育中更加注重学生的心理健康状况,注重为学生疏导不良情绪,给予学生支持以帮助他们克服外界带来的困难。关注学生的个体差异性,针对不同个性的学生区别进行生命教育工作,确保能够为提高学生珍爱生命的意识作出贡献。

[游戏库]

游戏①　火海逃生

全班同学做以下活动：

我们正在一个音乐厅里欣赏表演，不料突发火灾，大家都被困在里面，只有一个安全出口，每次只能通过一个人，而且这个出口随时有倒塌的危险，谁先出去谁就有生还的希望。请大家在火灾警报声中，想一想自己求生的目的和将来可能对社会作出的贡献，并写在纸上，每一个人按顺序说一说自己写的内容，再通过协商和民主投票的方式选出先后逃生的次序。

问题：你希望自己被大家排在第几位逃生？当你被安排的逃生次序与自己的想法不大相同时，你的心情如何？你从这个游戏中受到了什么启发？

游戏②　下沉的船

活动目的：学会表明自己的观点和态度，理解和尊重每个人的人生价值取向，学会珍惜生命。

场地和材料：室内，每人一份纸和笔。

活动时间：30分钟。

适合人群：全体参加人员。

游戏规则：第一，进行情景模拟——一些人同坐一艘小船过江，可是到了江心时突然遇到了意外，船快要下沉了，大家把所有行李都扔了，船还是继续下沉，这时需要牺牲一些人；

第二，请从下列名单列表中先划去第一个人，然后依次划去一些人，最后留下三个人；

第三，提供人员名单——音乐家、美术家、船长、文学家、孕妇、老爷爷、老师、清洁工、小贩、售货员、科学家、建筑工人、园丁、司机。

讨论要点：你第一个划去的人是谁，为什么划去的是他？你最后留下的人是哪些？为什么是他们？从这个游戏中，你明白了什么道理？

第三章
小学生心理健康教育之"心理咨询"

随着时代的发展,心理学已经越来越多地深入到社会生活的各个领域,在人们的日常生活中起着越来越重要的作用。作为心理学应有的重要内容,心理咨询在中国起步较晚,比发达国家晚了七八十年,但发展较快。从20世纪80年代的鲜为人知到90年代由于发展过快导致的泥沙俱下、鱼龙混杂。有些未经过专业训练的人员在接听热线电话或无证从事心理咨询服务等,致使人们误以为心理咨询不过是邻里大婶似的苦口婆心,或是教条主义式的空洞说教。在社会上有些人将心理咨询等同于思想政治工作,甚至有些人将心理咨询看作是医生治病,认为前去心理咨询的人是精神上有病,盲目地将心理疾病等同于精神疾病。凡此种种对心理咨询本质的误解,导致心理咨询饱受质疑,许多真正有需要的人无法得到及时的帮助。

从本质上看,心理咨询是一个学习和成长的过程。这种学习和成长主要表现为人格或个性方面的成长,它含有心理成熟、自主性增强和自我完善的意味。因此,本章将从心理健康教育讲起并逐步过渡到心理咨询,使大家对心理咨询的由来及功能有更为清晰的认识。

第一节 个体心理咨询

一、小学生心理健康教育的含义

小学生心理健康教育可以从广义和狭义两个角度来看。广义的心理健康教育是指一切有助于学生心理健康素质的培养和人格健全的活动,包括学校、家庭、社会的有关教育、学科渗透和社会影响等。而狭义的心理健康教育是指在学校范围内以心理健康素质培养和健全人格为目的的专门教育。小学生心理健康教育主要是指狭义的心理健康教育，它是根据小学生生理、心理发展的规律和特点，运用心理学的教育方法和手段，培养小学生良好的心理素质，促进小学生身心全面和谐发展和整体素质全面提高的教育。对于小学生心理健康教育，主要从以下几个方面来理解。

首先，从内容来看，小学生心理健康教育，包括心理素质的培养和心理健康的维护。前者是指培养小学生形成良好的心理素质，如良好的观察力、记忆力、想象力、分析和解决问题的能力以及良好的个性特点等，帮助其学业获得成功。后者主要是使小学生形成健康的心理，从而适应社会正常的成长和发展。

其次，从性质来看，小学生心理健康教育包括发展性教育与补救性教育。发展性教育是面对全体小学生开展预防性和发展性心理健康教育，培养良好的人格和健全的个性心理品质，提高心理健康教育水平。补救性教育主要是为在心理素质或心理健康方面出现问题的学生提供专业的帮助，使其摆脱困扰，调节自我，恢复和提高心理健康水平。

最后，从途径来看，小学生心理健康教育主要通过三个途径来实现。一是心理健康课程教学；二是心理咨询；三是心理治疗。心理课程教学是指根据小学生个体的心理特点和规律，运用辅导与教学的方法，使小学生形成良好的心理素质，调节不良的心理状态。其基本特点是由教育者设计和实施辅导与教学方案，它既可以是发展性教学，也可以是补救性教学，但主要针对的是正常群体。其实施既可以在课堂进行，也可以在课外活动中进行。而心理咨询是指根据小学生的心理特点与规律，运用心理学方法与技术，帮助前来咨询的小学生排除各种心理障碍，使之及时摆脱不利的心理状态，恢复到健康的心理状态。其特点是在咨询室内有专业的心理咨询师为前来咨询的小学生进行咨询。心理咨询一般是补救性的，主要针对的是心理处于不平衡状态的小学生，或者心理处于程度较轻的不健康状态的小学生。心理治疗则是运用心理学的方法，对已经产生较严重心理障碍的小学生进行专门的治疗，使其恢复到正常状态。其特点是治疗性的对象是有比较严重心理问题的小学生，需要通过专门的心理治疗人员进行系统治疗。

二、小学生心理健康教育的意义

首先，心理健康教育是小学生素质教育的重要内容。所谓素质是指人发展的水平与质量，是个体在遗传因素和先天条件的基础上，在社会环境影响教育以及个人实践活动中逐步形成稳定、基础性身心特点的综合素质，包括身体素质、品德素质、文化素质、劳动素质与心理素质。而心理素质是素质结构中的核心成分，心理素质包括广泛的兴趣、积极的情绪、奋进的进取心、坚强的意志力、健康的人格等。而素质教育必然包含心理素质教育或称心理健康教育，是素质教育的重要组成部分。小学阶段是实施素质教育的一个关键时期，因为这一时期是一个人身心发展最为迅速的时期，也是人格或心理品质形成的非常重要的阶段。在这一阶段进行心理健康教育，可以有效地促进小学生良好心理素质的形成与发展，并且为科学文化等方面的素质教育打下坚实的基础。

其次，良好的心理素质是优良思想品德形成的基础，是有效学习科学文化知识和进行智力开发的前提，是引导学生友善交往和成功合作的重要手段，是促进学生掌握劳动技能的保证，也是促进学生身体健康的必备条件。因此，提高小学生心理素质的心理健康教育是素质教育的应有之义。

最后，心理健康教育是小学生身心发展的需要。小学生生活环境与教育是否适当，直接关系到小学生良好心理品质的形成。不适当的环境影响与教育作用容易导致小学生心理问题或心理障碍的产生，甚至形成不良的心理品质。因此，在小学阶段开展心理健康教育，一方面有助于解决小学生个人发展中存在的心理问题与不良行为，另一方面也有助于小学生良好心理品质的形成与发展。

此外，心理健康教育与生命教育息息相关，具体表现在以下三个方面。

第一，心理健康教育对小学生生命教育有着重要意义。心理健康教育对小学生进行生命关怀，培养学生的生命意识，引导小学生正确认识人的生命和人的价值，从而让学生珍惜生命、敬畏生命、欣赏生命、掌握生命、完美生命。心理健康教育是以生命为核心的教育，是提升学生心理素质，促进学生生理心理和社会性等方面健康和谐统一发展的教育，从这个角度来说，心理健康教育贯穿生命成长的整个历程，是在造就一种健康向上、积极乐观的生命态度和精神状态，所以心理健康教育和生命教育有着千丝万缕的联系，起着殊途同归的作用，在心理健康教育中渗透生命教育的内容，能加深学生对生命价值和意义的理解。

第二，心理健康教育能够让生命快乐成长。当今社会教育的目标是培养全面发展的人，而人的发展既包括身体的成熟发展，也包括心理的健康成长，而后者在人的一生中占有更为重要的地位。因为小学生的德智体美劳等方面的发展是建立在特定的心理素质之上的，没有健康的心理就很难在这些方面取得良好的发展。例如，一个人如果长期处于不良的心理状态（如焦虑、抑郁、愤怒、恐惧等），往往会产生各种疾病；在性格方面存在缺陷的小学生也难以形成良好的品德。而心理健康教育可以改善学生的认知、感觉、知觉、记忆、思维、想象等品质，有助于学生各方面能力的提高，对德育有很大的促进作用。

第三，心理健康还可以提高小学生的审美素质。对他们来说心理健康本身就是一种美，没有健康的心理是谈不上内在美和外在美的。拥有健康心理的小学生能够主动地在各种活动中磨炼自己，有意识地督促自己形成与发展个人内在优秀品质（如劳动观念、劳动习惯和文明礼貌的行为习惯等），使自己成为秀外慧中的人。

总之，心理健康和小学生德、智、体、美、劳的几个方面的发展都有着密切联系，现代社会的快速进步和发展也使小学生的心理健康面临更多更大的压力和挑战。社会的发展变化对学校人才培养提出了更高的要求，不但要有强健的体魄，有获取信息、加工信息和应用信息的能力，更要有健康的个性心理品质和良好的社会适应能力。心理健康教育是有利于小学生朝着多维化方向发展的，在生命教育和身心素质的提升方面都有着重要的意义。

三、小学生心理健康教育的原则

小学生心理健康教育是一项科学性、实践性很强的教育工作。为使心理健康教育能顺利开展，并取得预期的效果，教育部在《中小学心理健康教育指导纲要》（〔2012〕15号）中指出，开展中小学心理健康教育要立足教育，重在指导和遵循学生身心发展规律，保证心理健康教育的实践性与实效性。为此，必须坚持以下基本原则：根据学生心理发展特点和身心发展规律，有针对性地实施教育，面向全体学生，通过普遍开展教育活动，使学生对心理健康教育有积极的认识，使心理素质逐步得到提高。关注个别差异，根据不同学生的不同需要,开展多种形式的教育和辅导,提高他们的心理健康水平。尊重学生,以学生为主体,充分启发和调动学生的积极性,做到心理健康教育的科学性与针对性相结合,面向全体学生与关注个别差异相结合,尊重理解与真诚同感相结合,预防、矫治和发展相结合,教师的科学辅导与学生的主动参与相结合,助人与自助相结合。据此可细化为以下具体原则。

(一)面向全体学生的原则

小学教育属于基础教育也叫国民教育,是以提高全体国民的素质为宗旨的教育。它是着眼于受教育者及社会长远发展的要求,以全面提高全体学生基本素质为目的的小学生心理健康教育,是素质教育的重要组成部分,是根据小学生身心发展的规律和特点,运用心理教育的方法和手段,旨在培养学生良好的心理素质,促进其身心全面和谐发展和素质全面提高的教育。因此,小学生心理健康教育必须面向全体小学生,以全体小学生为服务对象,全面普及有关心理健康的基本知识,以减少心理和行为问题发生的概率,促进小学生心理健康的整体水平。

(二)学生主体性原则

学生主体性原则直接、集中体现着学校心理健康教育的本质特征。学生主体性原则的基本含义包括两个方面,一是学校心理健康教育是以全体学生为出发点,以增进其心理健康为目的。一切教育的内容和形式都是根据学生不同年龄阶段设计、组织和安排的。二是学校心理健康教育的任何内容和形式为学生所喜闻乐见、所认可和接纳、所内化,即通过学生的主体活动才能充分调动他们的积极性和主动性,才能形成其智慧和潜能,从而形成健康的心理。离开了学生的主体地位,任何形式的心理健康教育都是毫无意义的。

(三)参与性原则

学校心理健康教育是以学生和教师双方的充分参与为前提条件的,是自我和社会交往的需要,也是心理健康教育有效性的需要。唯有通过参与,才能使教师在心理健康教育中的科学辅导与学生对心理健康教育的实际需要相结合,才能收到理想的效果。任何健康的心理都只有在参与活动的过程中才能形成和发展起来,所以参与的概率和程度直接影响着心理健康教育成效的大小。

(四)民主性原则

心理健康教育的重要任务之一,就是全面地了解学生,增进学生的心理健康。在学校教育中,尽管教师和学生所处的位置不同,扮演的角色不同,但他们在人格上是平等的,应该互相尊重,互相理解,遵循民主和平等的原则。民主性原则和学生主体性原则是相辅相成的,因为只有在民主性的师生关系中进行心理健康教育才能真正体现学生的主体性。老师们只有坚持民主性原则,以真诚、友爱和平等的态度对待每一个学生,成为小学生的知心朋友或良师益友,小学生才愿意亲近老师,对老师说心里话,老师才能了解和掌握学生真实的心理,心理健康教育才有针对性,才能在轻松愉快的、乐观向上的氛围中进行,才能收到理想的效果。为此,教师在从事心理健康教育的过程中,必须充分尊重每一个小学生的权利、意见和人格尊严。一切居高临下的说教,一切形式的嘲讽、挖苦和嘲弄学生的行为都是不可取的,都不利于小学生心理健康教育的顺利开展。

(五)差异性原则

差异性原则也叫个性化原则。小学生心理发展的差异包括群体差异和个体差异。一般来说,同一年龄段的小学生群体,其心理发展具有大体相同和相对稳定的心理特点,而不同年龄段或不同年级的小学生群体,则无论是智力因素还是非智力因素都存在着明显的差异。比如,低年级小学生的观察和注意具有较大的无意性,而高年级小学生的观察和注意则具有较大的有意性和目的性。再比如,小学生在小学阶段思维的发展就总体而言处于由具体形象思维向抽象逻辑思维过渡的阶段。虽然低年级小学生的抽象逻辑思维已经开始发展,但具体形象思维的发展仍居相对优势,而高年级小学生的抽象逻辑思维已有相对优势。

智力因素如此,非智力因素的发展同样如此。比如,低年级小学生的理想具有更多的直观性和具体性。多与周围的人和事有关,而高年级小学生的理想则具有相当程度的抽象性和社会性。小学生群体心理发展的层次和水平上的这种差异,要求我们在小学生心理健康教育的过程中,教育的内容和形式都必须有针对性,必须符合不同年龄段或不同年级小学生心理发展的特点,否则就难以收到理想的教育效果。

(六)多样性原则

多样性原则是由小学生群体和个体心理的差异性、心理需求的多样性以及心理与行为问题的复杂性决定的。为此,小学生心理健康教育必须符合小学生心理发展的特点。教育的内容应该是具体而又丰富多彩的,富有启发性和感染性的。教育的形式和方法应当是生动活泼、灵活多样的,是为小学生所喜闻乐见的,以求最大限度照顾到其心理发展的差异性,满足不同阶段、不同层次和不同个体的心理需要,以提高其心理健康水平。

(七)预防、发展和调节相结合的原则

学校心理健康教育的根本目的在于面向全体学生。预防心理疾病,增进心理健康,促进心理发展,全面提高心理素质。因而必须坚持预防发展和调节相结合的原则,重在预防和发展。只有坚持预防和促进发展,才能大面积有效地帮助小学生在其自身条件允许的范围内达到心理功能的最佳状态,心理潜能才可得到最大的发挥,人格得到健全和谐的发展,形成对学习生活和社会环境的良好适应能力。同时,对少数小学生面对学习、生活和社会交往等方面存在的困扰和成长中出现的心理危机,及时有效地给予帮助和调节;对于极个别有心理问题的小学生,给予积极有效的咨询指导和适当的矫治;对出现心理障碍或患有心理疾病的小学生,要及时与家长联系,提供建议,介绍到医疗性心理咨询和心理治疗机构,由专业人员给予治疗,以保证其心理健康。

四、小学生心理健康教育的目标与任务

(一)小学生心理健康教育的目标

教师在向小学生进行心理健康教育之前,总会对教育结果有一种期望,这种对教育结果的期望就是教育的目标。对小学生进行心理健康教育,首先是要确定小学生心理健康教育的目标,因为明确心理健康的目标是正确而有效地实施心理健康教育的先决条件,是心理健康教育工作的出发点和归宿。小学生心理健康教育的总目标就是要促进小学生个性心理的全面发展。小学生心理健康教育不是孤立进行的,而是服从于小学生素质教育的总目标及以提高国民素质和民族创新能力为根本宗旨,以培养适应我国经济与社会发展所需要的全面发展的人才为目的。

具体来说,主要包括以下三个方面。一要促使小学生形成健康的心理素质;二要维护小学生的心理健康,减少和消除各种不良因素对其心理健康的影响;三要增进小学生的心理健康及根据小学生成长发育的规律、特点和需要,采取各种形式和方法,提高小学生的心理健康水平,促使其人格及个性心理得到全面和谐的发展。

（二）小学生心理健康教育的任务尚未达到心理健康教育之目标

2002年，教育部在中小学《心理健康教育指导纲要》中对心理健康教育的主要任务作了明确规定：全面推进素质教育，增强学校德育工作的针对性、实效性和主动性，帮助学生树立在出现心理问题时的求助意识，促进学生形成健康的心理素质，维护学生的心理健康，减少和避免对他们心理健康的各种不利影响，培养身心健康、具有创新精神和实践能力，有理想、有道德、有文化、有纪律的一代新人。为此，在具体执行中应特别注意以下三点。

一是满足小学生的合理需要。小学生的合理需要主要包括生存和发展所必需的物质需要，安全需要，归属、交往和爱的需要，尊重信任的需要，等等。这些需要的合理满足，是小学生形成和保持身心健康的基本条件，如得不到适当的满足，就会影响其正常发育和成长，就不可能有健康的心理。比如，任何一个小学生，作为班级和伙伴中的一员，如果长期得不到认可，不被接纳，得不到应有的尊重和任何信任，得不到教师和同学的关爱，总是受到排斥，体验不到集体的温暖，他就不会有安全感、自尊感，常会感到孤独压抑，很有可能走向自我封闭，或者产生叛逆、仇恨、敌对、攻击等消极心理，心理健康就无从谈起。

二是提供有效的辅导。一方面，针对小学生身心发展过程中出现的或可能出现的带有普遍性的问题，采取适当的方式加以辅导，使之对自己成长发育中必定或可能面临的问题有所认识、有所准备，能以积极自觉的心态有效面对。比如，一年级新生面对角色的转变，会出现对学校生活的心理适应问题；再比如，高年级小学生面对青春期所带来的生理和心理上的变化，也会产生心理准备和心理适应问题。所有这些共性的问题，都需要教师或其他人员有计划地提供及时有效的辅导，否则就会遇到困难，不利于身心健康。另一方面，根据个体心理差异，有针对性地给予帮助和指导。比如，针对个别小学生存在的某些消极的不利身心发展的问题，提供专业的指导帮助。

三是及时调节与治疗。从事小学生心理健康教育的人员，以及班主任和辅导员应在专业培训的基础上，掌握大量的心理健康辅导知识，并能根据有关的知识善于识别、及时发现，随时与家长取得联系、提供建议，及时向有问题的学生提供医疗性心理咨询的信息，以便由专业人员及时有效地给予调节和治疗。由于小学生的心理发展尚未定型，各种心理问题即使比较严重，只要及时发现，善于识别，及时治疗，接受专业人员的帮助和调节调制，绝大多数学生的心理障碍和心理疾病都能得到有效医治。

五、小学生心理咨询内涵

心理咨询作为小学生心理健康教育的一个重要途径,在指导学生心理发展上发挥着不可替代的作用,在今天已成为现代学校教育的重要内容之一。但在目前的小学里,有的教师认为心理咨询在某种程度上就是谈心,只要有爱心和耐心就足够了。有的教师认为心理咨询就是为学生出谋划策,有的教师则认为是劝导安慰。那么,心理咨询到底是什么呢?

(一)心理咨询的内涵

心理咨询包括个体心理咨询和团体心理咨询。个体心理咨询作为心理咨询的一种主要方式,经常被简称为心理咨询。具体指借助于一种特殊的人际关系,运用心理学的理论和方法,通过语言、文字及其他信息传递方式,给来访者以帮助、启发和指导的过程。在咨询过程中,咨询人员努力营造出良好的人际关系氛围,对来访者进行启发和帮助,使来访者消除不良心理因素的影响,产生认知、情感和态度上的转化,从而辨明心理问题的性质,找到心理问题产生的原因和摆脱心理困惑的对策,达到恢复心理平衡、增强心理素质、提高适应能力和增进身心健康的目的。

对心理咨询我们可以做以下理解,即心理咨询不是一般的助人行为,它是运用心理学的知识、理论和方法,从心理上为来访者提供帮助的活动。咨询人员是经过严格专业训练的职业人员。在日常生活中,人们可以通过聊天、谈心,使紧张情绪得以缓解,但这是一种日常交往,而不是心理咨询。心理咨询强调一种特殊的人际关系,在咨询师和来访者之间必须有一定程度的相互信任和理解,来访者才愿意倾诉自己的问题,接受咨询师的帮助。咨询师对来访者报以真诚的态度,这是促使来访者接受来自咨询的影响并产生变化的最重要的心理氛围。咨询师与来访者之间的关系不同于社会中的朋友或者其他人际关系,这需要咨询师掌握好尺度,以保证自己能够客观地对待来访者的问题,并有效地寻求解决问题的途径,以确保咨询过程的顺利进行。

心理咨询解决的是来访者在心理方面存在的问题,而不是帮助他们处理生活中的具体问题,也不是治疗精神类病症。例如,一位受子女教育问题困扰的母亲,要求咨询师与其子女进行一次谈话。面对这样的问题,咨询师要向来访者对咨询的核心理念予以解释和引导。

总之，心理咨询的目的是帮助来访者减轻他们由于各种原因所导致的内心矛盾冲突、行为的紊乱与困扰，并帮助他们在自我认知和自我改善中达到心理健康与成熟。因此，心理咨询的任务有三。一是帮助来访者处理现有的问题，改变其不良的情绪和行为；二是帮助来访者增进社会适应的能力；三是和来访者探讨自我的方向，以发展未来的前程。可见，心理咨询的任务是发展性的，不仅要解决问题，更要促进人的成长。在这一过程中，咨询人员是协助者，他要通过各种心理学的方法和技术来帮助来访者自立自强。

（二）小学生心理咨询的内涵

小学生心理咨询，顾名思义就是在小学中开展的心理咨询工作，具体指学校内的心理咨询师面对来求助的小学生从心理上进行指导和帮助的过程。

小学生心理咨询体现了心理咨询的主要内容。首先，它较好地体现了心理咨询教育与发展的两大职能，教育和发展是小学生心理咨询的核心内容。其次，咨询的对象是小学生。由于小学生正处在心理发展的时期，会遇到各种各样的问题，尽管有时候这些问题在成人看来是微不足道的，但是由于他们缺乏社会经验，所以容易出现各种心理问题。小学生的心理咨询，主要是帮助他们理解面临的问题，较好地完成自我发展的任务，按其目标和内容可以分为两种类型，即适应性咨询与发展性咨询。

1.适应性咨询

适应性咨询主要是针对小学生在各个年龄段以及相应阶段的生活和学习中遇到的各种问题，结合他们的认知特点和行为特征，为他们提供一些必要的指导，帮助他们提高学习效率，处理好人际关系，学会自我心理调适，更好地处理因环境变化带来的各类问题，增强对环境的适应能力，从而能够更好地解决他们所面临的现实生活问题，更好地完成各个时期的学习任务。适应性咨询具有以下几方面的特点。

(1)咨询的对象是身心发展正常，但带有一定的心理行为问题的学生，或者说是在适应方面产生困难的正常学生。

(2)心理咨询所着重处理或解决的问题是学生的正常需要与其现实状况之间的矛盾冲突。大部分工作是在咨询对象的认识水平上对其进行帮助，咨询师并不是要亲自直接帮助其解决问题、满足其需要，而是帮助其分析情况，提出合理解决问题的途径和办法。

(3)强调教育的原则，重视咨询对象理性的作用，强调发掘和利用其潜在的积极因素,自己解决问题,对于环境的改善也是在现有条件基础上提出改进意见。

(4)适应性咨询的工作侧重于从学习指导、交往指导、生活指导、升学就业指导等方面解决学生在这些方面所遇到的各种心理问题,也涉及一些心理障碍方面的问题。

(5)适应性咨询伴随着学生生命的整个过程,关注他们的身心状况,支持和帮助他们适应各个阶段的生活,指导他们完成各年龄段的自我发展任务。

2.发展性咨询

发展性咨询主要是指帮助小学生树立正确的自我认知,特别是自我能力素质方面的认知,帮助他们认识和开拓自身的潜能,不断突破自我的种种局限,实现全面而充分的发展。发展性咨询的目标主要在于帮助小学生提升心理素质、健全人格,增强小学生承受挫折、适应环境的能力。针对不同年龄段小学生的心理特点,遵循人的认识发展规律,通过有针对性的教育和训练,帮助小学生形成良好的心理素质,塑造健康完整的人格,使其成为适应现代社会需要的合格人才。发展性咨询的特点如下。

(1)咨询的对象是心理健康、身心发展正常的学生,但他们在发展方面仍有潜力可挖,其心理素质尚待完善。

(2)心理咨询着重要解决的问题是引导学生在一个更新的层面上认识自我,开拓自我潜能。而这种潜能的开拓,因为更具有突破自我局限性的特点,往往使学生在能力发展、信心重建等方面实现巨大的成长,使其得到更充分的发展。

(3)强调发展的原则。发展性咨询虽然也对学生的学习、适应、发展、择业等问题给予指导与帮助,但更侧重于发展方面,特别是促进心理素质发展方面。它对学生所做的一切工作,包括指导学生调节和控制情绪、改善精神状态、建立自信心等,都是以学生能够更好、更充分地发展为目标的。发展性咨询将成为现代学校教育的一个重要组成部分,终将纳入学校教育的总体目标和实施过程中,为学生的充分发展和成才提供强有力的保证。发展性咨询按预先制订的教育计划,安排一定的课程,让学生学习有关知识,参加有关训练,有目的地开发学生的心理潜能,提高学生的心理素质。

小学生心理咨询的两大重要组成部分——适应性咨询,主要解决小学生与环境包括主观环境和客观环境的协调问题,而发展性咨询则致力于把小学生的发展水平带到一个新的高度,它侧重于小学生整体素质的提高。当然,二者是彼此衔接、相互渗透的,在实际的咨询工作中几乎是融在一起的,只有在面对具体的咨询对象,或者选择咨询方式时,才重视情形,有所侧重。比如,在解决适应性问题的时候,其目标是指向发展的,而要解决发展的问题,只有在良好适应的基础上才能实现。所以在实际操作中,单一的适应性咨询和发展性咨询往往是不完整的,也难以真正取得良好的效果。因此,应将二者有机地联系在一起,形成整体优势。

六、小学生心理咨询的形式

小学生心理咨询在具体实施过程中有多种形式,其主要形式有以下五种。

(一)个体咨询

个体咨询是学校心理咨询最常用的形式,一般又可以分为面谈咨询、电话咨询、书信咨询等。

首先,面谈咨询是个别咨询中最为常见和最主要的形式,一般以设立门诊或咨询室的方式进行,由咨询师等待来访者上门咨询。面谈咨询以谈话方式为主,如有必要可进行相关的心理测试,测试数据可以作为分析和治疗的依据之一。对于轻度心理问题,有时通过一次咨询即可解决,较为复杂的问题则需要多次咨询。复诊时间可在首次咨询结束时约定,也可由来访者根据自己的需要决定。面谈咨询是咨访双方面对面的交流,这种咨询方式对咨询人员的要求很高,咨询人员不仅要有丰富的专业知识和经验阅历,还要有积极诚恳的态度和娴熟的技巧。

面谈咨询有许多优越性。一是,面对面的形式使来访者可以进行充分详尽的倾诉,将自己心中的烦恼、焦虑不安或困惑直接告诉咨询人员。咨询人员在耐心倾听的基础上,可以与来访者进行面对面的询问、磋商、讨论和分析,这种面对面的形式与其他形式相比更为直接和自然。二是,面谈咨询可以使咨询人员对来访者的个性、心理健康状况、心理问题的严重程度和当时的心态进行观察、了解和诊断。三是,面谈咨询是个别进行的,不允许第三者在场旁听。这种情况下,来访者更容易消除顾虑,说出自己内心深处的想法。

其次,电话咨询是通过电话交谈的形式进行咨询,电话咨询可以作为学校心理咨询的一种有效手段。小学生的心理正处于发展的矛盾期,同时又具有闭锁性的特点，他们可能不愿面对面地把心理问题讲给咨询人员听，而采用电话咨询的方式在校园内开设热线电话，可以使学生们消除顾虑，向咨询人员敞开心扉，为其心理问题寻求解决的途径。

最后，书信咨询同电话咨询一样，是一种间接的咨询手段，通过书信形式进行心理咨询，其优点是可以打破空间距离的限制，向心理咨询机构请求书面帮助。书信咨询具有一切间接咨询所具备的优点，避免当场交谈可能带来的尴尬局面，使来访者可以将自己存在的心理障碍诉诸笔墨，运用起来很方便，涉及面也广。书信咨询也有不足之处，一方面，由于咨访双方不能直接面对面交谈，因而咨询人员不宜深入了解情况，只能提出一些原则性的疏导意见，很难给予深入的具体指导。另一方面，由于来访者书信表达能力的限制，有的来信存在表达不清、陈述不详等情况，致使咨询人员无法把握问题要点，而影响了对来访者心态的分析、帮助和指导。此外，还可能出现地址不详、署名潦草、投递失误等疏忽，从而影响回复效率。书信咨询要求来访者不仅要明确陈述自己的心理感受、行为表现、环境背景、人际关系等问题，还要求写清地址、电话等。

（二）小组或团体咨询

小组或团体咨询是在团体情境中为来访者提供心理帮助与指导的一种心理咨询形式。它是通过团体内的人际交互作用，促使个体在交往中通过观察、学习、体验，认识自我、探讨自我、接纳自我，调整和改善与他人的关系，学习新的态度与行为方式，以发展出良好的生活适应能力的过程。

（三）开设心理卫生讲座或课程

根据小学生不同时期的心理发展特点，有计划地向全体小学生开设以宣传普及心理卫生知识为目的的讲座或选修课程，这是小学生心理咨询的一项基础性工作。通过开设心理卫生讲座或选修课程，有计划、分步骤地对小学生进行心理卫生知识的宣传教育，有助于提高小学生对心理健康重要性的认识，加深其对自我心理特点的了解，增强其自我心理认识的能力。因为小学生已经具备了一定的理解和认识心理知识的能力，能够在一定程度上理解和掌握课程内容，所以可以将心理咨询和心理讲座结合起来，在讲座中解决一般的认识问题，在咨询中进行重点问题的指导和帮助，这样既有深度又有广度，能够大大提高小学生心理咨询工作的效果。

（四）建立小学生心理档案

这项工作主要是运用一些标准化的心理测量工具，对小学生的个性、气质、智力等心理健康状况进行全面的测定并记录在案，以便进行分析，为小学生心理咨询工作提供第一手资料，增强工作的针对性。小学生心理档案包括小学生的一般状况、智能发展情况、个体适应情况、心理健康状况等多项指标。它不仅可以帮助我们加深对每个小学生心理特点的认识和了解，也有利于从整体上把握学生的心理状况，特别是对有心理问题的小学生做到及时发现、及时介入，把工作做在前面，防止问题进一步恶化。建立小学生心理档案也是学校心理咨询工作的一项重要任务，它在小学生心理健康的监护和预测等方面有着不可替代的作用。

（五）开展心理训练

心理训练主要是依据心理学的原理，运用一系列专业的手段和方法，通过一定时间的强化训练，从而帮助小学生克服心理问题，提高小学生的心理素质和能力。例如，帮助小学生克服考试焦虑，提高适应能力；帮助小学生克服社交恐惧，提高社交能力；帮助小学生克服自卑，增强自信心等。实际上，许多小学生的心理问题除了要通过咨询进行指导，还需要辅以强化训练才能加以解决。因此，开展心理训练也是小学生心理咨询的一项关键性工作。心理训练一般应在专业人员的主持下进行，包括座谈交流、实践反馈、经验总结、自我领悟、互相点评、指导提高等。

七、小学生心理咨询的原则

小学生心理咨询的原则主要是指学校开展心理咨询工作时所遵循的指导思想与基本要求。它既是对心理咨询工作规律的概括和经验总结，也是对小学生心理咨询的一般要求，同时也是对小学生顺利开展心理咨询工作的基本保证。心理咨询作为一种特殊的服务形式，它遵循的原则和要求是有其独特性的，了解个别咨询的原则能够更好地理解心理咨询的重要性，把握咨询的方向。

国内学者们共同提出了心理咨询的五个原则，著者认为这五个原则是比较恰当的，但尚有进一步补充和修订的空间。主动上门进行咨询的人意识到自己在心理上存在某种问题和困扰，想要通过专业人士的咨询而得到帮助，他们对咨询人员抱有很大的期望,同时也可能存在某些担忧和疑虑,担心咨询人员不能诚恳相待,不能理解他们的苦衷。因此,咨询人员要热情诚恳地接待学生,向他们讲明心理咨询的原则和内涵,鼓励他们消除顾虑,畅所欲言。同时,来咨询的人大多有焦虑、忧郁、消沉等不良情绪,他们对自己的问题感到痛苦和无助,对通过咨询能否得到改变也信心不足。因此,咨询人员还需给予他们必要的心理支持。具体来说,对学生的理解支持体现在以下几点。

(一)咨询人员的态度

咨询人员热情而自然的态度,有助于学生的情绪稳定,有利于形成和谐的交谈氛围,并建立相互信任的咨询关系。作为心理咨询人员,既要有较专业的心理学知识和技能,更需要有一颗乐于助人的心。其次,咨询师对学生问题的关心与理解也很重要。学生的心理问题各种各样,有些问题在常人看来是一种不可理解的怪癖,有些问题甚至让人反感和厌恶。咨询师对此应有正确的理解,咨询不是通过批评的方式,而是通过帮助对方认识与悦纳自己的方式达成改变的目标。

(二)保密性原则

保密性原则是心理咨询中最重要的原则,是鼓励学生畅所欲言的心理基础,同时也是对学生人格及隐私权的最大尊重。通常学生到心理咨询机构进行心理咨询,是不愿让别人知道的,尤其是如果学生还有一些不能言说的秘密,比如一个有强烈自卑心理的小学生,只有在他与咨询师建立了相互信任的咨询关系,确信咨询师会对他的谈话内容保密时,才可能说出自己不会向其他人透露的内心隐秘,而这时才是真正解决其心理困扰的开始。心理咨询的保密范围包括为学生的谈话内容保守秘密,不公开学生的姓名,在学生未允许的情况下拒绝向第三方透露关于任何学生的个人情况,也不得未经允许将个案内容呈报督导或进行学术探讨。

(三)耐心倾听和细致询问的原则

心理咨询不是心理讲座,咨询的过程绝不是由咨询师向学生讲述心理学知识,而是启发学生自己讲述问题。所以,倾听是心理咨询中的重要步骤,只有认真倾听才能了解对方存在的心理问题,才能够锚定咨询的方向。不仅如此,认真倾听学生诉说的过程本身便能够起到缓解心理重负、放松紧张情绪的作用。在倾听的同时,咨询师还需要对学生就有关问题进行细致的询问,以便更好地理解、分析和评估心理问题。咨询师在倾听和询问方面需要注意以下几点。

(1)倾听要耐心,鼓励多说。通常来学校心理咨询室请求帮助的小学生,其问题千头万绪,一言难尽。他们自己受困于自己编织的心理网中,对自己的问题不能清晰地认识,所以小学生的谈话有时是杂乱无章缺乏逻辑的,或者是啰唆重复的。这就要求咨询师要有耐心,尽量从对方的杂乱谈话中找到关键线索,并帮助其理清头绪。如果学生的谈话拖的时间不是太长,则尽量不要打断他的倾诉,这既是对学生的尊重,也让对方有机会尽情宣泄。

(2)倾听要专注,并及时给予鼓励。咨询师在倾听过程中要集中注意力,专心倾听。通常学生在咨询时,尤其是咨询之初对咨询师尚未充分信任,他的谈话可能有些吞吞吐吐、迟疑和掩饰。咨询师需要以关注的态度来倾听,并随时观察学生的表情进行分析和判断。如果咨询师东张西望或者思想开小差,不仅不礼貌还可能遗漏一些重要的信息,从而影响资料的收集和咨询效果。此外,在倾听过程中咨询师也要有适当的应答活动,如首肯、简要地重复或者适当插话等,以表明自己的理解和专注,并鼓励对方继续讲述。在比较全面地了解学生的情况之前,咨询师不要轻易做出判断和评估。这是因为太早做出判断,可能会导致判断失误,还会中断或误导对方的讲述,影响资料收集的深度和准确性。有些初学咨询师总是急于展示自己的心理学知识,过早进行判断反而影响了学生对咨询师的信任。

(3)在倾听时注意对重要线索进行仔细询问。在学生的倾诉过程中或告一段落的时候,咨询师可以就一些不明确的问题进行提问,注意在提问时要具体细致,耐心询问是为了澄清问题,而澄清问题只是为了把握学生心理问题的实质,只有把握问题的实质,才能更好地帮助学生理清问题头绪,进行有的放矢的支持和帮助,做到对症下药。

(四)疏导、抚慰和启发教育的原则

在心理咨询过程中,咨询师要对小学生的情绪进行疏导和适当的抚慰与鼓励,因为来访者大多怀有心理负担,情绪低落,迫切需要得到理解、支持与安慰。同时,小学生的心理困惑大多与他们看待问题不恰当或不合理有关。因此,咨询中还需要对他们进行启发教育,在认识上给予他们帮助。对小学生的疏导、抚慰和启发教育,包括心理咨询师应尽力给予学生热情的关怀和支持,具体需要做到以下五点。

第一,心理咨询师要通过自己热情的态度和温暖的言语,使有心理重负的学生感受到温暖,以减轻他们的孤独感和无助感。

第二，咨询师要帮助学生适当宣泄情绪。来访的学生一般都会表现出焦虑、忧郁或不满等情绪，这些不良情绪不仅困扰着他们，影响他们的心理健康，也妨碍了他们对自身问题的分析与认识。因此，咨询师需要通过关心、抚慰、倾听与鼓励等方法帮助学生进行情绪宣泄。有的心理咨询部门还专门有情绪宣泄室，让学生通过打沙袋、打橡皮人，或在咨询室内尽情地吼叫与哭泣来宣泄自己的不满或怨恨情绪。

第三，帮助学生树立自我改变的自信心。许多学生在咨询之前都曾对自己的心理问题进行过自我调节，或是寻求过他人的帮助，但都失败了。因此，他们对自己的问题能否改善信心不足。为此，咨询师要善于发现学生心态中的积极因素，及时给予肯定，使他们看到自己在克服障碍、增强适应能力中的有利因素。同时，咨询师也要积极帮助学生排除心中的郁闷，帮助他们理清思绪，找到问题的症结所在，并帮助其寻求解决问题的对策。

第四，通过正面启发教育，帮助学生改变看问题的角度。无论是一时的挫折还是长期的不安，都可能造成学生消极厌世的心态或与周围环境的对立情绪。他们中有的人埋怨别人多，反省自己少，要求别人善待自己却忽略了如何善待别人。还有一些人存在着不正确的三观。对于这些情况，心理咨询师应注意正面引导，要在认真耐心倾听他们内心烦恼的基础上，与他们共同分析问题，帮助他们调整看问题的角度和方法，学会正确对待自己和他人，从而建立新的认知结构，提高适应能力。

第五，促进成长的非指导性原则。心理咨询的任务在于启发和鼓励这种潜能的发挥，并促进其成熟和获得成长，而不是包办代替。在进行解释和指导心理咨询的过程中，弄清学生存在的问题，进而寻求解决问题的方法时，咨询师不应主观地指示学生一定要怎样做或一定不怎样做，而应与学生共同分析和探讨，设想有助于问题解决的各种方案以及不同方案可能导致的不同结果，但究竟采取哪一种方案解决问题，则应由学生自己进行选择，咨询师不能代替。

当然，心理咨询的非指导性原则，在具体运用到不同咨询对象身上时可以有程度上的差异。小学生在进行心理咨询时，可能由于领悟力和知识经验不足，对咨询师的启发分析不能较好地理解，或者虽然理解了但对自己该如何改变等缺乏足够的信心和必要的知识、经验与自我控制能力。在我国现行的教育体制下，小学生比较习惯听从老师的指导，老师布置什么自己就做什么，自我的能动性相对不足。因此，机械性地遵循非指导性原则，有时咨询的效果可能反而不好，学生可能会认为咨询师提不出好的解决问题的方法或措施，从而降低了信任感。因此，对于不同的咨询对象，心理咨询的非指导性原则在程度上可以有所不同。但即使是有一些具体的指导，其前提也是学生在充分自我认识的基础上，通过自我的认知和行为调整来实现自我改变。

除了以上五条原则，著者认为在对小学生进行心理咨询的过程中，还要注意个别对待和面向全体相结合的原则。在心理咨询的过程中，要考虑学生的个体差异，针对每个小学生身心发展的特点及具体问题，采用灵活多样的辅导策略与方法，因势利导。另外，心理咨询也要注意对学生共同问题的研究，积累群体资料，提高团体心理训练的实效。

八、小学生心理咨询的过程

（一）开始阶段

开始阶段。开始阶段是心理咨询的第一步，它在整个心理咨询过程中有十分重要的基础性作用，直接影响其后续阶段的效果。开始阶段需要完成的主要任务有三项，即建立咨询关系、掌握来访者资料、分析诊断并确立咨询目标。

1.建立咨询关系

咨询师与来访者建立起信任、真诚、接纳的咨询关系，是心理咨询的起点和基础，是构成咨询的主要媒介。这种积极的关系能使咨询师了解来访者的真实情况，准确确立咨询目标，并使来访者有效达到目标。对于来访者而言，基于这种积极的关系，他才会与咨询师积极合作，认真实施咨询方案，对心理咨询抱有热情和信心，从而有助于提高咨询效果。此外，这种积极的关系，也为来访者提供了一种良好的人际关系范式，使其能在咨询环境以外加以运用，以迁移的方式改善来访者的其他品质。

要建立起积极的咨询关系。咨询师应做到：首先，努力给来访者以良好的第一印象。咨询师衣着大方得体，举止行为落落大方，对待来访者热情有礼、耐心慎重、真诚亲切。这样可使来访者感受到咨询师是一位和蔼可亲、平易近人、值得信赖的人，同时又是一位风趣、体贴、有专业知识的人。有了这样的第一印象，咨询工作自然会有一个良好的开端。其次，以平等的身份看待来访者,不要将自己看作高人一等的专家,使咨访关系产生隔阂。再次,在初次会谈中向来访者澄清保密原则,对来访者的资料和隐私保密,并做出肯定性承诺,由此消除来访者的戒备心理。最后,在开展咨询工作时,要善于启发来访者提出问题,耐心倾听并仔细观察来访者的举止言谈,不轻易打断来访者的话题,更不要随意流露出不耐烦的情绪。

2.掌握来访者资料

掌握和收集资料是整个咨询工作的基础,是咨询师分析问题、判断问题和提供建议的依据。通常而言,咨询师应注意两个方面。

首先,来访者的基本情况,包括姓名、性别、年龄、民族、学校所在年级、班级、联系方式、家庭背景、兴趣爱好、人格特征、生活或学习目标、身心发展状况及生活近况等。有时会遇到来访者不愿意据实相告自己真实姓名的情况,由此可见,来访者资料的收集往往是复杂而困难的,这是由于来访者顾虑重重,往往不愿直截了当地把一些涉及隐私或在他看来羞于启齿的问题对别人和盘托出。这需要咨询师善于启发、引导和鼓励来访者表达出自己的真实想法,以便于判断症状和对症下药。咨询师需要在初始阶段了解来访者的困惑是什么,问题持续了多久、严重程度如何、问题的实质及产生原因是什么等问题。

其次,收集来访者资料一般有四种方法。一是制成表格,让来访者自行填写,或通过回答,由咨询师来填写其基本情况;二是通过会谈,获得一些通过填写表格无法直接获得的信息,如来访者的生活经历、近况、人际关系等;三是在会谈中对来访者进行观察;四是运用心理测验手段,这样可以比较好地克服人为的误差,比较客观地了解来访者的情况。在实际咨询过程中,几种方法可以综合运用,这样便于咨询师从多角度收集信息,保证诊断的准确性。

3.分析诊断并确立咨询目标

分析评估和了解问题是结合在一起进行的。从来访者踏入咨询室到他诉说自己的问题,咨询人员在了解情况的同时也在进行分析和评估。咨询人员要辨认出来访者的问题属于哪一类,如人际关系不良、青春期发育问题、早恋问题、学习问题等。由来访者在日常生活、学习中发生困难而导致的情绪受阻、心理失衡,或是青春期身心变化特点引发的心理问题,或者障碍性问题,如神经衰弱、恐怖神经症、强迫症、抑郁症等神经症。评估要客观全面。在掌握事实的基础上,根据咨询师本人的心理学知识和丰富的咨询阅历进行正确的评估,在正确评估的基础之上,咨询师方可就来访者的实际心理问题考虑确定具体的咨询目标,决定采取何种方法进行咨询。

（二）劝导与帮助阶段

在经过开始阶段之后,心理咨询进入实质性解决问题的阶段,即劝导与帮助阶段。咨询师与来访者经过这一阶段的密切配合,共同努力,方能达到心理咨询的目标。一般来说,这个阶段所需的时间占整个咨询过程的 2/3 左右。劝导与帮助阶段的主要任务有两项:选择咨询方案和实施劝导。

1.选择咨询方案

包括咨询方法的选定以及实施这些方法的计划。解决来访者的心理问题通常有多种方法,如考试焦虑的治疗可以采用自信训练进行自我调整,也可以运用放松疗法进行调控,还可以考虑运用系统脱敏疗法等多种方法综合矫治。究竟选用何种方法最为合适？这里要求咨询师慎重筛选,更重要的是要与来访者共同磋商,向来访者讲明各种方案可能的后果和要付出的代价。咨访双方共同选择方案,调动了来访者的责任感和主动性,使方案的实施有了更为可靠的保证。

2.实施劝导

帮助与来访者共同选择咨询方案,并制订实施计划后,就进入了劝导与帮助的实施环节。在此过程中,不同的咨询方法有相应的不同做法。由于心理问题的复杂性和多变性,咨询实施过程有长有短,关键在于咨访双方互相合作、彼此信任、持之以恒,这样才能达到预期的效果。

（三）巩固和结束阶段

这是心理咨询的最后阶段,经过咨访双方的共同努力,基本达到既定的咨询目标后,即进入咨询的巩固与结束阶段。这一阶段的心理咨询工作主要有巩固咨询效果和追踪反馈两项任务。

巩固咨询效果方面,首先,咨询师应向来访者指出已经取得的成绩和进步,说明已基本达到既定的咨询目标,咨访双方就此达成共识。其次,咨询师与来访者一同就其心理问题和咨询过程做一个回顾总结,帮助来访者加深对自身问题的认识,总结咨询经验,获得有益的启示。最后,应指导来访者巩固已有的进步,将获得的经验运用到日常生活中去,从而使之逐步转化为来访者的观念和行为方式,建立健康的生活模式。

追踪反馈方面,为了了解来访者是否能运用获得的经验适应生活环境,进而最终了解整个咨询过程是否成功,咨询师必须对来访者进行追踪调查并寻求反馈。追踪调查可以以多种方式进行，一是来访者填写由咨询师制订的信息反馈表；二是由咨询师用书信的方式定期向来访者了解情况；三是定期邀请来访者前来会谈，这种方式较直接，收集的信息量大，调查容易深入下去，往往比较有效；四是访问他人，如来访者的父母、同学、老师、好朋友等。运用此方法要注意保密原则，以间接委婉的方式向别人询问，针对调查结果，总结治疗过程的效果以及做出相应的改进。

以上是心理咨询的基本操作过程。来访者心理问题的性质和程度不同，所需时间长短不一，有的一次即可，有的可能要花上几个月甚至更长的时间。无论长期还是短期咨询，都要遵循这样的流程。

九、小学生心理咨询技术

（一）精神分析疗法

精神分析理论是当代心理咨询与治疗的重要理论基础。精神分析学派的创始人弗洛伊德是现代心理咨询与心理治疗的鼻祖，他的理论与方法，在帮助人们克服心理障碍和治疗心理疾病等方面有许多可取之处。

精神分析疗法也叫作心理分析疗法，主要是将来访者所不知晓的症状产生的真正原因和意义通过挖掘潜意识的心理过程，将其调回到意识范围内，使来访者真正了解症状的真实含义以便症状消失。也就是说，通过挖掘来访者潜意识中的心理矛盾和冲突，找到治病的症结，并将它们带到意识领域中，使来访者对此有所领悟，在现实原则的指导下得以纠正和消除，从而建立起健康良好的心理结构。

精神分析疗法的基本目标是使潜意识意识化，使潜意识冲突表面化，从而帮助来访者重新认识或重建人格，克服其潜意识冲突。咨询过程中，咨访双方要相互信任，要保持一定距离，避免来访者产生某种形式的抗拒。精神分析疗法包括以下几种。

1.自由联想与疏导宣泄

自由联想与疏导宣泄是精神分析治疗的基本方法。自由联想是在了解来访者的基本情况以后，让来访者躺在一个安静的、光线适当的房间内或坐在舒适的沙发上，咨询师站在或坐在其后面，让来访者打消顾虑并尽情倾诉。咨询师不要随意打断来访者想要说的话，对他所讲的内容不加评论，而是鼓励其大胆地说,必要时可进行适当的引导。疏导宣泄是通过痛快淋漓的倾诉,将心头的郁闷和内心深处的隐私痛快地诉说出来,酣畅淋漓,从而恢复心理平衡,防止身心疾病。

2.认知与领悟治疗

这里指的是采用精神分析法进行的领悟治疗。精神分析理论认为,患者当前心理疾病的根源在过去的经历之中,甚至可以回溯到幼年时期。过去的焦虑经验因种种原因被压抑在潜意识层面致使患者遗忘。通过心理分析引起患者的回忆联想,将潜意识中的病因调回到意识领域,使之意识到这些心灵深处的病根与当前疾病之间的因果关系,在理智和情感上真正达到认识和领悟,这时症状便失去了存在的意义而自然消失。当然,这种领悟是通过医生的分析、解释和治疗而实现的。

3.暗示疗法

暗示疗法是通过心理暗示的作用,解除患者的疑虑、增加康复信念、改善不良的心境、减轻精神负担,从而起到防病治病的作用。所谓心理暗示,是指通过含蓄的言语方式对自己或他人的认知、情感、意志以及行为产生影响的一种心理活动形态。受暗示者的心态改变是下意识、不自觉地受影响的过程。暗示疗法在癔症治疗中经常使用,其疗效非常明显。暗示内容应当针对病人的具体情况,有针对性地选择语言和方式,灵活机智地使用暗示性语言。

(二)行为主义疗法

行为主义疗法也叫行为矫正,它是建立在行为学习理论基础上的一种疗法。其基本认识是异常行为和正常行为一样,是通过学习和训练的后天培养而获得的,自然也可以通过学习和训练来改变或消失。行为主义疗法是所有咨询方法中应用最广的一种,其中包括许多经典的治疗方法。

1.系统脱敏法

系统脱敏法是行为疗法中的一种基本方法和技术,在行为治疗中占有重要地位。这种方法主要是诱导来访者缓缓地暴露在导致神经症焦虑的情境,并通过心理的放松状态来对抗这种焦虑情绪,从而达到消除神经症的目的。其基本原理是认为人和动物的肌肉放松状态与焦虑情绪状态是一种对抗过程,一种状态的出现会对另一种状态起抑制作用。

系统脱敏法一般包括三个步骤:第一步,排列出焦虑的等级层次表,即首先找出来访者感到焦虑的事件,并用0~100的分值表示出来访者对一件事情感到焦虑的主观程度,其中 0 为心情平静,25 为焦虑、轻度焦虑,50 为中度焦虑,75 为高度焦虑,100 为极度焦虑。然后将标出的焦虑事件,按等级程度由弱到强,依次排列。第二步,进行放松训练,以全身肌肉能迅速进入放松状态为合格,一般要 6~10 次,训练时每次需要 30 分钟,每天 2 次。第三步,进入系统脱敏过程,进行焦虑反应与肌肉放松训练的结合训练。此时系统脱敏法可分为想象系统脱敏和现实系统脱敏。想象系统脱敏的过程即让来访者处于全身肌肉放松的状态,由咨询师做口头描述,让来访者进行想象,从最低层开始想象,30 秒停止想象时报告此时感到主观焦虑的等级分数,直到不感到紧张害怕为止再进入下一个层次。如此渐进,直到通过最后一个层次。现实系统脱敏的过程,即咨询师将来访者引入焦虑的情境中,让其体验这种焦虑,反复多次之后使其逐渐适应这种情境,不再感到害怕。系统脱敏法对于焦虑症和各种恐惧有很好的疗效,可以治疗学生的考试焦虑和社交恐惧症。

2.满灌疗法

满灌疗法也叫做暴露疗法或冲击疗法。该疗法同系统脱敏疗法的类似之处在于,都是鼓励来访者去接触自己敏感的对象,在接触中实现脱敏。不同之处是与系统脱敏法相反,满灌疗法一开始就将来访者抛入自己最恐惧或焦虑的情境之中,给他一个强烈的冲击,同时不允许其采取塞耳、闭眼哭喊等逃避行为。其基本原理是通过快速、充分地向患者呈现他们害怕的刺激,通过实际体验使他们感到这么恐怖的事情并没有在此真正出现,恐惧感便会逐步消除,刺激的使用要坚持到患者对此刺激习以为常为止。

采用满灌疗法时应事先将治疗方式向来访者讲清,征得同意后方可进行。满灌疗法适用于有焦虑和恐惧倾向的来访者,具体运用时要考虑来访者的文化程度、接受暗示的程度、导致心理问题的原因和身体状态等多种因素,对体质虚弱、有心脏病、承受能力差的来访者要慎用这种方法。

3.厌恶疗法

厌恶疗法是将某些不愉快的刺激,通过直接作用或间接想象与来访者需要改变的行为症状联系起来,使其最终因感到厌恶而放弃这种行为。其基本原理是将来访者的不良行为与某些不愉快、令人厌恶的刺激相结合,形成一个新的条件反射,用来对抗原有的不良行为,进而最终消除这种不良行为。常用的厌恶刺激有物理刺激,比如电击、橡皮圈、弹痛等,化学刺激如呕吐剂等,想象中的厌恶刺激如某些厌恶的场景。在进行心理咨询时,厌恶性刺激应该达到足够能使来访者产生痛苦或厌恶反应的程度，直到不良行为消失为止。

4.代币法

代币法又称奖励强化法，是一种通过来访者一出现某种预期的良好表现时立即给予奖励的方式，使其正向行为得以强化。代币实际上是一种可以在某一范围内兑换为物品的券，可以是小红花、有分值的小卡片等多种形式，咨询师用代币作为奖励强化来访者的期待行为。然后，来访者可以用获得的代币去换取自己喜欢的东西。要注意将代币与来访者感兴趣并想取得的东西联系起来，并建立一定的代币兑换规则。

5.放松疗法

放松训练的基本原理是放松状态下大脑皮层的唤醒水平下降，兴奋性下降进而全身肌肉放松，紧张情绪得到缓解，身心平衡得以维持。

（三）合理情绪疗法

合理情绪疗法是由美国心理学家埃利斯创立的，是认知疗法中的一种，因它也采用行为疗法中的一些方法，故被称为认知行为疗法。在小学生心理辅导中常见的问题大多是由于小学生不合理的认知引起的，因此，此理论对解决小学生的心理问题有着积极的作用。

合理情绪疗法的基本理论主要是 ABC 理论。在 ABC 理论模式中，A 是指诱发性事件，B 是指个体在遇到诱发性事件之后相应产生的信念及对这一事件的看法、解释和评价。C 是指在特定情境下，个体的情绪及行为结果。通常人们认为人的情绪行为反应是直接由诱发性事件 A 引起的，即 A 引起了 C。

ABC 理论指出，诱发性事件 A 只是引起情绪及行为反应的间接原因，而人们对诱发性事件所持的信念、认知、评价或看法 B 才是引起情绪及行为反应更为直接的原因。人们的情绪及行为反应与人们对事物的看法有关，在这些看法背后有着人们对一类事物的共同看法，这就是信念。合理的信念会引起人们对事物的适当、适度的情绪和行为反应，而僵硬的不合理的信念会导致不适当的情绪和行为反应。当人们坚持某些不合理的信念，长期处于不良的情绪状态之中时，最终将会导致情绪障碍的产生。

埃利斯在之后完善了其 ABC 理论，拓展为 ABCDEF 六个部分。其中 D 是指劝导干预，E 是指治疗或咨询效果，F 是指治疗或咨询后的新感觉。当人们产生了不合理信念的时候，就要劝导干预（D）非理性观念的产生与存在，而代之以理性的观念。等到劝导干预（D）产生了效果（E），人们就会产生积极的情绪及行为，心理的困扰因此消除或减弱，人也就会有愉悦、充实的感觉（F），这就是合理情绪疗法的基本模式。

合理情绪疗法是以改变患者的认知为主要治疗目标的，即改变患者的不合理信念，以合理的信念取而代之；改变不合理的思维方式，以合理的思维方式取而代之，从而最大限度地减少由不合理的信念给人们情绪带来的不良影响。合理情绪疗法过程一般可以分为心理诊断、领悟、修通和再教育四个阶段。

第一阶段：心理诊断是治疗的最初阶段。咨询师首先要与病人建立良好的关系，以帮助病人建立信心；其次，要摸清病人所关心的各种问题，将这些问题所属的性质及病人对其所产生的情绪反应进行分类；最后，当咨询师确信自己已经找到了患者的核心问题 ABC 之后，就可对这一阶段的工作一一做总结，以及对病人的问题做出诊断，再在此基础上同患者一起制订治疗目标。

第二阶段：领悟阶段。咨询师的任务和前一阶段没有严格区别，只是在寻找和确认求助者的不合理信念上更加深入。而且，通过对理论的进一步解说和证明，咨询师要使求助者在更深的层次领悟到他的情绪问题不是由于早年生活经历的影响造成的，而是由于他现在所持有的不合理信念造成的。因此，他应该对自己的问题负责。

在这一阶段，咨询师要帮助患者达到五个方面的领悟。一是，人类情绪并非偶然发生或基于某种神秘力量而产生，它的产生基于科学的规律及与其相关的事件；二是，向患者强调人的观点信念在引发其情绪和反应过程中所起的重要作用，使其认识到信念必是引起情绪和行为 C 的直接原因；三是，帮助患者找到造成其情绪和行为障碍的不合理信念；四是，使患者认识到对自己的心理障碍负有完全的责任，促使其积极参与心理治疗的过程；五是，帮助患者认识到如果某些想法是不合理的就是可以放弃的，只有改变自己的不合理信念才能消除情绪障碍。在寻找求助者不合理信念时可以抓住绝对化、以偏概全、糟糕至极的不合理信念，并把它们与求助者的非适应性情绪和行为反应联系起来。

同时，要让来访者明白五条区分合理与不合理信念的标准。合理的信念大多基于一些已知的客观事实，不合理的信念则包含更多的主观臆测成分。合理的信念能使人们保护自己，努力使自己愉快地生活，不合理的信念则会产生情绪困扰；合理的信念使人能更快地达到自己的目标，不合理的信念则使人为难，使人因难以达到现实的目标而苦恼；合理的信念可使人不过分依赖他人，不合理的信念则难以做到这一点；合理的信念使人阻止或很快消除情绪冲突，不合理的信念则会使情绪困扰持续相当长的时间，从而造成不适当的反应。

第三阶段：修通是对患者存在的不合理信念进行讨论或辩论的阶段，也是治疗的关键阶段。这时，咨询师主要采用辩论的方法，动摇病人的不合理信念，使他们认识到那些不合理信念是不现实、不合逻辑的，也是没有根据的。同时，咨询师还要让患者分清什么是合理信念，什么是不合理信念，从而用合理的信念取代不合理的信念。另外，治疗过程中还可以采用其他认知行为疗法。

第四阶段：再教育是巩固治疗效果，并结束治疗的阶段。这时，咨询师要帮助患者巩固在治疗过程中所学到的东西，以便能更熟练地采用合理的方式去思考问题，使其在脱离治疗情境之后能更合理地生活，更少遭受不合理信念的困扰。

合理情绪疗法可以倾向于采用多样的技术方法，只要是将这些方法运用于合理情绪疗法的框架之中都是被允许的。但是在治疗过程中，咨询师应强调改变来访者的认知，而不是将工作重点放在改变来访者的情感和行为上。常用的合理情绪疗法如下。

1.与不合理信念辩论

该技术用于向来访者所持有的关于他们自己、他人及周围环境的不合理信念进行挑战和质疑，从而动摇他们的这些信念。采用这一辩论方法的咨询师必须积极主动地、不断地向来访者发问，对其不合理的信念进行质疑。提问的方式可分为质疑型和夸张型两种。

质疑型咨询师直截了当地向来访者的不合理信念发问。比如，你有什么证据能证明你自己的这一观点？是否别人可以有失败的记录，而你却不能有？你有什么理由要求一切按你所想的那样发生？来访者一般不会简单地放弃自己的信念，面对咨询师的质疑，他们会想方设法为自己的信念辩护。因此，咨询师需要接触这种不断重复辩论的过程，使对方理屈词穷，从而让对方认识到：首先，那些不合理的信念是不现实的，不合逻辑的；其次，那些信念是站不住脚的；再次，什么是合理的信念，什么是不合理的信念；最后，应该以合理的信念取代那些不合理的信念。

夸张型咨询师针对来访者信念的不合理之处故意提出一些夸张的问题，这种提问方式犹如漫画手法把对方信念中不合逻辑、不现实之处以夸张的方式放大给他们自己看，例如一个有社交恐惧情绪的来访者说别人都关注我，咨询师问是否别人不干自己的事情都围着你看？对方回答没有，咨询师说要不要在身上贴张纸写上"不要看我"的字样？对方回答那人家都要来看我了。咨询师问那原来你说别人都在关注你是不是真的？对方回答是我头脑想象的。在这段对话中，咨询师抓住对方的不合理之处发问，前两个问题均可纳入夸张式问题一类，这一提问方式可使对方在这一过程中感到自己的想法不可取，从而容易放弃自己原有的不合理想法。

与不合理信念展开辩论分为四个步骤：第一，先以某一典型事件入手，找出诱发性事件 A。第二，询问对方对这一事件的感觉和对 A 的反应及找出 C。第三，询问对方为什么会体验到恐惧、愤怒等情况，以及从不适当的情绪和行为反应中着手找出其潜在的看法及信念等。第四，分清患者对事件 A 持有的信念哪些合理，哪些不合理，将不合理的信念作为 B 列出来。而在此过程中，要采用各个击破的原则，一个一个去找，不能指望一锤定音，一劳永逸。辩论中的积极提问能促使患者主动进行思考。

与不合理信念辩论来源于产婆术。这一方法是指从科学、理性的角度对求助者持有的对于他们自己、他人及周围世界的不合理信念、假设进行挑战和质疑，以动摇他们的这一些信念。利用该技术时，咨询师要围绕求助者信念的非理性特征，积极主动地提问。比如，当求助者对周围的人或环境存在绝对化要求时，咨询师可以运用黄金法则，像你希望别人如何对待你那样去对待别人来反驳。

2.合理情绪想象技术

首先，求助者通过想象进入产生过不适当的情绪或自感最受不了的情境之中，让他体验在这种情境下的强烈情绪反应；其次，帮助求助者改变这种不适当的情绪反应，并使他体验到适度的情绪反应；再次，停止想象，让求助者讲述他如何想，自己的情绪有哪些变化，是如何变化的，改变了哪些观念。对于求助者情绪和观念的积极转变，咨询师应及时给予强化，并巩固他良好的情绪反应。最后，让求助者按自己所希望的感觉和行动进行想象，这有利于确立一个积极的情绪和目标。

3.家庭作业

家庭作业是辩论的延伸，在完成作业的过程中，求助者可以对自己不合理的信念进行辩论，并通过 RET 自助表分析，然后向咨询师报告。

案例 13——合理情绪疗法心理辅导一例

[背景资料]

斌斌，男，12 岁，六年级学生，无重大躯体疾病史，家族无精神病史，学业成绩处于中上水平，与同学关系比较融洽。

[个人陈述]

一直以为自己生活在一个幸福美满的家庭里。可一个月前，父母突然向他摊牌表示要离婚。自己接受不了，有种上当受骗的感觉，觉得他们很虚伪，从此心情郁闷，上课无法专心听讲。正值六年级的关键期，因为状态糟糕，一周前开始不愿上学了。父亲知道他不想上学后打了他，他在家里情绪更加低落了。

[家长反馈]

斌斌小时候在爷爷奶奶家长大，上小学后才和父母一起生活，父母性格相异，感情不和，但为了孩子和面子勉强维持。最近，父亲的前女友离婚，父亲决定重新找寻幸福婚姻，便提出离婚，母亲欣然应允，没想到孩子竟然无法接受。

[案例分析]

①评估与诊断

根据斌斌及其母亲的描述，斌斌主要存在以下几个问题：

第一，反复想父母离婚的事情，产生怨恨情绪，睡眠不好；

第二，不愿上学，害怕同学知道后歧视自己；

第三，情绪不稳定，悲观。

斌斌本人对症状自知，有主动求医的行为，根据精神活动正常与异常的三原则判断，可排除斌斌有重性精神病，他的心理问题并不严重，持续的时间也较短，可以排除严重心理问题。斌斌虽然也有焦虑情绪，但未严重影响学习和生活，心理冲突变形、没有泛化，因此可以排除焦虑性神经症，初步诊断为一般心理问题。

②咨询理论依据

主要采用认知行为疗法，以合理情绪疗法为主，改变斌斌的不良认知，从而矫正不良行为。通过认知的重组,重新认识自己以及父母的离婚事件,从而缓解不良情绪反应,重返学校上学。

同时,结合家庭治疗进行干预。家庭治疗是以家庭整体为对象而实施的心理治疗方法,通过交流、角色扮演、建立联盟、达到认同等方式,协调家庭各成员间的人际关系,运用家庭各成员之间的个性行为模式相互影响、互相连锁的效应,改进家庭心理功能,促进家庭成员的心理健康。本案例中,咨询师要求父母给予斌斌更多的关心与支持、更多更平等的交流机会,使斌斌感受到父母的关爱。

[辅导方法与过程]

①辅导方法

运用倾听、共情等技术,建立良好的咨访关系,向斌斌介绍合理情绪疗法的基本理论和情绪 ABC 模型,确定咨询目标是降低情绪反应,改善睡眠,帮助斌斌客观对待父母的感情,帮助斌斌理清思路,正确认识自己与父母的关系,完善斌斌的人格,增强其耐挫折的能力。与斌斌约定咨询时间,每周咨询一次,每次 50 分钟,初定 4~5 次。

②辅导过程

• 第一次咨询

在初步接待斌斌之后,给他一个倾诉的空间,使他的负性情绪得到充分宣泄,让其感受到被接纳、尊重和信任,为建立良好的咨访关系打下基础。通过摄入性谈话,了解斌斌对问题的应对方式、主要人格特征、成长经历、家庭背景、社会支持系统等情况,探寻斌斌的心理矛盾及改变意愿。与斌斌协商,共同确定咨询目标。通过通俗的事例,使斌斌理解合理情绪疗法的基本原理。

布置咨询作业。第一,每天进行两次放松训练,以降低焦虑情绪的水平,改善睡眠。第二,按照以下模式尝试把自己所有的问题都列出来,诱发事件 A:父母决定离婚;情绪 C:心烦、失望、郁闷、悲观、怨恨;信念 B:我的家庭生活本来很完美,他们不应该离婚,肯定是因为不再爱我了,他们很虚伪。

• 第二次咨询

加深咨询关系,寻找和确认斌斌的不合理信念,帮助他领悟问题与不合理信念的关系。

斌斌认真跟随咨询师进行了放松训练,睡眠也有所改善。此外,斌斌列出了许多不合理信念,但涉及此情绪问题的不合理信念并没有完全列出。同时,一提起父母离婚的事情,还会唤起怨恨失望的情绪,咨询师表示理解与接纳。

咨询师要求斌斌详谈平时家庭生活琐事,回忆父母曾经有过的冲突,重新认识父母关系的实质,纠正他认为父母关系一直很完美的不正确认识,要求斌斌进一步详谈父母平时对他的言行,回忆父母这些年为他所做的事情,消除斌斌认为父母不爱他的错误理念,最后帮助斌斌列出与此次问题有关的不合理信念。第一,父母是如此恩爱,家庭生活这些年是如此完美,他们不应该离婚;第二,我是他们的独子,他们应该无条件地爱我,为了我应该维持家庭;第三,如果父亲的前女友没有出现,父母之间就不会出现问题;第四,如果父母不是真的恩爱,那么这些年他们是装好欺骗了我,他们很虚伪;第五,如果父母不闹离婚,我的成绩就不会下降;第六,如果同学们知道我父母离婚的事情,一定会看不起我。

布置咨询作业。第一,要求斌斌对上述不合理信念进行认真思考,帮助斌斌把注意力从过分关注自己的情绪和诱发事件转移到关注自己不合理的信念上来,并领悟自己的问题与不合理信念的关系;第二,建议斌斌回家后与父母就他们的感情进行问询,了解其中的来龙去脉。

第二次咨询后,咨询师认为有必要取得斌斌父母的配合,让家庭成员之间能够顺畅地沟通。于是他主动联系斌斌的父母,与他们进行沟通。首先,希望他们要理解孩子的行为,因为父母突然宣布离婚,小孩没有任何心理准备,孩子心智欠缺成熟,不开心就会发脾气,甚至做出一些过激行为。咨询师要求斌斌父母要保持理智,向他们提了三条建议:首先,告诉孩子爸妈因为一些原因没有办法相处下去,然而他们对孩子的爱不会有任何减少。其次,试图向孩子表达自己的情绪。例如,有位母亲一直在孩子面前装得很坚强,有一次实在忍不住了,在孩子面前崩溃地说道:"我辛苦建立的家就这样散了。"对孩子来说,知晓父母的难过情绪,在某种程度上有助于孩子理解父母分手是迫不得已。最后,主动开诚布公地跟孩子谈多年来感情的实际情况,使孩子体会父母的良苦用心。

• 第三次咨询

帮助斌斌修正或放弃原有的不合理信念,建立合理信念,减轻或消除情绪困扰。斌斌与其父母进行了认真交谈,得知父母的感情和婚姻并不像他所认为的那样完美。当初父亲因为家境贫寒,前女友父母坚决不同意他们的婚事。父亲在失恋的痛苦中经别人介绍认识了母亲,而母亲是事业型女人,常常不顾家庭和孩子忙着拼事业，父亲对此深感不满。但两人都是对家庭和孩子责任心很强的人，一直在努力适应对方，因为都是知识分子，为了孩子和面子也尽量不吵架。交谈结果对斌斌的触动很大，他表示对于上次所列出的不合理信念进行过认真思考。斌斌的情绪反应强度降低，但仍然怨恨父母离婚。

针对上次列出的不合理信念，咨询师运用黄金法则与斌斌进行商讨与辩论，让斌斌分清合理与不合理信念，并帮助他学会以合理信念代替不合理信念。斌斌得出如下建设性信念：第一，父母的婚姻并非完美无缺，实际上他们的关系一直有很深的裂痕，只不过是为了我勉强维持在一起，即使没有父亲前女友出现，婚姻也很难维持下去了；第二，父母人到中年，人生短促，父亲有追求自己幸福的权利，母亲都能理解，我为什么不能呢？第三，父母这么多年维持家庭的完整、和睦的假象，一方面是为了面子，更重要的是担心伤害到我，并不是虚伪；第四，父母为了给我一个温暖的家，已经忍受了这么多年的痛苦，我应该感激他们，而不是怨恨；第五，周围也有人父母离婚了，我并没有看不起他们，所以同学们也不会看不起我。

布置咨询作业。要求斌斌将原来列出的不合理信念与此次提出的建设性信念一一对比，并进行认真思考，确认自己情绪比较稳定后再与父母对话一次，并表示尊重他们的选择。

• 第四次咨询

斌斌经过认真思考后，与父母沟通了一次，他表示虽然不愿父母离婚，但尊重父母的决定，希望父母能够找到真正的幸福。父母很感动，感觉他真的长大了，并就他们在这件事情上处理得过于仓促向他道歉。斌斌的情绪还是有些起伏，但显然和初始时的负性情绪有本质区别，属于正常反应。

在对斌斌进行正面积极鼓励的基础上，进一步引导斌斌将此次的认知和转变扩大到生活的其他领域中，鼓励斌斌走出自己设置的障碍，明天准备去上学。此刻，斌斌深刻领会到人不是被事情本身所困扰，而是被其对事情的看法所困扰的含义，并结束咨询。

[辅导效果与反思]

① 辅导效果

家庭破碎对于孩子来说是危机，但危机中孕育着成长的机会，关键在于帮助孩子建立合理的认知。本案例中的斌斌已是六年级的大孩子，具备一定的辩证逻辑思维，因此在咨询师的引导下，能够积极思考并学会客观理智地看待父母离婚。在这一过程中,他开始逐步走向初步的成熟。

②辅导反思

本案例存在不足,如咨询技术的应用还不够娴熟,尤其在帮助斌斌建立合理信念的过程中,咨询师的辩驳还不够有力,引导还不够顺畅。在运用家庭系统治疗中,由于父母双方关系破裂,导致双方在面对孩子的教育问题上存在分歧,使得家庭系统无法顺畅地运行,所以需要增强自己在家庭系统治疗方面的能力。

(四)个人中心疗法

也称以人为中心的治疗,或称来访者中心治疗,目前已成为心理治疗领域主要理论流派之一。卡尔·罗杰斯是人本主义心理学的理论家和发起者,被心理学史学家誉为人本主义心理学之父。罗杰斯从1940年开始研究个人中心治疗法的基本原理和基本方法。1942年,他的《心理咨询心理治疗实践中的新概念》一书问世。该书认为,咨询师应该首先接纳和尊重来访者,与来访者建立相互信任的和非评价性的咨询关系。同时,要尽可能减少用咨询师自己的价值观来影响来访者自然成长的过程,充分相信来访者能够通过自己的力量达成自我帮助。这一新的方法,在当时很快被称作非指导性疗法。罗杰斯的突出贡献在于创立了一种人本主义心理治疗体系。

个人中心疗法的根本原则就是人为地创造一种完全无条件的积极尊重气氛,可以使小学生在这种氛围下修复其被歪曲和受损的自我实现潜力,重新实现自我和完善自我。个人中心疗法有着自己独特的关于人的本质和行为的观点。这一观点反映了个人中心疗法最低层次的取向和精神,能够在治疗过程中对心理咨询师起到指引方向的作用。

个人中心疗法的基本原理就在于协助小学生将他被压抑的潜能释放和发挥出来。罗杰斯的理论认为,每一个人,包括进行心理辅导的小学生都具有一定的潜能,有可能达到自我充分发展的最高境界。但是,由于受后天环境影响,并不是每一个个体都能够最大限度地使用和发挥其应有的潜力,而个人中心疗法的心理咨询和心理治疗就是要协助小学生将他被压抑的潜能释放和发挥出来。当小学生被压抑的潜能得以释放的时候,就是其心理问题得到彻底解决的时候。

心理辅导过程中最主要的工作就是要跟小学生建立一种和谐、融洽的咨询关系。罗杰斯认为,这种咨询关系本身就是一种治疗过程,在这种咨询关系中,小学生的人格和行为也会随之发生根本性的改变,教师所要做的就是保持一种无条件关心和接纳的态度,从小学生的角度考虑其所面临的问题和环境,为小学生提供一个安全、自由的空间,以便其能够发现自己、面对自己和接受自己,同时逐步地适应社会和环境。

（五）阿德勒的自体心理疗法

要想养育好孩子,仅仅知道各种教育的内容是远远不够的,父母必须时刻牢记教育的目的,我为什么要生养我的孩子？是为了我自己,还是为了孩子,或者是为了人类？如果说是父母教育孩子,那么又有谁来教育父母呢？父母是否能够澄清上述问题,往往决定了一个家庭是否幸福以及生活在家庭中的个人的命运。

阿德勒理论基于一个基本假设,即所有行为都有自己的意图或目标。而且在社会群体中,个体包括幼小儿童的行为也都是由于要为重要的事情而努力所为,于是带着独特身份和使命感努力朝着目标前进,去获取成就感与归属感。之后的许多研究都支持阿德勒的这种观点,即个体试图征服产生于儿童期的无助感和依赖成人的自卑感。

这些自卑感与其被看作是消极的,还不如被当作一种动力。正是由于这种自卑感,儿童从一个手不能动,口不能言的状态出发,通过努力掌控他自己的世界以此不断进行自我补偿。但当儿童在发展征服自卑感的力量时,有些曾经被压制的问题也会随之浮现出来。

阿德勒采取整体观来理解个体独特的生活方式。这种生活方式是指儿童已经发展起来的,帮助他们理解和应对世界的基本信念,这些信念会影响儿童对世界的认识和与其他人尤其是家庭成员交互作用的方式。这种生活方式创始于在家庭这个戏台上与父母、兄弟姐妹所共同演出戏剧的过程之中。如果父母没有认识到孩子归属的期待,或者因为不能意识到而不允许孩子通过协作和其他好的行为来达到这种基本目标,那么孩子就可能发展出错误的目标,从而导致各种程度的错误行为。行为不良的孩子往往缺乏或失去了自信,他们处在一种错误的印象之下,他们的行为是为了获得他们迫切需要的被接纳的一种方法。具体的不良行为特点有以下几种。

1.儿童不良行为的特点——天生我"才"

成人不能要求孩子放弃他们的信念、价值观和行事法则来适应成人的那套规则。孩子也有他们的行事准则，明白孩子的心思，从孩子的角度看世界，才能有机会介入孩子的世界，并逐步使他们明白和接纳成人的意图。

阿德勒相信儿童的行为都有一个目的，这个目的是与他们被接纳和取得赞许的需要相一致的。儿童首先尽量遵从并做出社会可接受的行为，然后当儿童认为自己的这些行为并不能被他人或群体接受时，他们就改用不良的行为来达到目的。在本质上，儿童归属和被接受的愿望是如此强烈，以至于会做出任何他们认为对自己有用的事情。阿德勒把所有儿童的行为不良分为四种，每一种都对应着匹配的目的——注意、权力、复仇和退缩。虽然这四个目的在严重性上是依次递进的，并且反映出一种气馁增长的程度，但是儿童并不一定会发展所有四种不良行为。

（1）注意

所有儿童都有寻求注意的倾向，这是儿童心理的一种正常现象。德国著名漫画家埃·奥·卜劳恩在他的《父与子》连环画中，成功捕捉了儿童最初寻求注意的行为——发脾气或者夸张举动。这一系列卡通漫画不但给成千上万的父母带来感同身受的会心一笑，还使看此书的孩子们从书中看见了自己，找到了知音。

所有儿童在他们成长的过程中，特别是到达学前儿童阶段，都能够自动发展出拥有这些寻求注意的行为技能。这些寻求注意的行为，通常更多地出现在小学阶段。随后，当儿童在家庭和同龄群体中找到了安全与稳定的位置后，其寻求注意的行为才会逐渐减少直至消失。

但是，那些不能通过积极方法来满足自己过分注意需要的儿童，还会继续用这些不良行为来吸引父母和老师的注意。这些儿童可以按照主动和被动、建设性和破坏性这两个维度来加以区分。

寻求主动和建设性注意的儿童通常是成功的，尤其是那些学业优异的学生或成人心中的好孩子。他们的目标是保持成人对自己的注意，而不是与他人合作。儿童想要有所成就是为了赢得关注，通常他们是用自己所没有意识到的各种积极方式来达到被关注的目的。所以这样的儿童容易获得来自父母、老师和伙伴的积极反馈和褒奖。

被动而建设性地寻求注意的儿童会显示出害羞并缺乏自信的特点，他们往往是用安静的方式寻求注意。这种儿童常常过分自觉和懂事，被认为是用智慧或者精明的方式来获取父母和老师的赞许和帮助。

主动的破坏性注意的寻求者是最让成人头疼的儿童。这种儿童可能会通过做出一系列出格的事,或者问一堆没完没了却又毫无意义的问题来寻求注意。这种儿童常被老师和家长贴上问题儿童的标签。

被动的破坏性注意的寻求者,他们的行为表现与主动破坏者正相反,他们的表现可能是懒惰,爱提出过分要求,不合作甚至是操控他人。这些儿童的行为更隐秘,他们时常迫使他人为其做事。不少父母因不了解缘由,不小心成为受害者。他们常常心甘情愿地被孩子操控,不断地跟在他们后面收拾残局,满足他们的各种要求,甚至是很过分的要求,小心地伺候他们。

父母对待具有主动的和被动的破坏性注意需要的孩子,通常都是用唠叨、责骂、提醒、诱哄、教训、惩罚和给予服务来做出回应。这些行为在短时间内满足了孩子的注意需要,但是很快孩子就会依然如故,结果父母常常感觉受挫、疲惫进而恼羞成怒,如此循环反复。因此,当父母、教师发现孩子在不断寻求过分注意时,需要检查一下自己在对待孩子行为时的反应,并对孩子的积极行为给予更多的关注。

(2)权力

从个体心理发展的角度来看,儿童在一岁半至两岁,学会了说"不"字,开始学习用主动的或者被动的方式来挑战成人。主动寻求权力的孩子会通过争论、反驳、不断破坏和违反规则、耍性子、发脾气或者反抗来挑战成人。而被动的孩子则通常会用更隐秘的方式,包括懒惰、健忘等行为来捍卫权力。

通常在通过努力合作来获得被接纳的方法没有奏效的情况下,儿童就会发展出超强的权力和控制需要。如果成人没有意识到孩子的这种思维方式而让孩子加入权力斗争时,就会再次强化孩子的信念——权力是重要的,且是值得追求的。否则,如果权力不重要,为什么大人们要如此拼命地去使用权力来控制他们?

有关这种权力斗争的一个例子就是吃饭的斗争。在为早点吃完饭而斗争时,父母变成了愤怒者,孩子努力抵抗,斗争往往越演越烈。有些父母发现自己最后会央求孩子早点把饭吃掉。在大量的哭闹之后,一些父母投降了,允许孩子待下去,直到他们想上床睡觉,或者先睡在沙发上,直到父母去睡觉。在任何情况下,如果父母在孩子的眼泪和脾气面前投降,就等于告诉孩子他已经在上床时间的斗争中赢得了权力。

按照阿德勒的观点,尽管孩子能够不时地取得胜利,但在整个战争中还是失败的。孩子虽然能想出非常有创造性的办法，藐视父母和教师，然而在和成人经常而严厉的权力争斗之后，孩子常常感觉受到了惩罚，自己无力用实际的行为去达成被大人接纳的目标。

在这种情况下，成人需要了解孩子行为不良的目的，且找到稳定、公平和持久的方法去应对情况，避免卷入权力斗争、争论或者在孩子的需要面前无能为力甚至投降。父母和教师必须鼓励和认可孩子正确的行为，帮助孩子通过合作而不是对抗获得接纳。

（3）复仇

当家庭出现麻烦时，人们通常可以将家庭成员分为两类，一类是父母为引起麻烦的始作俑者，孩子因此遭殃，另一类是孩子常常是麻烦的制造者，父母往往是遭殃者。

那些被惩罚后感到无望，没有力量维护其地位的孩子，当他们面临可能被父母拒绝或者认为自己在父母眼中无足轻重的时候，会强烈地想要打击报复。报复父母和看护者的方法可能包括损坏财物的行为，如在墙上乱涂乱画，搞乱桌椅，打碎大人最喜欢的物品，打破玻璃等。与此相关的是其他的一些例子，比如企图伤害自己、偷东西、打父母，在极端的情况下可能导致严重的伤害，甚至是死亡。孩子也可能用更消极的方法报复，包括情绪多变、以死相逼、偷偷摸摸、离家出走和胆怯退缩等。

孩子报复行为的程度从轻微到严重不等，孩子并不总是清楚他们行为不良的目的。大多数孩子的报复行为只是为了让父母和老师难过，但是实际上这些做法同时也会使得他们自己感到相当难过，甚至比父母和老师还要难过。

（4）退缩

退缩是一种严重不自信的行为表现。孩子可能利用或发展退缩行为来作为自我保护的屏障，这样就可以减少家长、教师对他们的期待和要求。因为这些孩子不参与活动，他们就不必承担失败的风险。企图表现出其退缩的孩子在学校里可能无法集中注意力，不能按时完成家庭作业，并拒绝其他人提供的帮助。总而言之，这些孩子尽量让自己表现得失败，以使人们确信他们的确是失败的。这是他们迫使老师正视他们感受的方法，那就是他们做不了优秀学生。这些孩子不断地表现出这些失败的行为，因此他们常被成人视为有麻烦的孩子。在这个阶段，这些孩子已经被随意地放弃，且被认为是品行不良的。

阿得勒认为,品行不良的孩子是由于不自信所造成的,应该通过暗示他们在其天生的能力里就暗含着自尊来鼓励其成长。因此,采用阿德勒的方法,教育者和抚养人相信惩罚对发展中的孩子是有害的,他们更喜欢用鼓励和赞扬来达成良性循环、水到渠成的结果。

2.儿童与成人的关系——"自作自受"

建立在爱与被爱基础之上的人际关系是儿童健康成长的重要前提。世界上没有任何其他东西可以代替父母对孩子的爱。在良好的家庭人际关系互动过程中,随着爱的体验与积累,儿童会自然而然地产生出认识并理解他人,进而理解人类的能力。家庭对儿童的社会化成长至关重要,儿童与父母的关系是他们在青少年期和成人期形成多种社会经验的基础。

进入小学之后,儿童的社会交往更为广泛,同伴关系、师生关系、亲子关系构成了小学儿童社会关系的主要内容。师生关系作为儿童生活中的一种重要人际关系,不仅影响小学儿童的学习、生活、情绪、自我等方面的发展,而且对小学儿童的亲子关系、同伴关系都有重要影响。为此,教师必须与儿童建立起值得信赖和尊重的亲密关系,成为儿童健康成长的有效指导者。

受到卢梭自然主义理念的影响,阿德勒理论相信儿童自己有能力去健康有效地成长,所以应该允许和鼓励儿童自己去体验和感悟他们行为的结果。这两种方法比用惩罚的方法更能够激励儿童朝向正确的方向发展。那些能够体验自己行为后果的孩子,能够学会自己做决定并且在竞争中自然成长。自然的和合乎逻辑的结果都会帮助孩子内化对自己和他人的责任感,而这些通过惩罚是不能达到的。

陶行知先生做校长时,有一次看到一个孩子用石头砸人,陶校长就叫这个孩子待会儿到他的办公室去。孩子忐忑不安地来到校长室,发现校长不在,于是在外面等。过了一会儿,陶校长来了,看到他却没有批评,只是从口袋里摸出一颗糖,说:"你来了,我却迟到了,奖励你一颗糖。"孩子愣住了,陶校长又摸出了第二颗糖,说:"刚才我错怪你了,你是干部,在管理其他同学,再奖励你一颗糖。"孩子拿了两颗糖感到很羞愧,连忙诚恳地承认错误。于是陶校长又给了他第三颗糖:"能自己认识到错误,再奖励一颗。好了,我的糖分完了,你的问题也解决了,现在你可以走了。"瞧,陶行知先生就这样用了三颗糖,三言两语就教育了这个学生,没有严厉的批评,没有大声的训斥,但相信这个孩子再也不会犯相似的错误。

3.孩子在家庭中的位置平等——一视同仁

儿童拥有成员地位的第一个社会群体就是家庭，家庭对儿童的人格发展有着深远的影响。儿童的社会兴趣是天然的，并且其发展首先是通过看护者和婴儿之间形成的早期依恋关系，随后是通过家庭环境形成的。在这个过程中，儿童会朝着成长和合作的路线发展，因为他们有归属、寻求接纳和追求社会群体的所有积极方面的基本需要。

儿童在成长中受到必须面对的种种生活方式的影响，如父母和儿童相互作用的家庭模式，儿童在家庭和集体中的地位等。此外，儿童的行为还会受他对其在家庭中的地位的感觉，即父母和其他成员对这个儿童的反应的影响。如果家庭环境是足够健康的，而且儿童的感受是准确的，他就会继续沿着积极路线成长，从而发展适当的行为，比如宽容、尊重和合作。然而，如果儿童的家庭环境不好，或者家庭环境不能满足儿童被爱、被接纳和被赞许的需要，儿童便可能偏离正确的成长路线，并且走向消极的方向，导致行为不良和不能适应环境的应对方法。

在特定家庭环境中成长起来的儿童，他们的态度和价值观是这个家庭氛围的体现。许多家庭氛围为儿童应对生活提供了适当的榜样。虽然父母并不是在每件事中都能做到完美，但是儿童仍在感觉被家庭和伙伴接受中长大，继续过着幸福的生活。许多儿童虽然有消极的家庭环境，需求者家庭、寄养者家庭甚至孤儿院，但却感觉依然身处幸福之家。也许因为他们能够把注意力集中在和家庭成员相互作用的积极方面，所以不会把他们的家庭氛围看作是消极的。在这种情况下，孩子们觉察他们自己被爱和接纳，而不介意其父母的处事风格。

杜威在总结消极的家庭氛围时，提出了 12 种不适当的父母教养方式。然而，因为家庭态度和价值观变化相当大，而且儿童对其接受和拒绝的反应程度不同，消极家庭氛围并不总是对儿童有不利的影响，很大程度上依赖于儿童如何看待其家庭成员交互作用的质量和他们在家庭中的地位。

下面这 13 种父母教养方式，其中的每一种都是通过不同的例子描述一些消极的结果来解释的。但是因为家庭的独特性，经常很难把这些家庭的互动简单地归为一类，所以在实际情况中，父母教养方式可能会存在很多的重叠。

（1）专制

在一个专制的家庭环境里，父母会持有"按我说的做，但是不要按我做的学"这样比较霸道的态度,且他们要求孩子毫无疑义地服从他们。虽然这种类型家庭中的孩子与他们的父母之间通常表现一致,这些孩子也常有良好的态度和行为表现,但是他们非常容易焦虑,可能是一种对隐含的总是得顺从的养育方法的愤恨。这种父母教养方式的困难在于,父母不能永远指导孩子如何去做,自然也就无法帮助孩子获得自律。好的行为常常是一种刻意的摆拍,当这些孩子决定反叛时,他们会出现严重的不良行为。

博城的父亲是家里的"太上皇",家里的规矩都是他制订的。当博城的母亲想控制孩子的时候,她必须按丈夫的意愿去做,从某种意义上,不如说妻子也受到了控制。当孩子做错了事,博城母亲说:"等你父亲回来收拾你!"这些话显然令孩子非常害怕。虽然博城父亲并不是一个冷酷无情的人,但博城总是必须服从父亲的命令,因为他对父亲充满了恐惧。然而随着年龄增长,他开始反叛,试着离家出走,且有一次,因为和一群十几岁的朋友一起划花他人的汽车车身而被拘留。

(2)压制

在这种家庭中,孩子没有表达感受和想法的自由。例如,小男孩不允许哭,小女孩不能打架和表示愤怒,家庭总保持着压制。和专制家庭相似,孩子在家庭中表达观点和情绪必须经过父母的同意,因此这些孩子很早就学会了隐藏自己的情绪。由于孩子常常不被允许表达感受,使得家庭外部形象完美但内部关系疏远。

王先生和妻子有一个女儿并且表现出完美家庭的形象,从外表上看他们生活在中国人的梦想里,他们生活在一座大城市,有自己的大房子和一辆豪车,夫妻都是年薪十几万元的高收入者。夫妻相敬如宾,从不在公开场合吵架,他们积极参加孩子学校和社区的各种集体活动,节假日经常自驾出游。然而,他们的女儿梓桐在十三岁生日前得了厌食症,从此他们的完美世界被击碎了。梓桐决定控制她生命中为数不多的东西——体重,她拒绝吃任何看起来有热量的东西,以将身材控制在自己满意的范围内。这个家庭并不像他们外表展现出的完美。事实上,家庭成员彼此间缺少温暖和亲密的关系,他们把彼此的事深埋起来而不是公开地进行讨论。对于梓桐来说一个重要的障碍就是她无法分享自己对家庭的真实感受。

(3)拒绝

虽然绝大多数父母爱他们的孩子,但是许多人很难用无条件的方式来表达爱。在这些家庭中,父母常常受阻于对爱的表达和感情的输出,无法把感情和爱变成可以做到的行为。许多成长在拒绝氛围家庭中的孩子感觉不到被爱和被人需要。为了应对这种被拒绝感,他们关心如何获得家庭的关注和权力,并因此变得气馁或者行为不良。不论孩子是用报复还是简单地放弃来赢得父母的感情,那都是不健康的。

睦涵生活在一个单亲家庭中,一直和她母亲共同生活。直到去年,她母亲死于意外事故。她被告知要跟她的亲生父亲和继母生活在一起,她对他们感到相当陌生。当睦涵到她的新家生活时,她发现自己必须面对父亲与继母生养的孩子,即和异母弟弟一起生活。她感到很难适应新环境,学习成绩开始下降,也不愿做家人要她做的家务事。这一切使家人感到失望,她常被父亲和继母拿来与弟弟作比较,并因此受到奚落与责备。

(4)轻视

大多数生活在不断受到责备中的孩子会有德行失败的体验。如果孩子在父母眼里从没做对过任何有用的事情,他们就会怀疑自己的人生价值,对世界存有不信任感。类似"你怎么这么笨""你这个不争气的孩子"这样的责怪,常常变成孩子自我实现的预言。

刘先生和妻子有个儿子,家庭经济比较富裕。刘先生有赌博等不良习惯,并且他忙于生意没花什么时间在儿子的教育上。大多数他和儿子之间的交流就是告诉儿子他个人多么成功,而儿子是怎样坏和没有出息。有一次,父子两人路过家附近的职业高中,刘先生指着学校告诫儿子,如果他不早点改掉坏毛病变得争气一些,这就是他以后的归宿!之后每当路过该职业高中,刘先生都要用类似的话教育儿子一番。几年后,孩子14岁时,他真的成了这所职业高中里的学生。

(5)高标准

大多数父母都想让孩子受到更好的教育,过上比他们更好的生活,有一份更好的工作。持有不切实际高标准要求的父母往往容易使孩子陷入焦虑和压力中。有着极端高标准的父母可能会问考了98分兴高采烈回到家里的孩子班上是否有人考100分,如果有就进入比较模式,如果没有就提出"我觉得你可以更努力一些"的期待。总是无限提高要求会使孩子感到挫败,甚至已经成功的时候也会感觉自己好像很差劲。

马先生和妻子是一对普通的父母,他们都只读到高中毕业就工作了,当年因为家里无法负担学费而没有继续上大学。不过,他们已经有比较稳定的工作,因而过上了不错的生活。当他们还在读书时,自我感觉学习成绩还算不错,现在有了两个孩子,想让孩子实现他们没有实现的大学梦。为此,他们要求孩子得到高分数,上大学、读研究生,且拥有更专业和体面的职业。

他们不断给孩子增加压力,要求他们所有的考试都要得到 100 分。两个孩子当中,有一个孩子非常聪明,也很用功,大多数时候基本能够达到父母的期望;另一个孩子则表现平平,为了躲过父母的过高要求,他甚至经常采取欺骗的手段,但有时仍然不能达到父母高不可及的标准。因此,两个孩子都充满了对失败和未来的恐惧。

(6) 不和睦

在不和睦的家庭中经常会发生争吵,有时甚至上升为暴力行为。在这样的家庭气氛中,孩子学到了权力是重要的,控制别人总比被别人控制好。孩子常常无故受到惩罚,而不是被共同约定好的纪律约束。因为惩罚过于随意,家庭的很多行为变得比较缺乏理智和相互矛盾。在这种情况下,孩子常常成为父母发泄愤怒的工具。有时,孩子受惩罚只是因为刚好撞上了枪口,而不是因为他们真的做错了什么事情。

万先生和妻子都是在暴力家庭中成长起来的。万先生有一个酗酒的父亲,而且他父亲年轻时经常对妻子施以暴力,万先生经常因为尽力去保护母亲而一起遭到毒打,他在愤怒和缺乏爱的环境中艰难长大。万太太的父亲也酗酒,她在成长中知道自己聪明漂亮,具有吸引力,但总是感觉孤独和不安。两人结婚后不久,万先生便开始酗酒并出现他儿时所痛恨的暴力行为,但他却逐渐沉溺于其中。他们的家成了武装基地,夫妻用争吵和打架来处置彼此之间的不同观点。他们 10 岁的儿子现在已经因为打架和偷钱而多次遭到学校的投诉。

(7) 不一致

父母不一致的教养方式给孩子带来了许多焦虑和困惑。他们不知道怎样做才能得到父母的肯定和赞许,总在等待父母标准的下放以及评判,总在怀疑自己的上一件事情是做对还是做错了,是否会带来惩罚,该如何逃过惩罚。这种孩子因为在生活中缺乏关怀,总是处于惴惴不安之中,因而在成长中也显得缺乏上进的动力,做事缺乏自控力。他们不会关心他人,很难把别人的需要放在自己的需要之前,且经常以自我为中心,以至于他们在人际关系上遭遇很多阻力。

章女士是一位有三个孩子的母亲,她有一个10岁的儿子,来自她的第一次婚姻;一个女儿,6岁,生于第二次婚姻的家庭;一个3岁的儿子是他和现任丈夫生的。章女士在当地一家餐馆工作,而她的现任丈夫因为工作繁忙,只有周末才能回家。章女士承认,她唯一能控制的就是那个最小的孩子。她说当孩子行为不良时,她用纪律来约束他们,但是有时会被他们弄得很疲劳,所以她让孩子们自己去解决问题。当她丈夫在时,她为打架和在学校里表现不好而严厉地惩罚过这些孩子几次。

老师经常反馈说这几个孩子都比较焦虑好动,无法集中注意力,对学校安排的学习任务不上心,反而不断寻求别人的注意。他们看起来好像永远不知满足。如果学校活动上供应小吃、饮料,他们总是想尽可能多地连吃带拿,而不考虑班里其他同学,结果他们几乎没有朋友。

(8)重物质

在重物质的家庭中,金钱意味着一切,孩子用他们的所有物来定义自己的价值。家庭的信仰是钱可以买到快乐,孩子们学习到的是物质利益比家庭和朋友重要得多。父母经常把买礼物作为他们对孩子表达爱的方法,用买礼物来替代关心和陪伴孩子,认为金钱或昂贵的物品可以替代时间上的投入和热情的倾注。父母用这种他们所知道的仅有的方法来表达情感,保护他们自己的利益。他们通过购买昂贵的物品,仿佛是在对外宣扬:"瞧,我能为家庭和孩子买昂贵的东西,因为我是成功的!"

钱先生是一家大公司的老总,有一个儿子和一个美丽的妻子,还坐拥一座豪宅。无论何时钱先生外出做生意,他都会为他的孩子和妻子带回许多昂贵的礼物。他对自己不能花更多的时间陪伴孩子感到抱歉,但是他说他需要用大量的钱来维持他们已经习惯的生活方式。钱先生的儿子豫杰是一个敏感的孩子,为他父亲的成功感到骄傲。他邀请其他同龄男孩来自己家里玩,但是孩子们大多去过一次就再也不登门了。豫杰在学校体验着失败,他已经被诊断为学习障碍,他害怕自己不能像父亲一样成功而不断地担忧和焦虑着。

(9)过度保护

过度保护孩子的父母在帮助孩子的外表下,其实促成了孩子的无助和依赖。通过总是为孩子做事,父母事实上是告诉孩子他们没有能力为自己做任何事。这个信息对自尊的影响是十分消极的。过度保护孩子的父母阻碍了孩子做决定的能力的发展,反而是在鼓励他们依赖别人的意见和建议。按照阿德勒的观点,通常父母,尤其是母亲希望感受到自己被需要,因此通过为孩子做所有的事促成这个循环。然而,过度的依赖常常引起憎恨。父母不能总是为他们的孩子提供庇护。因此,在这种情况下成长的孩子,可能在成人之后仍然依赖他人。

彭先生和妻子有一个儿子小辉,现年 8 岁。小辉出生时,彭先生已经将近 50 岁,他太太 38 岁。彭先生在两年前死于癌症。彭太太很疼爱儿子,无微不至地伺候。每天早晨小辉穿什么、中午吃什么都由她安排,且饭都亲自送进小辉的卧室,以便他能够边看电视剧边吃饭。每天放学,彭太太都准时等在学校门口,生怕迟到小辉找不到她。小辉动作慢,等他自己写完作业已经筋疲力尽,彭太太心疼不已,因此替代小辉去完成那些困难而讨厌的任务。这种被孩子需要的成就感和感到厌烦的绝望感使彭太太时常感到分裂。

(10)怜悯

怜悯是一种消极的父母教养方式,在一定程度上,它贬低和剥夺了孩子自己努力的机会。孩子会因为怜悯的语气或评论变得畏缩,因为他们知道这是暗示他们不可能做得到。做某些事情也暗示着施舍,同情的人不知何故优于被同情的人,孩子感到可怜他们的父母所做的行为与过度保护孩子的父母所做的行为,都会令孩子产生同样消极的感受。孩子可能开始自怨自艾,并完全放弃完成某些事情的努力,从而放弃了来自成功的美好感觉。所有这些都会对孩子的自尊、自信和自立产生消极的影响。

亮亮 3 岁时被诊断出先天性心脏病,谢先生和妻子总是对他要承受如此多的痛苦而感到愧疚和难过,期盼能够通过一些行为来弥补他。当夫妻两人几年前离婚时,谢太太整日被亮亮和他的疾病问题困扰着。由于离婚时谢太太和亮亮分别得到了一笔财产,他们从此便放弃了在学习与生活上的努力。亮亮因为学习成绩下滑而退了学,开始沉迷于电脑游戏。去年,亮亮的父母亲都因意外离世后,没人再来怜悯他了。

(11)无望

许多时候,贫困、失业和充满暴力的贫困地区会引起悲观气氛的蔓延。在这种环境下长大的孩子找不到出路,因此他们走了同样的路,并不是因为喜欢他们的生活方式,而是因为从来不知道还可以得到其他不同的生活。父母常感到非常泄气,因为生活境遇糟糕,视野狭小,他们总是觉得自己不能提供有利的资源并鼓励孩子拥有更好的生活。

丽奇是个农村女孩子,她父母 18 岁就结婚了,他们没读过几天书。夫妇俩共生了四个孩子,最后一个总算是男孩。丽奇全家只靠几亩地生活,母亲体弱多病,不能干重活,家庭全靠父亲一个人,加之孩子多,又都需要上学,因此经济十分拮据。家庭条件虽苦,丽奇还是坚持上完了初中。她在成学校成绩很好,假期尽量帮助父母干些农活,并到集市上卖些鸡蛋之类的农产品,以赚取学费。

可是,就在丽奇读初三时,父亲得了重病,一病不起。看病需要花很多钱,因此家里供不起四个孩子上学了。丽奇和两个妹妹不得不辍学,然后她和大妹妹承担了家庭的全部责任,希望通过读书改变贫困的梦想破灭了,她们又走上了父母的老路,整个家庭陷入无望之中。父母已经开始打算把三个女儿早点嫁出去,以供最小的儿子多读几天书。丽奇开始变得抑郁孤僻、沉默寡言。

(12)牺牲者

在牺牲者的家庭氛围里,父母对未来的态度是悲观和绝望的,这与在无望家庭感受到的氛围很相似。然而,牺牲者家庭中,父母以牺牲孩子利益的方式处置这种悲观状态。除了感觉无望和泄气,孩子还可能被困在一种与父母的相互依赖和纠缠之中。对抚养的反击驱使孩子必须为父母做出牺牲和付出代价。

凡凡在 5 岁时就表现出学习编程的天分,父母决定让他上编程学习班。父母收入不高,刚刚够生活。因此,他们为了凡凡的编程课和学习时间做出了相当大的牺牲。父亲每天早上 6 点起床,坐班车送他去上课。同时,凡凡在棋类学校里学习国际象棋,父母又要陪同他一起参加学习,支付各种学习费用。电脑装备、编程软件等总是要配置的,全家节衣缩食为打造编程天才而竭尽全力。

但是,上高中后凡凡突然决定不上编程学习班了,任凭如何劝导就是不去。父母想让他成为编程高手的梦想破灭了。从那天起,父母不断提醒他,直接或间接地透露他们牺牲了那么多,只是换来了无尽的失望。凡凡感觉自己是父母期待下的牺牲品,面对父母的"倾囊相助",除了成功无以回报的压力让他不得不放弃,他的失望和纠结不会比父母少。

(13)伪伙伴

现代社会中,随着家庭生活方式的变化,传统的教养风格逐渐淡化。父母失去了通常凌驾于孩子之上的权威。即便存在这种权威,也多数存在于双亲家庭,在单亲家庭中几乎看不到它的存在。可能是由于单亲状态下权威感不充分和被压制的原因,当成人的权威形象和孩子之间的界限变得模糊的时候,父母和孩子之间主要是作为伙伴进行互动,因而除了上述 12 种教养方式之外,又出现了另外一种所谓父母成为孩子伙伴的家庭。

这种家庭氛围最常见于离婚造成的单亲家庭中,这种家庭中的代际界限模糊而混乱。在这种家庭里,单身父母很容易放弃父母的角色而成为孩子的伙伴,通常在孩子 9~13 岁时最为明显。母亲或父亲可能存在各种各样的个人问题,例如在该不该再婚等问题上会寻求孩子的意见,而且把各种担忧都告诉一个心智尚未成熟、无法助力的孩子。这种关系有时会导致角色颠倒,孩子通过照顾父母,过早地承担起原本不属于他的责任。这种情况常会迫使孩子在心理上还没有完全做好准备,需求尚未得到充分满足之前便提前进入成年期。

结果,这样的孩子性格上会出现退缩、逃避、放纵自我等问题,行为上会出现对父母的要求或者过于顺从或者拒绝,在学校注意力不集中,成绩不稳定等问题。这种情况不单出现在单亲家庭,近几年来,国内的许多家庭把独生子女当做父母解决冲突的中介,迫使孩子卷入更加矛盾与激烈的讨论中,这些问题也变得更加普遍起来。

小琴 10 岁,是她母亲婚姻失败后留下的孩子。自从 3 岁父亲离开她们起,家里面她就成了母亲最好的伙伴,母亲把她当作自己生活的补充,与她无话不谈,甚至与她谈论男生与性。小琴聪明且善于言辞,给人的印象是她的年龄远远超过 10 岁,而且很有才华,但在学业上却很糟糕,四年级时就几乎读不下去了。因为做作业拖拉,小琴总是很晚才能上床睡觉,连带母亲也要跟着晚睡。小琴认为母亲晚睡不是她的错,那是因为母亲长期失眠所致。她母亲的确每天吃安眠药,为此她经常反应迟钝。后来小琴也经常失眠,她变得跟母亲一样多愁善感。

从上面的分析我们不难看出,孩子在家庭中的地位感和家庭气氛,对于塑造孩子的行为方式和态度倾向是非常重要的。理解这个事实对于我们合理面对当今,特别是在城市社会中比较普遍的独生子女家庭很有启发作用。早期适当的压力和责任,对孩子来说可能未必是一件坏事,那些特别的责任和职责可能帮助他们获得一种成就感。与之类似,孩子如果觉察到他们是被爱的,他们是能够战胜消极环境的,那么他就能够承担起责任,成为一个有责任感、关心他人和获得成功的成年人。

十、特殊学生的心理咨询

（一）单亲家庭

当前，我国的离婚率呈逐年递增趋势，而离婚受到影响最大的毋庸置疑是家庭中最弱的一方——孩子。孩子心理方面必定受到影响，虽然我们不能改变这种现状，但是可以运用不同的方法降低父母离婚带给孩子的不良影响。离婚对孩子的影响主要有以下三个方面。

首先，离婚给孩子的生活和学习带来了改变，使孩子容易产生负面心理。相较父母双全的家庭，离异家庭的孩子更内向自闭，特别是在与同学发生争执后，如果教师不进行合理疏导，学生容易产生消极思想。

其次，原本幸福的家庭变得支离破碎。孩子天真可爱的性格会因为父母离婚而出现心理裂缝，认为自己不如别人，觉得别人都在议论自己，严重的还会导致阴暗心理与不良行为，如不喜欢学习、成绩下滑等。这种情况下，孩子很容易破罐子破摔。而父母无法正确看待离婚带来的负面结果，习惯性地将责任推给另一方，则会加重对对方的怨气。

最后，因为家庭成员不全，导致孩子心理落差的产生。离婚的父母对孩子付出再多，也难以弥补一方离开的缺失，孩子也感受不到完整的爱，加上缺乏正向的引导，孩子极易从其他方面去寻找替代和安慰。如与不良青年交往或投靠"大哥"，成为网吧、游戏厅的常客；课堂上不认真完成教师安排的作业，甚至在课堂上捣乱，使得课堂教学难以进行。如不防患于未然尽早支持学生的身心健康发展，他们染上恶习致使学业荒废是必然趋势。对单亲家庭学生的心理帮扶主要包括以下几点。

第一，前期准备工作。一是提升自身综合素质。身为辛勤的园丁，为了帮助单亲家庭的孩子，就必须学习和提升心理学、教育学和社会学的理论知识，与学生进行合理沟通，消除学生的负面心理，根据学生实际情况进行分析讨论和教育，在教育的过程中进行经验总结。二是积极与家长沟通。主动与家长多次高效的言语交流，一方面有助于家长掌握孩子在校期间的表现，另一方面能够了解学生与家庭的基本情况，有利于教师对家长的性格特点、社会阅历和认知水平有初步的了解，为下一步的心理工作的开展奠定基础。

第二，以家庭为中心，消除父母跟学校之间的芥蒂。可以对全班学生进行家访,但家访的重点还是以单亲家庭为主,不定期地跟单亲家庭的父母沟通。家访包含三点内容:第一是对于单亲家庭的学生而言,需要先了解的就是其家庭情况,如离婚缘由,孩子由谁抚养,经济状况如何等;然后,了解父母双方对孩子的关注程度,让未抚养孩子的一方了解抚养孩子的辛苦。二是向家长反馈学生在校的实际情况,让父母了解单亲家庭对孩子的个性以及学校生活方面的影响。如在家访中家长认为教育孩子是学校的首要工作的时候,需要纠正其观念,因为父母的言行举止会影响孩子的成长,家庭教育才是影响孩子的重要因素。三是提出解决措施和教育指导。说明离异后双方给予孩子更多关心与爱护的必要性,通过合理的引导为孩子树立正确的相处模式和人际关系,帮助孩子茁壮成长,不能以工作忙为借口放任孩子不管。

第三,创建父慈母爱的环境。父母在孩子心中的形象是伟大的,所以父母不应该当着孩子的面互相拆台和推卸责任,而是让孩子感受到父母的品格以及分手不分家的友善。父亲在孩子心中的形象是高大勇敢的,母亲在孩子心中的形象是温柔慈祥的,如果形象崩塌会对孩子的心理造成负面影响,不利于孩子的心理健康与发展。

第四,学校为辅,帮助学生健康发展。具体可以做到以下四点。

一是帮助学生创建温暖环境。班级氛围不可或缺。教师应鼓励心态乐观、积极向上的学生多与单亲家庭的学生结对子做伙伴。通过正确的方式与单亲家庭的同学沟通,使单亲家庭的学生打开心扉、乐享友谊。教师应当发掘学生的优点和特长,及时发现学生的问题,并运用适当的语言私下与学生沟通,避免使用过激语言,可以通过倾听和谈心的形式,让单亲家庭的学生将消极情绪宣泄出来,引导学生发现自己的错误并加以改正。

二是消除心中的芥蒂,降低对学生的影响。父母离异的学生心理较为敏感,一些看似不起眼的小事都会给单亲家庭学生的心灵造成影响,所以班级对单亲家庭的学生务必给予高度重视。遇到学生的言行出现反常的现象,细致了解事情的起因经过,帮助学生梳理过程,舒缓情绪再解决问题。避免不加过问的粗暴解决,给学生内心带来二次创伤。

三是创建和谐家庭关系。父母作为成年人有选择个人幸福的权利和自由,离婚不是错,但是应避免在孩子面前讲另一半的坏话。正确做法是诚恳地告知孩子离婚的决定是父母经过沟通后做出的,并且导致父母离婚的主要原因与孩子没有任何关系,以降低孩子的心理负担。可以鼓励孩子写加密日志,在日志中表达对父母双方的情感,不论是正面的还是负面的都鼓励孩子表达,完成后单独交给老师。通过文字互动,一方面给孩子提供情感宣泄的渠道,一方面激活孩子对父母的美好记忆,为未来蓄力,最后老师还可以通过点评日志为孩子赋能。

四是提升学生的独立意识和责任感。单亲家庭长大的孩子,其心理会受到不同程度的影响。他们缺少自我改变的主动性,更多是被动等待,如果要使孩子具有独立精神和责任感,就需要提升孩子自身的抵抗力,包括提升独立意识和责任意识两个方面。

提升独立意识方面,可以任命单亲家庭的学生担任班级干部,使学生感受班级的温暖和力量。在课堂教学的过程中,教师应当让学生积极主动地参与进来。让学生将自己内心的想法表达出来,让学生与学生、学生与教师之间的关系更和谐融洽,增强学生对班集体的信任感。

提升责任意识方面,为了让单亲家庭的孩子在今后的工作和生活中成为有担当、有责任感,对社会有用的人,就必须使学生树立正确的思想,自小就能感受到来自外界的关心和鼓励,长大成人后也能够关心鼓励他人,将爱传递出去。

现在我国离婚率呈上升趋势,单亲家庭的孩子容易出现各种心理问题。为了帮助单亲家庭的孩子茁壮成长,作为教育工作者,应当时刻注意单亲家庭学生的心理问题。教师在单亲家庭孩子的成长阶段,肩负巨大的责任,不仅要教给学生知识,还要教给学生如何做一个对社会有用的人。做到这些还需要从心理的关心入手,给予单亲家庭的孩子更多的关爱,理解与疏导他们的不良情绪,树立健康向上的价值观,鼓励与帮助他们建构健全的人格。

十一、外来工子女心理健康辅导

所谓外来工子女,是指跟随父母双方或一方进城,子女离开户籍所在地到城区学校就读而形成的一个特殊群体。随着城镇化发展战略的推进,进城务工人员的子女也随着进城读书。由于他们的工作种类、工作方式、工作条件、居住场所不一样,很多父母忙于工作,无暇照顾孩子。同时,孩子的生活环境、学习环境也随之发生巨大的变化,久而久之,外来务工人员子女的心理健康发展受到不良影响,会出现以下心理问题。

（一）胆小自卑

外来工子女本身所居住的环境一般不佳，一下子来到比较发达的地方，接触到家境富裕的同学，容易被取笑为"外地人"。当在家庭经济条件和在学习成绩上都没有优势时，他们心里自然会产生自卑感，觉得自己低人一等，形成自尊心与自卑感的冲突，独立意识和依附心理的冲突，追求上进与自我消沉的冲突。矛盾冲突在一定程度上影响外来工子女身心健康的发展。受到自卑心理的影响，外来工子女比较胆小内向，无论在课堂上还是在办事方面都不能表现自如，反而唯唯诺诺，即使在学习和生活上遇到什么问题，也不敢主动向老师和同学请求帮助。

（二）人际交往能力弱

外来工子女离开了小时候的伙伴，要在陌生的城市里寻找新的伙伴，而他们内向自卑的性格又促使他们只能被动等待别人主动去结识他们。本地学生由于对他们产生的陌生感，也不容易迈出接纳的第一步。地方的差异再加上被动的姿态，都无法使他们结交到更多的朋友。当他们与其他同学发生冲突时往往易怒、急躁，喜欢用武力解决与同学之间的矛盾，以此来维护自己的尊严。长此以往，他们索性封闭内心，回避社交活动。在与老师接触时，外来工子女也不善于表达自己的想法，无法搭建起与教师和同学的良好沟通渠道。

（三）沉默抑郁

相较本地学生，外来工子女无论在生活还是学习上都会遇到不少的问题，而内向自卑的他们无法主动地向身边的人倾诉，问题堆积成山逐渐使他们产生压抑或暴躁的情绪。部分学生在面对经济和精神的双重压力时，不能较好地调整心态，逐渐形成抑郁心理，终日情绪消沉、积极性不高，失去了童年应有的活力和朝气。

是什么原因导致外来工子女产生如此多的心理问题呢？主要可以从家庭、学校、自身、社会四个方面对其成因进行分析。

1.家庭因素

第一，家长忙于工作，无暇关注孩子的成长，或者只关注学习成绩，较少关注孩子心理层面的成长情况，更不用说每天抽出一些时间与孩子聊天或倾听孩子的心声。

第二，家长不注重教育方式。由于生活的压力和自身素质的局限，一旦孩子做错事或是成绩不理想，家长只会使用单一的打骂的教育方式，较少倾听孩子解释,这样就阻碍了家长与孩子的沟通,使孩子越来越沉默,越来越孤僻。

2.学校因素

第一,不够重视外来工子女的心理健康问题。学校方面把外来工子女与本地学生一视同仁,没有关注到外来工子女这一群体的特殊性,只是单一地看学习成绩。其实,外来工子女成绩的好坏恰恰如实反映了其心理是否健康,人际关系是否和谐等情况。

第二,本地学生的不理解。由于外来工子女与本地学生在经济条件、语言表达、生活习惯、家庭教育、文化基础等方面都有一定的差距,尤其是家庭的经济条件的差异,使本地学生容易产生一种优越感,从而鄙视外来工子女,无法接纳他们,不能与他们和谐相处,使外来工子女身边少了许多伙伴。

3.自身因素

第一,自卑抑郁的性格使得外来工子女在心理上总感觉低人一等,恨自己不是土生土长的本地居民,从而自我封闭,不愿与外界接触。

第二,缺少寻求帮助的主动性,凡事喜欢藏心里,遇到困难总是怕麻烦同学或老师,但又无法自行排解心中的抑郁,只能使问题越来越严重。

4.社会因素

第一,本地居民的排外心理。本地居民对外来人员时常保持一种警惕和排外的心理,甚至会出言伤人。特别是当外来务工人员子女与其子女发生矛盾时,这种情况更加明显。年纪小小就要面对别人异样的眼光、冷漠的言语,极易对他们的心理造成不良的影响。

第二,不公平地对待外来务工人员。外来务工人员无论是在找工作的难度还是薪资待遇方面都经常遭遇区别对待,孩子在校读书时也同样会受到不同或不公平对待,诸如此类的不公平对待频繁出现时,容易使孩子对社会产生不满。

要想改善这一现象,建议做到以下几点。

(1)学校开展心理健康课,定期为外来工子女举办心理健康教育讲座,为他们提供有针对性的心理健康知识,帮助他们消除心理困惑。

(2)家长有意识地关注孩子的心理变化,每天哪怕再忙再累也要抽出一些时间与孩子交流,倾听孩子的心声,引导及帮助解答孩子的疑惑,解决遇到的困难。

(3)建立家访制度,让教师主动上门或到家长工作地点与其交流意见,共同促进孩子心理的健康成长,同时还可以更加了解外来工子女的家庭情况。

(4)一视同仁,引导本地学生尊重外来工子女。无论在心态上还是言语上,教师都要对本地学生与外来工子女保持一致,还要努力营造和谐友爱的班集体氛围,教育本地学生要主动团结,帮助外来工子女不分你我,共同进步。

(5)外来工子女要想得到同学的尊重或者老师的赞赏,归根结底还是要靠自己的努力,不但要认真学习,还要勇敢面对困难,不断取得进步。

外来工对社会作出的贡献功不可没,要让他们安心工作,为社会作出更大的贡献,就要接纳他们、尊重他们、感激他们,使他们的孩子享有平等接受义务教育的权力。

第二节 团体心理咨询

小组或团体咨询是在团体情境中为来访者提供心理帮助与指导的一种心理咨询形式。它是通过团体内人际交往的交互作用,促使个体在交往中通过观察、学习和体验认识自我、探索自我、接纳自我,调整和改善与他人的关系,学习新的态度与行为方式,以发展个体良好的生活适应能力的助人过程。团体心理咨询通常由一位或两位咨询师主持,多个学生参加。团体的规模因咨询目标的不同而大小不等,少则3～5人,多则十几人甚至几十人。通过几次或十几次团体聚会活动,参加成员互相交往,共同讨论大家关心的问题,彼此启发、相互反馈、支持鼓励,使成员了解自己和他人的心理,以便改善人际关系,增加社会适应性,促进人格成长。

小学生团体心理咨询是相对于个体心理咨询而言的,是心理咨询的主要形式之一。它与个体心理咨询的目的是一致的,都是为了帮助个人自我发现、自我指导和适应社会。团体心理咨询与个体心理咨询的联系和区别是什么?都有哪些特点?在当今的小学中,教师该如何组织团体心理咨询呢?

一、团体心理咨询与个体心理咨询的联系和区别

(一)团体心理咨询与个体心理咨询的联系

第一,两者目标相似,均是帮助学生自我指导与自我发展。两者的方法都

是帮助学生接纳自己、增强自信;第二,两者都是强调提供接纳的自由、宽容的气氛,可以使学生自由表现自己的感情和经验,培养自我选择的责任;第三,两者都需要咨询师娴熟掌握接纳、共情、反射等技术,从而使学生能够觉察和了解自己;第四,两者服务的对象都是有正常发展性问题的个人;第五,两者都有益于探索个人情绪与内在自我,可以增进个人控制自己情绪的信心。

(二)团体心理咨询与个体心理咨询的区别

团体心理咨询的情境可以提供尝试与他人交往的机会,使学生获得他人对于行为交互作用的反应与启示。在团体心理咨询的条件下,学生不仅可以得到接纳援助,并且对他人也给予援助。这种合作参与的关系,有利于成员之间增进亲近感;成员之间的相互作用,可以促进交流与切磋;互相表达情感,能够在理解与感悟中影响其行为。团体心理咨询的指导者面临的问题非常复杂,指导者必须了解学生的感情,帮助他们认识自己的感情。而且还要观察咨询的内容给其他成员带来什么影响,引导各个成员参与讨论。所以他不仅要了解讨论内容,同时还要关心成员间的相互作用及关系。

二、团体心理咨询的特点

团体心理咨询与个体心理咨询最大的区别在于,学生对自身问题的认识和解决是在团体中通过成员间的交流及相互作用来实现的,这就使得团体心理咨询具有了独特之处。

首先,团体心理咨询感染力强,影响广泛。个体心理咨询的过程是咨询师和学生之间单向或双向沟通的过程,而团体心理咨询是多向沟通的过程,对于每一个成员来说都存在多个影响,每个成员不仅自己接受他人的帮助,也可以帮助其他成员。此外,在团体情境下,可以同时学习模仿多个团体成员的适应行为,从多个角度洞察自己。

其次,在团体心理咨询过程中,成员之间互相支持,集思广益,共同探寻解决问题的办法。例如,在当今小学生存在的各类心理问题中,逃学现象很普遍,咨询师可以组织以逃学学生为对象的团体心理咨询。在团体交流中,每名学生都诉说自己逃学的原因和逃学后的感受。由于参加者问题相近,解决问题的迫切性强烈,他们在团体中不仅交流了各自的状况,而且齐心协力、集思广益,效果绝对不是个体心理咨询所能达到的。

再次,团体心理咨询效率高、省时省力。个体心理咨询中,咨询师对学生一对一地进行帮助指导,每次咨询面谈需要花 50 分钟至 1 个小时的时间,而团体心理咨询是一个指导者对多个团体成员,即一个指导者可以同时指导多个学生,相较于两个人谈话要节省许多时间和人力。团体心理咨询符合经济的原则,提高了咨询的效益。团体心理咨询的经济效益还能体现在防患于未然,避免问题的发生,利用集思广益的研讨方法,谋求问题发生后的处理方式,这是解决问题最迅速有效的方法。

复次,团体心理咨询效果容易巩固。团体心理咨询提供了一种生活经验,参加者能将之用于日常与他人的互动中。通过团体历程,成员们经历了难以突破的瓶颈,也重现了早年经历的背景,因而能够做出适当的新决定。团体历程帮助成员发现自己是如何扮演牺牲者的角色,并使成员在团体内与每一天的生活中开始表现出与过去不同的行为,从而做到逐渐控制自己的生活。人生活在社会环境中,受到社会的影响,并同各类人打交道,建立不同的人际关系,由此所发生的互动,既可能满足个人成长,也可能造成伤害。因此,人的许多心理适应问题都是在人际交往中,在特定的社会环境中发生发展起来的。为此,把来自社会环境和人际交往的问题放回到类似的环境中重新认识和调整,既有针对性又有实际效果。

最后,团体心理咨询创造了一个类似真实的社会生活环境,为参加者提供了社交的机会。成员在团体中的言行往往是他们日常生活行为的复制品。在充满信任的良好团体气氛中,通过示范、模仿、训练等方法,参加者可以尝试与他人建立良好的人际关系。如果在团体中能有所改变,这种改变会延伸到团体之外的现实生活中。也就是说,实践的结果容易迁移到日常生活中。特别适用于人际关系适应不良的小学生团体。团体心理咨询对于人际适应不良的小学生有特别的作用。有些小学生由于缺乏社会化的经验,在学校或社会中常发生人际关系方面的冲突或躲避与人接触,有些小学生则因为缺乏客观的自我评价和对他人的信任,过分依赖或过分武断,难以与他人建立和保持良好的、协调的人际关系。这些问题可以通过团体心理咨询得到解决。

当然,团体心理咨也有其局限性。如上所述,团体心理咨询有优越于个别心理咨询的地方,在咨询中有非常重要的作用,特别是对人际关系适应不良的学生有明显的效果。但任何事物都有其长处和不足,团体心理咨询也不例外。

樊富珉等将团体心理咨询的局限性概括为以下五点[①]：一是在团体情境中，个人层次的问题不易暴露；二是在团体情境中，个体差异难以照顾周全；三是在团体情境中，有的成员可能会受到伤害；四是在团体心理咨询过程中的一些关于某个人的隐私，事后可能会在无意中被泄露，从而给学生带来不便；五是团体心理咨询对指导者要求较高，不称职的指导者带领团体会给成员带来负面影响。此外，团体心理咨询不一定适合每一个人，那些在社交方面极端内向、害羞和自我封闭的个体不宜参加。

三、团体的特质

团体的特质是指团体是开放性的还是封闭性的，是同质性的还是异质性的。之所以要有这方面的考虑，是因为不同特质的团体对咨询师的要求及团体心理咨询过程中的问题处理方式是不一样的。

首先，开放式团体和封闭式团体。开放式团体是指随时容许新人加入的小组。这类团体的长处是随时可以弥补退出团体成员的空缺，不必担心人太少，而且新团体成员还可以为团体带来许多新的挑战和领悟，这均有助于团体的发展。但是由于咨询师要不断适应新团体成员的加入，使得他可能要花很多精力去关注这些新团体成员，从而忽视了团体进一步的发展。因此，在开放式团体中，咨询师一定要避免使自己的团体长时间处于热身的初级阶段和过渡阶段。咨询师应该不失时机地利用新团体成员带来的挑战，尽快使团体形成凝聚力。要做到这一点，就要求咨询师经过敏锐的分析，尽早确定几个核心分子，无论其他成员如何频繁变动，他们始终能够参与其中以保证团体的稳定性，并将他们之间的那份信任和凝聚力投射到其他团体成员身上，进而产生积极的作用，避免产生过高的流动率。

所谓的封闭式团体是从一开始团体人数就已固定，不允许团体成员任意退出，即便有人退出，也不会再加入新的团体成员，并且从一开始就定下来活动次数及时间安排。这种特质的团体由于稳定性强，团队成员之间的信任和凝聚力会逐渐增强，有利于团体功能更好地发挥。我们在小学里组织团体心理咨询，最好采用封闭式团体，特别是对新手咨询师来讲，首先要经过封闭式

---

① 樊富珉,何瑾.团体心理辅导[M].上海:华东师范大学出版社,2010.

团体的实践之后再考虑开放式团体咨询。

同质性团体主张的是团体凝聚力理论,即团体是否具有吸引力决定了团体成员是否愿意继续参加团体,并在团体心理咨询中得到帮助。因此,咨询师的首要任务就是着眼于创建和保持团体的凝聚力,设法使团体成员之间的关系和谐。

异质性团体主张社会缩影理论和不调和理论,即团体是团体成员社会生活的缩影,成员之间的差异越大、问题越复杂时,学生越有机会充分体验生活的多元性与复杂性,有机会去学习与改变。特别是由于异质的存在,使得团体成员在团体活动中经历更多的不安与焦虑,这样的不安与焦虑往往会激励团体成员主动采取行动,积极地改变现状以及减轻不协调的程度。

由此看来,同质性团体和异质性团体对咨询师的要求是不一样的。当一个团体的特质确定以后,咨询师就应该运用不同的理论来推进自己的团体。当然,两种类型的团体本身并无好坏之分,只是在团体心理咨询进程中的表现不同,甚至是各有所长。比如异质性团体的问题相对于同质性团体更多和复杂一些,但是这样的一个团体不会像同质性团体那样容易陷入单调与重复,相反,其可以为团体成员提供较充实和丰富的团体经验。

理论上,团体的特质的确应该在一开始筹划团体时就已经确定,但是由于团体心理是一个多因素动态的流动过程,因而其特质也并不是一成不变的。比如一个在开始是同质性的团体且团体凝聚力建立得不错,后来由于大家对团体的信任,不断有人将自己其他方面的生活经历说出来,马上得到其他人积极而热烈的反馈,于是团体中又出现了许多有着不同生活经历和生活感受的团体成员。随着异质的不断增强,团体经验变得越来越充实丰富。这就需要咨询师做出机动灵活的变动,进行弹性处理,全面地配合团体成员的改变,以及在适当和正确的组合中,使所带领的团体达到最高的成效。

四、团体的运作周期

由于不同的团体心理咨询参加成员不同、目标不同、活动方式不同,所以每个团体心理咨询都会经历不同的发展。但是,无论什么形式的团体,心理咨询大致都有四个阶段,即团体的创始阶段、过渡阶段、成熟阶段和结束阶段。

1.团体的创始阶段

在这一阶段,团体的主要任务是使成员相互间尽快熟悉,建立信任感,这是团体心理咨询进行下去的前提条件。开始时互不相识的人,因为参加团体心理咨询而走到一起,都想知道别人的问题背景,同时对指导者产生兴趣,想知道他怎么指导以及对每个成员的态度。通过一些言语与非言语的交流形式,成员开始互相交往、互相认识。但这种交往常常是谨慎的、试探性的,轻易不会暴露自己,尽量寻找和别人的相似之处和共同语言。

随着活动的逐渐深入,成员之间的关系也开始由表及里、由浅入深,成员变得愿意去表达情感、开放自己,对团体的目标表示认同,团体的凝聚力和信任感慢慢形成。在这一阶段,有的成员常因担心自己的言行会不会被他人接受而小心翼翼,有的成员会故意表现出令人不快的言行,试探团体环境到底是否安全,考验团体是否能接受他所有的行为和情绪。有时候团体还会出现一阵沉默尴尬的气氛,这是成员在思索问题、寻找方向的表现。

2.团体的过渡阶段

在这一阶段,团体的主要任务是提供鼓励与适度挑战。成员能够面对并且有效地解决他们的冲突、消极情绪以及因焦虑而产生的抗拒心理,使团体进步到彼此有效地建立关系的阶段。在团体发展的过渡阶段,团体中会出现各种不同形式的抗拒心理,团体成员的焦虑程度和自我防卫都很强。此时成员的矛盾心理比较普遍,一方面担心自己不被他人接纳,为追求安全而把自己包裹起来;另一方面,又为冒险说出自己心中的话而跃跃欲试。对于团体指导者,成员也会仔细审视他是否值得信赖,甚至公开挑战,以试探指导者能否适当处理问题。这时,团体指导者必须冷静沉着地面对,主动真诚而积极地关心每一个成员,协助他们了解自我防御的行为方式及处理冲突的模式,鼓励成员谈论与此时此地有关的事情,协助他们成为团体中独立自主的一分子。

3.团体的成熟阶段

这一阶段是团体心理咨询的关键时期,也有人称之为工作阶段。这个阶段团体的主要任务是,在充满信任、理解、真诚的团体气氛下,鼓励成员探索个人的态度、感受、价值与行为,深化对自己的认识,成员之间相互支持,坦诚相待,尝试新的行为。发展到这个阶段,团体凝聚力和信任感已达到很高的程度,成员充满了安全感、归属感,互相接纳、互诉衷肠、开放自我,也真诚地关心他人。成员从自我探索与他人的反馈中尝试改变自己的生活,并得到其他成员的支持鼓励。此时的咨询师也必须放开自我,分享其他层面的感受,并设法使成员在团体进行过程中集中注意力,朝向团体目标和个人目标做出有益的改变。

4.团体的结束阶段

这一阶段团体的主要任务是使成员能够面对即将分离的事实,并协助成员整理归纳在团体中学到的东西,鼓励他们将所学的东西用于日常生活,使改变与成长继续。在团体心理咨询的最后阶段,由于分离在即,一些成员心中充满离愁,同时想利用最后的机会表露自己希望和害怕的情绪,以及对别人的观感。咨询师要把握好这个机会,抚平成员心中的离愁,为其分别做好心理准备,并认真梳理与总结整个团体心理咨询的过程,协助成员做出个人评估,鼓励成员充满信心去面对生活,将团体所学用于实际生活,也可以听听成员对团体心理咨询的意见感受,以便总结经验。此时常采用大团圆的总结会等形式结束团体心理咨询。

综上所述,在团体心理咨询从开始到结束阶段的发展过程中,团体指导者必须面对并完成的任务是,创造一个有利于建立信任感的环境,处理成员的焦虑与期待,明晰团体的负面情绪和冲突,了解并指出成员冲突的真实意义,在接受成员挑战时树立没有防御性的行为榜样,减少成员对指导者的依赖,增强成员个人的责任感,引导成员直接而有效地面质,鼓励成员表达他们对团体的感情和反应,帮助成员更深层地表达个人的心理感受,鼓励成员将团体的经验延伸到日常生活中并发挥积极作用。

五、团体心理咨询的设置

团体规模的大小会影响团体中成员的沟通行为,这是许多学者都认同的事实,因为团体规模过大或过小,人数太多或太少,都会直接影响团体活动的丰富性及团体成员之间交互作用的效果。比如团体规模太小,容易使团体成员感到不舒畅和紧张,压力很大;而团体规模过大,人数太多,不仅会因为团体成员缺少充分交流的时间而使团体沟通效果不好,参与和交往的机会受到限制,进而导致团体凝聚力难以建立。而且带领者也会感到很吃力,因为他没有精力关注到每一个团体成员的情况,无法更有效地带领团体成员对个人问题进行深入探索和处理,使团体咨询变得表面和片面化。

但是,在理想的人数方面看法却很不一致。在我国一般认为组成一个团体最理想的人数是8~10人,因为这样的人数不仅可以使咨询师有精力去关注每一个团体成员,同时,团体成员也不会因为人数太少而产生压力感。在这样的团体中,大家不仅可以融洽相处,而且彼此可以享有相当充分的反馈和支持,感到自己在团体里面的重要性,亲密程度加深,进而促使个人问题甚至是团体成员的共同问题得以剖析和解决。当然,以上只是参考,因为组织一个团体要考虑的因素来自许多方面,包括成员的年龄、背景等因素。

从年龄方面来考虑,小学生因其成熟度较低等原因建议团体人数要相对少一些。新手咨询师经验尚浅,领导团体要谨慎考虑自己的能力,以小规模团体5~6人为宜。对于经验丰富、能力较强的咨询师,团体规模可稍微扩大。

从团体类型看,开放式团体心理咨询一般人数较多,因为团体成员是流动的,为了方便成员之间有足够的交往机会,应保持一定的人数。而封闭式团体心理咨询的人数不宜过多。

从问题类型看,主要取决于团体心理咨询的目标。以质量为目标的团体,心理咨询人数不宜多,一般为6~10人;以训练为目标的团体,心理咨询人数居中,一般以10~12人为佳;以发展为目标的团体,参加人数可适当多一些,一般为12~20人。

团体活动的时间及频率方面,团体的活动方式有集中式团体和持续式团体两种。集中式团体心理咨询,常常是让团体成员集中住宿,利用节假日休息时间组织活动。小学生常利用寒暑假,一般3~5天,最多不超过一周,在这几天内进行集体心理咨询活动。持续性团体心理咨询的定期活动一般8~15人为一轮,每周1~2次,持续4~10周,每次1.5小时到2个小时。之所以做这般要求,是因为一方面两个小时足够讨论一些比较深入的问题,同时又不至于使人太疲倦;另一方面团体产生效果和发生改变的过程需要时间,即团体经由创始期、过渡期、成熟期到结束期需要有一个发展变化的过程。团体持续时间太短,效果会受到影响,但持续时间过长,不仅咨询师和团体成员的时间与精力不允许,而且,团体成员容易产生依赖,不仅起不到治疗效果,还会因为团体成员过分依赖团体而产生许多负面影响。

当然,对于初学团体心理咨询的人来讲,不必教条地依据上述原则进行团体心理咨询,遵循一条总的原则即可,即在设计持续性团体时,心理咨询师既不要把时间安排得太密,也不要太疏。团体聚会的时间和频率应该随着团体人数的增加而有所增加，以便使每个团体成员都可以有足够的时间将自己或他人的问题在团体中分享，使团体的功能有机会得以真正地发挥。

团体心理咨询的场所方面，其实是指两个方面的问题：一是指团体心理咨询在什么地方进行较为理想；二是指咨询师应该如何安排团体成员的位置。一般来讲，团体心理咨询的场所应该是一间宽敞的、空气流通的、气温适宜的房间。另外还有如下几条基本要求。

1.安全感

使团体成员有安全感，能够保护他们的隐私，不会有被人偷窥或监视的感觉。

2.隔音

隔音效果要好，周围环境要安静，避免干扰，团体成员可以在没有任何干扰的条件下集中精神投入团体活动。

3.活动空间

既有足够的活动空间，又不会显得过于空旷，即场所不仅要使团体成员有自由活动的空间，同时，它的面积大小也要和团体成员的人数成正比。团体成员较少时应避免使用过于空旷的场地。

4.整体感觉

活动场所的地面一定要清洁，整体感觉要舒适而温馨。

5.座位设置

咨询师在安排团体成员的位置时应注意团体成员不能一律面朝咨询师，因为这样会影响他们之间的交流和沟通，所以咨询师应该遵循如下的原则来安排团体成员的位置。

第一，团体成员一定要围成正圆就座，这样可以保证彼此的视线都能相互接触，顺畅沟通，除非受到场地的限制，否则尽量不要围成椭圆、长方形或正方形，因为这样容易形成视线上的死角，造成沟通上的障碍。

第二，场所中不要有桌子，因为有些交流是需要观察成员的肢体语言的。即便是很矮的桌子，也会遮挡住某位成员身体的一部分，使得团体中其他成员不能观察到该成员的全貌，而有些参与动力不强的团体成员会利用桌子作为其避免参与讨论的挡箭牌，较少地表露自己，这样做无论对其本人还是对团体的其他成员都不公平，容易造成团体动力的丧失。

第三，可以席地而坐，也可以安排座椅，但一定要保证团体成员在坐下的时候感到舒适,否则身体上就会产生不适感,在一定程度上影响团体成员的投入。

第四,静态活动(团体讨论、知识讲授、轻柔体操等)要穿插进行,既保证空间的合理利用,又能够使得团体成员劳逸结合。

第四章 小学生心理健康教育之"寓教于心"

第一节 儿童游戏

在通往儿童内心意识和无意识的道路上,有一座充满童趣的城堡,那就是儿童游戏。游戏充满乐趣,游戏中的参与者往往充满奇特的想象力,所以游戏时,儿童可以通过感觉、思维及推理等手段去探索他们自己的内心世界。儿童能通过富有生命力的和积极的游戏体验来获得对世界的控制感和自尊感。游戏是儿童生活中必需的东西,如果想了解和帮助儿童,我们就应该先学会了解并参与到儿童的游戏当中去。

一、儿童游戏的发展阶段

(一)感官游戏——和世界第一次亲密接触

最初,儿童思考、想象和言语的信息都能够通过感觉获得。出生后不久的小宝宝就能通过操作物体和完成一定的任务,收集一些感官信息。他们的双手能够协调配合,推动悬挂式的玩具使它们摇摆。一旦学会这个行为,儿童就会重复该动作,这就是最初的游戏。

大概3个月大时,儿童的游戏主要是看着人和物体,并且不时地尝试抓他们面前的东西。3个月后儿童就能够抓获和检测小目标物。他们检测所有他们能吮吸、揉捏或拉动的东西,碰不到的东西他们就只能看。当儿童学会翻身、爬、坐的时候,他们的手就能够自由地去碰、探索和检测以前没有碰到的东西。在出生的头一年里,刚学步的儿童开始玩玩具,当卡车陷入深坑里时,他们会用"呜呜"声模仿马达的声音;当狮子出现时,他们会模仿狮子吼叫,他们会按按钮、拉线或敲击玩具,以便听到玩具说话。模仿跷跷板在父母的膝盖上弹跳,像一架客机似的在父母头顶盘旋,由父母或其他强壮的人向上抛举,这些都是儿童刺激感官的方式。儿童接近两岁的时候,游戏当中已经包含很明显的主动性,当儿童在房屋之间穿梭,像飞机一样发出轰隆声时,他们已经在为想象游戏做准备了。

(二)想象游戏,我想故我在

想象游戏的关键是象征能力,它有力地促进儿童智力和语言的发展。想象游戏一般出现在2~6岁,这时儿童学会了建立信任。想象游戏包括戏剧表演和幻想两种方式,例如扮演一个想象出来的虚构朋友等。

儿童建立信任的第一步是通过戏剧表演,如过家家。在戏剧表演中,儿童尝试扮演他生活中的重要他人,如父亲、母亲、爷爷、奶奶等,模仿他们说话、走路和活动的姿势。在过家家游戏中,儿童会通过一系列真实或想象出来的非正式的情节来建立跟人的信任感。学前儿童通过想象游戏发展认知技能、综合能力和忍耐力。

想象游戏可以采取幻想的方式,它包括扮演联想,创造想象中的玩伴等。幻想被描述为象征游戏的一种自由、个性化、内在的方法,是儿童行动的自然媒介,儿童不仅幻想童年的有趣活动,还可以在现实生活中尝试新的经历并解决问题。

 幻想小游戏1——魔法变变变

暑假期间,邻居家6岁的小女孩小芬特别喜欢来找我女儿妞妞玩,两人最爱玩过家家。那天两个人正玩着,正在写作的我突然听到一声尖叫,过去看到小芬和妞妞抱在一起。小芳看到我之后指了指墙上的黑物:"阿姨,我们好怕蜘蛛!"原来墙上停了一只大蜘蛛,把两娃着实吓得不轻。处理完蜘蛛我陷入了思考,如何让孩子们从刚刚蜘蛛的恐惧中跳出来呢?

我飞快地在大脑中检索有关儿童的影像资料,突然想起之前和妞妞一起看过的《哈利·波特》系列电影里面,红头发的罗恩也害怕蜘蛛,但是他在一次魔法课上利用魔法战胜了蜘蛛。于是我把妞妞和小芬喊到跟前:"孩子们,咱们一起变魔术,怎么样?"孩子们异口同声地欢呼:"太好了!"

我套上一件黑色的衣服手舞足蹈地假扮蜘蛛,然后我让妞妞披上一件披风假装魔法师,手上的筷子是魔杖,约定好当我张牙舞爪地靠近她时她就挥动"魔杖"制服我。妞妞两只眼睛紧紧地盯住我,当我一步步逼近时她挥舞着魔杖大喊一声"让蜘蛛穿上溜冰鞋"!"好家伙,电影果然没白看"我心里暗笑着,滑稽地模仿蜘蛛站不稳的样子,两个孩子都笑得前仰后合。

这次轮到小芬拿魔杖了。她看着我靠近不像刚才那般紧张,只见她把魔杖在头顶一挥指向我大喊一声:"给蜘蛛的肚皮和八条腿都装上吸铁石!"话音刚落,我立即把手脚缩向肚子蜷在地上。看到我动弹不得的球样,孩子们笑得更开心了!

幻想小游戏 2——小小英雄梦

那天,飞飞将小伙伴们分成两组玩攻城游戏,飞飞带领六个小朋友守城堡。另外几个人扮成攻城的敌人,飞飞挥舞着宝剑(一根很粗的树枝),英勇地站在一辆拉货的马车上。他一手叉腰,一手拿剑,身着披风(家里的浴巾),口中喊着自己的伙伴:"敌人上来了,快把敌人打下去!"慷慨无比的大英雄气概!当时我恰巧路过,看到孩子们并肩作战,沉浸在这个虚构的游戏中,那一刻仿佛真的有一座城需要他们守候,真的有一群好兄弟跟随着冲锋陷阵……虽然一切都不是真的,但是孩子们小小的心田里住进了大大的英雄们却是真的。儿童常常不知道是什么困扰了他们,或者即便知道了,也常难以准确地表达出自己的想法。因此,他们在故事或其他游戏形式中,用一种象征性的交流来表达这种被掩饰的情绪。这种表达可以帮助儿童发泄情感,解决他们的问题。尽管幻想并不总是被鼓励,但它还是对童年起到了重要的作用,儿童能够将他们内心解决问题的方法应用到外部的现实世界中去。

(三)社会化情景剧游戏再造现实世界

社会化情景剧游戏建立在假定的社会化游戏中,结合了所有戏剧游戏的元素,还加入了游戏分享和两个以上儿童间的言语互动。在这种游戏中,儿童需要和其他儿童一起来互相模仿动作,再造他们眼中的世界。尽管是互动游戏,儿童还是可以锻炼言语技巧、情绪表达,实现他们自己和社会的互动。在这个信任的游戏王国里，儿童可以发展出应对现实生活情境的技巧。

（四）游戏规则——在规则的世界里

随着儿童的成长，他们的游戏从自发的、非结构的虚拟游戏发展到更结构化的、正式的、有组织的、有规则的游戏。等儿童4～5岁时，他们通过做游戏来检测自己的技能，而非仅仅寻找乐趣。对于儿童来说，游戏规则是很少有约束力的，常常被改动或违反。儿童早期的传统游戏，比如猜谜、拼图游戏等，他们首先是和父母、兄弟姐妹玩，后来才和伙伴玩。随着儿童的成长，游戏的规则越来越严，竞争性也日渐增强。

由于7～11岁的儿童有更强的认知能力去思考和做出逻辑推理，规则游戏开始变得比想象和虚拟游戏更受欢迎。做游戏需要更多地控制冲动，忍耐挫折，接受限制他们行为的规范，遵守严格的游戏规则。许多高年级儿童玩的游戏包括需要运用智力去制定组织、逻辑思考和解决问题的内容规则。游戏对于儿童的身体和认知发展很重要，由于游戏一般需要和两个以上的人互动，它对儿童的社会化发展也很重要。

游戏能在认知、想象以及动机等方面综合促进儿童的成长和发展。这个成长出现在儿童自我意识的发展和形成阶段。通过游戏，儿童可以表达他们的想法和感受，表达好恶、期待和恐惧，表达积极和消极的情感。压抑的、无法言说的情感可以通过游戏释放出来。在游戏中，儿童可以尝试用新的方法解决过去的问题，并整合到他们的经验中去。通过这种方式，儿童能够控制好自己的想法、感受和行为。这种控制感对儿童自我意识和自信心的建立很有帮助，积极经验的积累能够帮助儿童获得胜任感，获得充足的自信心。

随着儿童的成长和发展，象征性游戏渐渐被社交游戏替代。通过社交游戏，儿童可以练习和他人建立关系的重要技巧，模仿能被社会接受的行为，学会和其他儿童相处、分享和合作。儿童通过遵守游戏规则，在与同伴的互动中顺利完成游戏的任务目标，能够培养适应社会现实环境的能力。儿童早期发展起来的这种经验为他们将来良好的人际关系打下了基础，对于儿童和成人的健康幸福都很重要。

二、游戏与儿童的全面发展

受精神分析学派的影响，20世纪50年代人们比较注重游戏的情感发展价值；受皮亚杰等认知学派的影响，20世纪70年代人们比较重视儿童的认知发展价值；从20世纪80年代以来，人们开始关注游戏对儿童身心各方面的发展价值。

（一）游戏的意义

游戏不仅是人类的生理现象和心理反应，而且还具有一定的社会功能，是生活中的一种文化因素。对儿童游戏意义的追寻，不能只局限在个体有限的生命周期中，还应从生命进化的历史大背景，比如生物学、文化学等来考察。

1.游戏的生物学意义

生物因素是社会因素的前提，个体一生的发展都要受生物学规律的支配。人类的游戏与动物的游戏，在种系演化上具有连续性与一致性，主要表现为游戏是包括人在内的所有哺乳动物未成熟生命体的一种重要特征，它是幼小个体的正常活动。游戏只有在从生存的压力中解脱出来时才可能发生。动物的游戏与人的游戏都具有虚构性或假设性。社会性游戏无论是对幼小的哺乳动物还是对儿童，都提供了亲密的身体接触和社会交往的机会，使个体在游戏中习得群体生活所必需的基本规则与技能，从而促进个体社会性的发展。与动物维系生存的游戏不同，儿童的游戏不仅具有生命功能，而且具有心理功能和文化功能。

2.游戏的心理意义

游戏是正在成长中的儿童最大的心理需求，在儿童心理发展的各方面都起着重要的作用。对于年幼儿童心理的成长，游戏的意义尤为突出。凯洛夫认为，游戏对学前儿童发育的作用在于，游戏能够触及儿童整个心理发展的各个重要方面，儿童在多彩的世界里创造出自己的天地，在心理方面实现着真实的成长。游戏是儿童精神成长的家园，在游戏的王国里儿童在认知、情感、意志、社会性及人格等方面都获得了全面的发展。游戏对儿童心理发展的价值不仅仅局限在儿童时期，它还会延续到儿童成人以后的生活中。

3.游戏的社会文化意义

游戏是人类文化的载体，儿童的游戏不仅具有生物学和心理学的意义，而且具有文化学的意义。当今中外文化学者们普遍认为，"游戏不仅是人类的生理现象和心理反应，而且具有一定的社会功能，是生活中的一种文化因素。在整个文化进程中都活跃着某种游戏因素，这种游戏因素产生了社会生活的很多重要形式，游戏竞赛的精神作为一种社交活动比文化本身还要古老"。

世界上无论哪一个民族，无论他们有何种文化，自然条件如何，社会制度及经济生产状况如何，儿童都会利用时间和材料来开发和开展自己的游戏。儿童游戏普遍存在于各民族和各文化之中。正是通过游戏活动，儿童一方面加强了对自身的认知和锻炼，另一方面能够达到对外部世界的探索和改造，促进自身的全面发展，实现种族的繁衍和文化的传承。

儿童游戏受社会文化的影响与制约，深深地烙下了社会文化的印记，同时随着社会的发展，也在不断生成新的儿童文化。儿童在游戏中创造出一个自己的世界。儿童游戏是超越了生存领域的创造性活动，在游戏中儿童发掘出自己全部的力量与智慧，使自己的童年生活充满了灵性。在各种创造性的游戏活动中，儿童的精神得到了极大的满足。

4.游戏的哲学意义

游戏是从人性深处流淌出来的旋律，是一种新的活动。在游戏的王国里，没有任何世俗的功利色彩，游戏活动也不受制于任何外部世界的强迫与无奈，它根源于纯真的人性，是一种自由灵性的主体性活动。游戏是超越了目的束缚的美德和自由，在游戏的王国里，儿童会获得一种放松感、自由感、安全感、归属感，朝向人性自身的解放与自由。同时，游戏是儿童的精神家园，它必将伴随儿童的成长，以多彩的方式使其人生充满阳光、智慧和希望。

（二）在游戏中成长

游戏是儿童的生活。婴儿时期，小宝宝的手脚常常是他们最便捷的玩具。当儿童逐渐能够以外界的某一特定对象为焦点进行观察时，凡是被看见的东西都会成为儿童的玩具。儿童能抓握东西时，任何伸手可及的东西都是玩物。会走能跑时，他们感觉自己眼前世界的范围在迅速扩大，伸着小手扑向父亲的怀抱，跟着母亲咿呀学语，和母亲玩起了捉迷藏的游戏。游戏是儿童的工作，是儿童发展自己的头脑和肌肉，发现自我和自己能力的方法。在游戏活动中，儿童发现自我、认识他人、了解世界、适应环境，实现自我的成长。

大量的研究表明，想象性游戏和象征游戏是多种能力发展的一个重要手段。这多种能力包括创造性能力、连续记忆能力、集体合作能力、接受言语能力、对家庭关系的理解能力、控制冲动的能力、空间认知能力、情感认知能力，以及认知上的观点采择能力等。

1.促进儿童身体的发展和对自身的认识

人的身体是最早和最自然的玩具，人体的多种器官和系统都可参与游戏或者作为游戏的对象。这时,儿童既是游戏的主体,又是游戏的客体。有很多儿童游戏并没有成人的指导或帮助,就自然存在于儿童的世界中。在这种自发性和原发性的游戏活动中,儿童自发而自然地对自身进行着探索和认识。在这个过程中,儿童的身体得到了锻炼,也充分发展了自身的心理机能。

在各种操作性游戏中,当儿童兴致勃勃地反复摆弄各种玩具、游戏材料时,他们的手部小肌肉动作的灵活性、手眼的协调性不断增强,他们变得更加心灵手巧。在活动性游戏中,儿童乐此不疲地嬉戏和跑跳,不仅锻炼和发展了奔跑、攀爬等基本动作,而且逐渐掌握了基本的运动技能。譬如在老鹰捉小鸡这个游戏中,儿童陶醉于不断调整方向,灵活地奔走,听从大部队调遣的过程,他们既享受了乐趣,又锻炼了身体,同时还培养了团队合作精神。

2. 促进儿童认知能力的发展

认知活动主要包括儿童的感觉、知觉、记忆、表象、想象以及思维等。儿童在游戏中能够全面发展自己的认知能力,特别是感知觉、想象力和思维能力。在儿童的游戏活动中,儿童的各种感官都得到了训练,几乎所有的游戏都离不开视觉的参与,触觉、动觉、机体觉和平衡觉等感觉系统都会在诸如捉迷藏、过家家、打弹弓、玩沙子、做泥塑、爬树等游戏活动中得到锻炼和提高。在过家家的游戏中,有时还会有味觉和嗅觉的参与。在游戏中,儿童会充分调动自己的一切感觉器官,通过手摸、眼看、耳闻、脚踢等方式接触丰富多彩的游戏材料,在动手又动脑的实践性探索活动中,儿童感官的感受力和观察力得到了显著的发展。

游戏,特别是想象游戏,赋予了儿童想象、探索和创造的自由,它在儿童学习能力的发展中起着重要的作用。儿童可以在游戏里按照自己的意愿和想象去扮演各种角色,体验不同的情感和思想。游戏活动能够为儿童营造一个属于儿童自己的梦想世界。从某种意义上说,游戏就是一种假象。很多在成人看来很普通的物件在儿童的游戏活动中会发挥奇特作用。如儿童常会把竹竿当马来骑,像哈利·波特一般在角色游戏中充满想象地与不同的对象进行交谈。

问题解决能力是认知能力的核心。在游戏中,儿童常常面临着许多有待动脑筋去解决的问题,如复杂多样的拼图游戏,高难度的城堡积木,正是这些丰富多彩的问题激发了儿童的思维。在手眼协调动手又动脑的游戏操作中,儿童不断地尝试,不断地努力,不断地发展自己解决问题的能力。正是在这样的游戏活动中,儿童创造性的智慧得到了充分的展现。

对于儿童来说,游戏是一种强有力的、能促进他们发展的重要活动。在五彩缤纷的游戏活动中,儿童的感知觉、想象力和思维能力等认知能力得到全面的发展。认知能力的发展不仅会促进儿童对所处情境的感知,还会让儿童逐渐学会判断环境中的各种信息,并对自己的能力进行有效的感知。

3.促进儿童语言的发展

儿童游戏是促进儿童语言发展的重要途径之一,它为儿童提供了运用和练习语言的机会。儿童语言的发展既与发音器官、大脑、言语中枢的成熟有关,更与儿童的实践活动有关。游戏为儿童提供了大量表达、运用和练习语言的机会。在频繁地使用各种语言的过程中,儿童与同伴交流的字词句由简单到复杂。在规则游戏中,儿童还必须通过领会教师的语言来理解游戏的规则等,这一切都促进了儿童语言的发展。

游戏是轻松快乐的,在这种气氛中,儿童可以较为轻松、自由地表达出自己的想法和愿望。在语言游戏中,儿童有节奏地吟唱着儿歌。富有想象力地续编或改编故事等,有助于培养儿童对语言韵律的感知能力,并从语音、语义等多方面去理解语言。儿童一旦拥有了语言技能,也就获得了一种有效的符号化手段,这能促进儿童自我认识的发展。

4.促进儿童社会性的发展

儿童正处于初级社会化的重要时期,作为儿童期重要活动的游戏,多数是以集体的方式进行的,游戏的过程总是需要建立一定的关系,游戏中的个体都会受到群体心理的影响。此外,游戏的内容也都源自现实生活。因此,儿童游戏会影响到儿童社会化的进程及其身心发展的整体水平。

(1)能促进儿童社会认知的发展

社会认知又称人际知觉或社会知觉,是对人及人与人之间关系的知觉感受。个体社会认知的发展是一个由表及里的过程,包括对它的外部特征的认知、对他人性格的认知和对人际关系的认知等几个方面。

通常儿童的社会认知包括两个方面,一是对现实生活中的人,以及人与人之间关系的认知;二是对游戏中的角色及角色关系的认知。其中,对现实生活的认知是游戏角色认知的前提,而在儿童游戏中,真正起作用的是对游戏角色的认知。这两种关系的存在,成为儿童在游戏中充分开展社会交往的背景和依托,从而为儿童以及人际关系为主题的社会生活提供了广阔的空间。

（2）游戏能够促进儿童社会交往技能的发展

儿童的游戏常常离不开游戏伙伴。在与游戏伙伴的交往中，儿童懂得了如何表达自己的意愿、想法以及如何回应他人，并以游戏材料为媒介，学习协商、分享、轮流谦让、公平竞争等游戏交往规则。在游戏活动中，同伴间的相互学习和仿效往往为儿童对自己能力的评价和检验提供了合适的参照点，并有助于儿童自我效能感的发展。同时，游戏为儿童提供了社会实践的机会。在游戏中，儿童可以接触到各种虚拟化的社会场景，如商店、学校、家庭、超级市场、医院等。

在这些场景中，儿童通过不同的角色定位，掌握各种社会技能，开展社会交往。在与同伴交往中，冲突常常不可避免。这一冲突的产生及其解决，为儿童经验的积累和心理发育提供了机会。正是从一点一滴的交往小事中，儿童明白了怎样与人相处，也逐渐习得了各种社会行为规范。

（3）增进儿童的心理健康，促进儿童自我的成长

游戏具有独特的心理保健功能。在游戏中，儿童有机会观察别人的情绪表现或控制自己的情绪，一些不良的情绪会在游戏中得到宣泄，它可以缓解儿童在现实生活中遭受的挫折感、焦虑和不满。例如，在老师与学生的游戏活动中，儿童扮演老师，通过训斥学生装扮的玩具娃娃来宣泄自己在学校被老师批评的不满情绪。此外，儿童在现实生活中不能实现的期望，也在想象的王国里可以得到实现，这一切都满足了儿童的心理需要。在游戏中，儿童可以成为自己期盼已久的王子、公主、天使，可以成为警察、老师、医生、父亲和母亲，还可以像小鸟、蝴蝶一样自由快乐地飞翔。

游戏活动能为儿童提供机会去学习有关自我、他人和集体等方面的知识。在游戏中，儿童通过发现、实践、探索和模仿日常生活中的规范，学会理解不同的社会角色，走出自我中心，就会发现他们自己多种发展的可能性，以便做出最好的自我选择。当儿童学会做出有意义的自我选择时，他们的内在自我也就得到了成长。一旦形成了一定的自我意识，儿童就可以站在他人的立场看待自己，意识到自己和他人的关系，意识到自己在同伴相互关系中的位置。

小学的游戏活动以规则游戏为主，游戏的规则可以帮助儿童逐步摆脱自我中心，树立集体和群体意识，向社会合作发展。游戏中，儿童运用规则来协调各种人际关系时，儿童的自我意识就逐步从自我中心的自我意识向社会性的自我意识不断发展，其社会性不断趋向成熟。

(4)游戏是一把诊断标尺

游戏是一面镜子,我们可以通过儿童的游戏,观察、了解和判断儿童的发展状况。情绪失调的儿童会在游戏中攻击他人,心理压力大的儿童会在游戏中束手束脚、缺乏想象力。如果儿童在某方面的发展存在缺陷,或者曾经存在一些特殊的创伤经历,那么这些信息会在游戏中真实自然地表露出来。作为教师,我们可以观察游戏中儿童的行为表现,及时了解和掌握儿童的情绪,正确引导儿童的游戏,促进儿童更好地成长。

很多人认为游戏是幼儿时期儿童生活的主要内容,进入小学后,儿童应该以学习为重,于是不少家长和教师最大限度地缩减儿童的游戏时间。其实这是认识上的误区。1993年,中美大学一项名为"关于游戏记忆的比较"的研究指出,游戏是童年早期的主导活动,在童年期的活动中占有很大的比例,是儿童最感兴趣的活动。其中规则游戏是小学初级阶段的典型游戏,假想游戏也是此时期的主要游戏。

其实游戏与学习并不对立,二者完全可以融合起来。在家里,我们可以通过亲子换位体验角色,引入竞争因素,如亲子之间进行唐诗背诵、口算速度、英文词汇量竞赛等形式,将学习变为轻松快乐的游戏。在学校,我们可以通过课程改革,将游戏与课堂教学结合起来,激发儿童内在的生命力。我们还可以以集体和小组为单位,通过各种团体游戏辅导,促进儿童健康快乐地成长。

(三)游戏辅导——游戏治疗与儿童的健康成长

游戏与游戏治疗的区别在于,它们在儿童发展中的作用是不同的,游戏治疗主要是面对有问题的儿童,通过治疗帮助儿童解决心理方面的困扰,促进他们向正常的方向发展。小学教师在授课之余可以学习和掌握一定的游戏辅导和游戏治疗常识,去帮助那些需要特殊关爱的儿童,以促进每一个儿童健康成长。

1.游戏治疗的历史渊源

由于大多数儿童缺乏必要的言语技巧来清楚地表达他们的幻想、恐惧和焦虑,不少心理学家发现,用游戏替代成人使用的语言可以更好地帮助儿童。米兰·克莱因和安娜·弗洛伊德是尝试把游戏纳入治疗过程的两位先驱。

在治疗的初期,克莱因把儿童和治疗师之间的互动关系作为游戏分析的重点。这种分析包括对儿童游戏行为和伴随言语的深层解释,并通过治疗师通俗浅显的语言解释给儿童听,以帮助儿童减少焦虑,并为儿童提供继续游戏的动力。安娜·弗洛伊德则通过游戏和玩具与儿童及其父母建立起良好的治疗关系,把他们吸引到游戏中,以此来获得儿童内心世界的一些线索。

关系建立后,安娜·弗洛伊德逐渐把重心从游戏转向言语交流。为了鼓励言语交流,她会要求她的小来访者把他们想象和联想的内容创作成一些直观的形象。通过这种技术,安娜·弗洛伊德力图发展儿童的言语,并使其理解自己的想法和感受。

心理学家阿德勒更注重儿童发展的社会人际动力方面,他的理论具有发展和成长的倾向。与弗洛伊德的精神分析相比,阿德勒更关注此时此地。弗洛伊德的方法是希望寻找到已经发生的错误,关注过去并改正。而阿德勒的方法是寻找正确的东西,关注当下和未来,为自身赋能。阿德勒游戏理论的技术,如跟踪内容重述、情感反应、反馈鼓励等在现今心理学界已经被广泛使用。

具有人本主义倾向的儿童心理治疗师特别强调儿童中心游戏治疗的重要性,他们认为,"儿童中心的治疗师应听从儿童丰富的语言,关注儿童的力量,感受儿童的情感,相信儿童成长变化的潜力"。

一种旨在鼓励孩子与父母交流自己的需要、想法和感受的亲子游戏治疗创新技术在20世纪60年代得以发展。这种技术把父母也纳入训练和治疗的范围,训练父母每周在家指导孩子游戏。通过亲子游戏交流彼此的认识和看法,不仅父母变得更加宽容,能够接纳孩子,孩子的自信和自我效能感也在不断增长。

20世纪50年代以来,一些行为管理技术,如惩罚模仿示范、放松训练和系统脱敏等方法被用于儿童游戏治疗中,通过强化和模仿,修正或去除适应不良行为,代之以适应良好的有建设性的行为,使得儿童的行为向积极方向转变。

1950年以来逐步发展壮大的团体游戏治疗在当前被广泛应用于儿童心理治疗领域,它显示出能有效帮助儿童的特点,并在学校团体辅导中发挥着重要的作用。游戏治疗或游戏辅导不仅符合儿童的年龄特点,而且把儿童和伙伴、父母、老师及其他亲密的人一并纳入个体与团体的发展性游戏中,能够更好地帮助和促进儿童的全面发展。

2.具有治疗作用的儿童游戏活动设计

在被温暖和被接受的治疗关系中,儿童能够很轻松自然地释放他们在成长中的各种情感,再现真实生活中对他们造成困扰的情形,意识到并尝试驾驭那些使其不舒服的情感,在轻松合作的情境下探索新的思考和行为方式。在游戏中,儿童可以练习新的行为,并保留积极有效的行为,放弃无效行为。

在准备帮助儿童时,心理辅导教师需要选择一些帮助儿童交流的玩具和材料。玩具应尽可能简单结实,方便儿童制作,使儿童可以通过自己的想象发挥能力,而非一些自动化或电动的玩具。玩具和游戏材料应能促使儿童展现创造性,帮助儿童释放情感,并为攻击性情绪的表达提供机会。

以下是建议使用的玩具和材料清单,它们可以帮助你着手规划游戏治疗的方案。

(1)玩偶游戏

玩偶提供给儿童非威胁性的方式,使他们能够安心地表达想法和感受。玩的过程中,儿童会明确某个玩偶的身份,把他自己的感受投射到游戏形象上,并借助这些玩偶来表达自己在现实生活中的冲突。玩偶游戏为辅导教师提供了一个"自然的"机会去观察儿童的想法、感受和行为,而这些儿童自身往往是不清楚的。除了游戏活动,还必须借助言语反应来对儿童的问题做出判断,因此辅导教师可以鼓励儿童在游戏中加入言语进行说明。

(2)木偶游戏

与玩偶游戏相类似,木偶可以让儿童象征性地讲述故事,并表演出他们的想象。这是一种古老的游戏形式,我国汉代民间就出现了这种游戏,也有人把它称为傀儡游戏,后来逐渐成为广受欢迎的游戏。在木偶游戏中,儿童可以表现出并处理他们很难面对的想法和感受。儿童可以用木偶创造一个独立于自己的人,并通过这个人显示出那些他所不能直接表达出来的东西。这时,儿童不仅和木偶所代表的人的特征一致,还把他的想法赋予了木偶。

木偶有一个很重要的作用,就是允许儿童把他们强烈的情绪,比如把生气发泄到木偶上,而不会导致对其他人产生危害并使自己承担负罪感,从而使儿童以安全健康的方式发泄情绪。尽管在游戏治疗中,3岁或更小的儿童也可以得到帮助,但一般研究者建议,木偶游戏对5~11岁的儿童最合适。

家庭木偶可以由很多不同的材料做成,有些教师在他们自己的指头或手套上做木偶,你也可以在市场上购买现成的木偶娃娃,很多不同的配件,如勺子、铅笔盒、手工纸做的东西都可以用到木偶游戏中,比如纸折的船可以载着一家人,两把长柄勺子可以做成桨,铅笔盒可以做成火车等。

动物木偶为儿童提供了一种以不含威胁的方式来探索他们接受不了的想

法、感情和行为的途径。有一群各式各样的动物特别重要，因为儿童常会把一些人的特征，如生气、沮丧、羞怯、恐惧、焦虑和妒忌等情感，以及攻击、退缩、哭喊等行为赋予动物木偶们。鳄鱼、鲨鱼、老虎、狮子等可以用来代表攻击，而兔子、小羊羔可以用来代表胆小。在攻击性儿童的木偶游戏中，一个木偶老虎突然活过来了，口吐火焰，将假想敌置于死地。

通过赋予老虎攻击性的特征，儿童的情绪得到了宣泄，并且也不会因此带来恶果和罪恶感。同样，老鼠木偶常常令人反感，蛇则是奸诈和令人恐惧的，鲨鱼总是伺机咬人令人害怕。在认同鲨鱼的过程中，儿童能提取出鲨鱼的攻击性，"袭击"那些在真实生活中折磨他的人。一些中性木偶，如小狗、猪和鸡也是有帮助的。虽然它们不会引起一些特别的感情和需要，但由于中性木偶包含有自由的象征意义，所以儿童可以任意选择他们的情感需要，并赋予木偶。

木偶游戏也是一种出色的团体活动形式，儿童不论人数多少都可以使用它。尤其在学校场所中，木偶母亲、父亲、兄弟姐妹和婴儿是特别有用的，它们能很好地促使团体讨论，尽量使所有的儿童都加入木偶游戏中，尤其是团体木偶游戏，可以让儿童欣赏别人的观点，并有效地提高解决自身问题和社交方面的技能。辅导教师还可以根据自己的需要配置多套不同的木偶，用于团体辅导。

厦门市博物馆的提线木偶原属泉州德化的风来春戏班。该戏班创建于明嘉靖年间，以福建为代表的东南地区，是明清之后木偶戏的重要发展地，而泉州提线木偶则是唯一历经千年以上传承与发展而不间断的傀儡系统的体现。提线木偶戏作为传统木偶戏的一种，虽然在不同的社会历史环境中历经沧桑，但却一直传承下来。较为普遍的观点是其发源于汉而兴盛于唐，唐末已在泉州地区流行，可以说是孕育中国戏曲的源头之一。早在三国时期已经有人开始运用木偶完成杂技表演，隋唐时期开始通过木偶进行故事表演。

3.讲故事

相互间讲故事的技术在游戏治疗中受到显著的重视。事实也证明这种方法用于儿童辅导十分有效。这项技术采用儿童在游戏活动中自编的故事，帮助儿童探索和选择问题的解决方法。具体的辅导过程是先让儿童说出他的故事，然后教师回应故事，介绍一个更合理的解决儿童故事中冲突的方法。这个技术可以配合录音和录像来给予补充，以便让儿童直观地看见并听到他们自己讲的故事。下面是运用故事疗法取得成功的一个片段。

 故事疗法咨询片段——灰灰的故事

从前,在一个森林里,一只灰色的小猫正在艰难地爬坡,她好想爬上山顶那间小小的亮着灯光的房子里。住在房子里的是母亲,她正愁眉苦脸地坐在沙发上等灰灰回家,旁边围着2只小花猫。灰灰终于爬上了山顶,但是她不敢进家门,因为门口那棵黑乎乎的大树仿佛在嘲笑她的花色跟别的兄弟都不一样,不被母亲喜欢,并用树枝挡住了她回家的路。灰灰很害怕,但她还是鼓起勇气望进了窗户。"母亲为什么不开心呢?"灰灰一边纳闷一边犹豫着要不要进去……

咨询师引导:想一想这个猫咪家庭发生了什么事呢?如果你是灰灰,面对这样的困难你会做什么选择呢?在实际辅导时,如何运用故事,要视儿童和辅导教师的想象力、创造力而定。有时候,教师还可以让儿童以写作文的方式写下故事,而非简单地说出来。此外,讲故事的时候还可以伴随玩具、木偶、游戏一起进行,这种技术性的调整,可以让儿童更加生动地表现出他们的故事。

讲故事是一种很好的建立融洽关系的方式,并能更多地了解儿童。儿童通过讲述故事,交流跟他们自己和家庭有关的重要信息,并学会表达和控制他们的情感。在分析儿童故事时,辅导教师会去寻找反复被重复的主题,为儿童提供和情感挣扎有关的重要线索。通过语言的解释,故事中的主题一定会被知道更多其他情况的儿童描述清楚。此处需要注意的是,辅导教师在解释故事时要考虑到儿童的想象能力、年龄和认知发展水平。

(四)游戏规则

随着儿童不断成长,他们的游戏逐渐由想象转向现实,推理和逻辑能力的增强使发展中的儿童进入到有规则的游戏阶段。一开始游戏需要有趣且规则相对宽松,允许儿童经常修改甚至违反规则。随着儿童不断长大,规则逐渐变得严格起来,竞争性也日渐增强。个人和群体游戏帮助儿童学会怎样与他人分享,怎样耐心等待,怎样与他人合作,以及怎样遵守游戏规则。游戏教会儿童自律、合作和竞争,并从根本上训练儿童学会生活。

如果有选择游戏材料的机会,学龄儿童常选择棋盘游戏,如象棋、围棋、跳棋、飞行棋以及其他一些游戏。除了棋牌游戏,跳格子等动作游戏也深受孩子们的喜爱,他们会因为比老师跳得快而兴奋不已。不过,在安排此类游戏活动时需要注意一个问题,现在很多城市独生子女由于生活方式的原因,可能对这类活动已经不太熟悉,他们更希望参加那种独自和电脑虚拟人物互动的游戏。对于这一点,辅导教师必须非常谨慎,一般情况下最好不要安排这类游戏,很容易令儿童沉溺于一种虚幻的世界中而难以自拔,并且无法替代真实的动作。

（五）多样化的尝试,游戏治疗在小学心理辅导中的应用

游戏治疗作为在小学开展心理健康教育的有效辅导方式,已经被越来越多国家的小学教师和行政管理人员所认同和接纳。在我国香港和台湾地区,游戏治疗已经作为一种帮助儿童解决心理困扰的有效方法应用到学校心理辅导领域中,并显示出较好的辅导效果。学校心理辅导教师可以通过儿童喜爱的风格各异、功能独特的木偶、玩偶、沙盘等器具,使需要帮助的儿童把内心的冲突和情感表达出来。在游戏活动中,通过探索和尝试多种解决问题的方法,发展儿童新的应对问题的技能,最终使儿童从困境中走出来。

1.小学游戏辅导的实施

(1)游戏辅导场地的建立

游戏辅导特别适合小学儿童的年龄特点,有条件的小学应选择一个相对安静、宽敞的房间,最好设在非教学区并远离集中办公的区域,学生或家长进出具有一定的隐蔽性,专门建立一个设备齐全的儿童游戏活动区。不具备条件的学校心理辅导教师,也可以在学校的心理辅导室或活动室开辟出一块地方,建立一个小型的游戏辅导区域。环境的布置需要本着温馨、舒适、保密、安全的原则,房间达到一定的隔音标准,地上最好铺有地板或者地毯,以便学生自由活动。整齐的房间、明亮的光线、柔和的色彩、吸引儿童的玩具,会使儿童的心情恬静舒畅,这是游戏辅导获得成功的前提和保障。

(2)玩具及相关器材的配备

游戏辅导中玩具必不可少,心理辅导教师可以根据学校的情况选择适合儿童的玩具。此外,为了达到宣传和渗透的作用,心理辅导教师还可以发动全校师生收集儿童在家弃之不用的玩具,鼓励心灵手巧的家长和教师自制玩具。使用的玩具要尽量简单,容易操作,安全耐用。通常各种玩具应按固定顺序陈列在玩具筐或玩具柜里,方便儿童取用。为了便于观察,室内最好有录音录像的设备。有条件的学校可以在游戏室隔壁设一个观察室,以便在需要教师回

避的情况下，也能获取到真实自然的信息。

(3)心理辅导教师的自我成长

学校的心理辅导教师作为游戏辅导的初学者，可以通过参阅相关书籍，参加一些游戏治疗的工作坊，带领简单的游戏治疗团体或班级团体等途径，提高自身游戏辅导的技能和水平。在对儿童进行游戏辅导的实践中不断与儿童家长交流，及时取得学生和家长的反馈信息，并通过与同行的交流及时反思与总结。条件好的小学心理辅导教师还可以争取机会继续深造，进行系统的学习和训练。

(4)小学游戏辅导一项综合的方法——5R法

游戏是儿童习得正确经验的工具，心理辅导教师和儿童都可以通过游戏互动，让儿童以一种不同的方式以及更加积极的结果重新体验以往的遭遇。

游戏辅导包括五个步骤，即建立关系，释放情感，再现重要事件关系，以新的理解方式重新体验冲突、杂乱的想法和感受，在游戏中通过实践新的行为来解决问题和冲突。当然，每个儿童的情况都有其独特的一面和不同的表现方式。因此，心理辅导教师在针对不同的儿童进行辅导时，不一定需要刻板地依照每步程序，他们可以跳过某个步骤或停留在某一个特定的辅导过程中。

R1:建立关系

辅导关系只有在心理辅导教师理解儿童的表达时才能建立起来，并得以维持。小学心理辅导教师普遍意识到需要通过和儿童建立一种温暖悦纳的关系才能帮助到儿童。在宽松的游戏氛围中，不管儿童的情感多么消极，教师都应该鼓励儿童勇敢地表达出来。通过良好关系的互动，儿童在游戏中体会到自己的这些情感体验获得了尊重。随着儿童不断感到被接受、理解和支持，他们会更多地表露自己。这些自我表达可以帮助辅导教师观察到发生在儿童身上特有的事情。随着关系的发展，教师可以更多地了解儿童和他独有的生活经历，并更好地感受这些儿童独有的经验。在这个同感的过程中，儿童会在轻松的氛围中逐渐明白在他个人独特的经验中，他的感受究竟是什么。

当把这种同感传递给儿童时，心理辅导教师对儿童的认识和感受会更加全面丰满，同时也会促进咨询关系的建立。在建立良好的咨询关系后，辅导教师还需要考虑利用温暖的氛围和温馨舒适、保密安全的环境来建立一些辅导规范，帮助儿童学会对自己的行为负责，教给儿童以更好的方式满足自己的需要，这样才能矫正行为，帮助儿童将他们的想法、感受和现在的行为联系起来，以达到良好的辅导效果。

R2：释放情感

儿童可以通过沙盘游戏这种活动，自由地表达以前被隐藏的想法和情感。有些儿童会猛烈地捣毁在沙土上布置好的场景，把摆好的人物分开。有些儿童会把小人埋在沙子中，然后很快地拿出来晾在一旁让它们呼吸。还有些儿童会把婴儿的头埋在水中，帮它们洗澡。这些动作为儿童提供了一种通过游戏来释放情感、表达感情的渠道。这种宣泄让儿童释放了紧张的情绪，这本身就能起到治疗效果。多数情况下，教师可以更进一步帮助儿童处理那些释放出来却无法消解的负面情绪。

例如，小亮在释放由于他外婆最近死亡而产生的怒气，这股怒气直接朝向母亲，因为他的母亲虽然尽力了却没能挽救回外婆，那是从小把他带大的最亲的人。

（咨询片段）5分钟内，小亮踢打房间里所有的东西，他推掉箱子并摔打玩具，乱喊了一通后，他开始在玩具中乱翻，弄得一片狼藉。他最后把注意力集中在一张很大的家庭简拼板上，他冲着母亲发泄怒气，他不断地要求母亲为他做这做那：给我一张纸、给我一盒彩笔。当母亲递给他要的东西时，他却力图破坏它们。母亲反馈到："你好像在生我的气。""没错。"小亮回答。然后，他开始画全家画像，完成后又开始锤击画中的人物，并且让母亲击打外婆画像的面部。

R3：再现重要事件

随着和辅导教师关系的逐渐成熟，儿童感到很安全，便会进一步探讨他在生活中产生这些问题情绪的重要事件。在辅导中的这个阶段，儿童在游戏中再现以前和现在的事情，体验到经常伴随他的不舒服感受。尽管儿童知道有些事情引起了他现在不舒服的想法和感受，但他还不能将这些感受和当前的问题冲突联系起来。辅导教师可以重新梳理儿童表达出来的语言，这能显示他听到并理解的儿童信息。

（咨询片段）小亮选了几个玩具，和老师一起进入一间很小的咨询室。刚进房间，他就把除了手电筒之外的其他玩具全扔了。他不准老师碰手电筒，而且只有得到他的允许才能够碰其他的玩具。他关了灯，边绕着房间转边用手电筒照每个墙角。最后，小亮决定假装机器猫，他用手电筒找到埋在沙堆里的礼物。奇妙的是，过了一会儿，小亮开始允许老师用手电筒找礼物了。小亮假装自己被埋在沙堆中,他把灯关掉让老师去找他。

小亮再现的一切情景是在帮助他面对自己害怕的死亡和黑暗。他似乎在测试自己面对黑暗时的恐惧,证实自己可以关掉灯并平安无事。当他打开灯时恐惧的表情从他脸上一闪而过,然后他的脸上洋溢起笑容。

R4:重新体验事情

在这个阶段,儿童开始逐渐明白过去的事情,并将它们和自己现在的想法、感受和行为联系起来。成人经常用言语表达此时此地的体验,而儿童只能在游戏中玩出当时的情形,再次体验过去的情境,并通过整合以促进对当下状况的理解。

辅导教师的共情能帮助儿童理解并同化曾经历过的痛苦经历。一旦教师整合起儿童的过往经历,理解了儿童在游戏中反映出的象征性意义,教师就可以用儿童能够明白的语言将这种理解告诉儿童。

R5:解决问题和冲突

辅导过程的最后一步,儿童可以表达他对存在问题的理解,并尝试多种不同的解决方法。因为有些问题没有解决方法。儿童可以发展出新的应对问题的技能,但儿童在辅导中感到足够的安全,就能消除戒备心理,并体验轻松真实的感觉。尝试多种不同的想法和行为,并保持有效的实践途径。这个过程在游戏治疗和儿童的日常生活之间起到了很好的过渡作用。

在对小亮进行游戏辅导的过程中,随着游戏的进展,老师鼓励小亮和他父母开启新生活,不再强调死亡。结束辅导后的一周里,老师安排小亮搭乘公交车外出一趟,以让他克服对外出的恐惧。这个策略成功了,小亮逐渐能面对外婆的死亡了,他对自己健康问题的害怕也逐渐减少了,目前他们全家已经恢复正常。

案例14——运用游戏疗法进行AS①儿童的辅助性治疗一例

[来访者背景资料]

平平,男孩,8周岁,顺产,小时候由母亲和外婆共同抚养。母亲产假结束

---

① 阿斯伯格综合征(Asperger syndrome,AS),又名亚斯伯格症候群或亚氏保加症,其重要特征是社交困难,伴随着兴趣狭隘及重复特定行为,但仍相对保有语言及认知发展。

后立即上班且工作忙碌,只有晚上才能陪伴平平。平平6个月时断奶,据母亲回忆当时孩子的反应并不强,断奶过程很顺利。父亲工作更忙,陪伴平平的时间较之母亲更少。平平1周岁以内较安静,母亲不在家时,外婆一个人实在忙不过来时会开电视给平平看。孩子也非常喜欢看电视,每次可以看很久(1小时以上),当有喜欢的音乐响起时,会随之手舞足蹈或打节拍。孩子很少出门,与外界接触的机会比较少。

[来访者症状表现]

平平在13个月左右学会走路,在1岁半时会叫妈妈,但是后来就再也不叫了。家中老人认为是"贵人语迟",并未及时就医,延误了救治。平平特别喜欢看透明的东西,如透明挡风帘、透明胶布等。他还喜欢画画、把玩各类水管和搭建房屋,家中堆满了各种型号的水管和木制品。在3岁半时,父母因其语言发育迟缓带其求医,被确诊为孤独症。

随后平平进入训练机构进行康复性训练,在接近5周岁时能相对流利和清晰地发音,各方面能力也得到了较大的提升。平平8周岁时开始半天随园进行融合,现在就读于某小学一年级。平平的母亲反映,平平在学校里不能完全适应学校的校规,常有违纪情况发生,比如有时会在课堂上大声重复老师的话,未经老师允许上课时间在教室里来回走动,时常忘记做作业等。在家里无意义的话很多,有时候会比较烦躁,一不如意就发脾气,生气时会发出高分贝的尖叫声,或用力拍桌子和用头撞击地板。

在上小学后,这样的行为变得更加频繁。平平往常较少出门,要玩也只在小区内玩耍,喜欢和比自己小5岁的妹妹一块儿玩,会主动将好吃的分给妹妹,但是经常会惹妹妹生气,如果妹妹因此动手打他,他会静静地挨打不会还手。他6岁前经常发烧和腹泻,经中医调理后得到很大改善。

目前,平平周一至周五在学校上课,周末在孤独症康复机构进行训练。训练的内容主要包括ABA[①]个性课和感统训练,另外上了葫芦丝的兴趣班,但配合程度很低。

平平的母亲希望通过咨询缓和平平的脾气,让其更好地适应学校生活,以

---

① 应用行为分析(applied behavior analysis,ABA)是一门科学,它基于学习理论,系统地采用干预措施来改善并提高具有显著社会意义的行为,并通过实验证明行为的改善源于所应用的干预措施。

便日后心理健康地步入青春期。

[评估与诊断]

在经过5次游戏治疗后，咨询师向平平母亲出具了初步的咨询观察报告，从报告中发现，平平对人际交往有一定的兴趣，也具备一定的沟通能力，语言较为清晰。但是，他在游戏过程中缺乏社会意识和人际互动技巧，情感及认知理解能力较落后，缺少同理心，与咨询师视线交流较少且僵化，有重复的缺少意义的言辞。从以上情况来看，平平比较符合阿斯伯格综合征的诊断标准，同时还有玩法单调，并且游戏内容明显滞后于同龄人，负面情绪积压且不会表达，感觉统合不够协调，小肌肉能力较弱等问题，在语言、智力、心理方面均落后于同龄人。比较符合生长发育迟缓的情况。

参考平平之前的病例，加上由母亲填写的亚斯伯格诊断量表，各方面指标均符合亚斯伯格的诊断标准，故而判断为疑似阿斯伯格综合征。

[咨询理论依据]

有部分学者认为亚斯伯格症候群是孤独症的一种变异形态，同属于广泛性发展障碍。AS（亚斯伯格综合征）广泛地影响到孩子各方面能力的发展，特别是社交能力发展和融入社会的能力都受到极大的制约。考虑到此类型个案干预时间相对漫长，过程较为艰难，咨询师主要采用了以儿童为中心的游戏疗法，同时融入心智解读训练的一部分思想和做法进行干预。同时，与孤独症训练机构取得联系，大致了解一些ABA的理念与做法，作为参考与依据。

以儿童为中心的游戏疗法，强调咨询师要重视并且相信孩子的内在潜力。因此，在与孩子相处时有这样一个目标，把孩子心中能够自我发展与自我完善的、积极向上的、富有创造力的，以及能够自我治愈的能量充分释放出来。这样，孩子们就能利用自我发展的潜能去探索与发现，最终构建出一个完整而丰富的自我。

平平的咨询每12次为一个疗程，共完成了3个疗程，每次用时50分钟左右，每疗程有两次免费的家庭教育指导或家庭咨询，反馈时间每次约一小时。

[辅导方法与过程]

• 初期访谈

目的在于了解平平的各方面情况，以及成长史、病史等，全面搜集关于平平的个人信息和家庭信息。通过与平平母亲的交谈得知，平平平时喜欢的透明胶布不分大小宽窄，看到后就爱不释手，他可以一个下午坐着玩透明胶布，连出门都必须装在塑料袋里随身携带。此外,家里满是木棍木条,他可以一天不吃不喝地搭建房屋。他非常喜欢画画,看到建筑后立刻要求拍照并回家绘制,在画画方面曾得到过美术老师的赞许。

在饮食方面,平平喜欢米饭,讨厌面类食品,喜欢蔬菜,讨厌肉食和牛奶,不喜欢吃零食。在社交方面,喜欢老师,特别恐惧医生和警察,没有午睡的习惯,但是晚上的睡眠不错。

- 第一疗程　观察与关系初步建立阶段

第一阶段　第1～5次咨询

本阶段的主要目的在于观察并初步与平平建立起联系,培养安全感和兴趣感。在第一次进入游戏治疗室时,平平比较拘谨,对于游戏室并无普通孩子兴奋的反应,相对来说比较平淡,探索范围较小,与咨询师目光接触很少,对咨询师的语言邀请和游戏玩法没有多少回应,有时会稍微与咨询师进行互动,多数时候是在问一些无关紧要的问题。随着进程的发展,平平与咨询师的关系密切起来,互动开始有所增加。

通过观察发现,平平对人比较有兴趣,但是明显缺少社交技能与技巧,无法正确把握合适的人际距离,对人的意图和感受有一定的了解,同时能够专注在一些强烈的情绪上,较为客观地掌握他人对情感的反应。他在游戏室中试图探索、加强与咨询师的联系,懂得观察和试探咨询师的反应,同时大量使用单调重复的问话来维系彼此关系,部分语言明显与当下情境无关,懂得一些基本的规则。同时,非黑即白,缺少弹性和过渡地带,并经常有故意违反规则的行为出现。在游戏中能展现出逻辑联系,有想象、保护、抚育的主题出现,懂得采用一些技巧和方法解决问题,同时,遇到困难时容易放弃或者有消极情绪的表达。

第二阶段　第6～12次咨询

本阶段主要目的在于进一步密切咨访关系。当咨询师有意弄错他的意图时,他会纠正说:"你错了,我不是这个意思。"逐渐地,平平开始觉得咨询师是有趣的,有几次还被咨询师的夸张举动逗得捧腹大笑,并多次要求咨询师再次重复同样的举动。开始愿意对咨询师提供的一些新玩法进行尝试,但是却固化在游戏过程中的某个环节上,较为刻板。有一次,因为母亲有事不能带他如期就诊就请假了。他就在母亲面前反复询问:"孙老师会等我吗?"在第11次和第12次咨询中,他出现攻击和破坏行为,损坏了一些玩具。根据现场情景判断,应属于试探咨询师的反应。

同时,他事后还会想起这些玩具,开始有一些针对咨询师的身体攻击行为,会使用诸如蜘蛛、老鼠、蛇等玩具恐吓咨询师。

本疗程安排了三次家庭教育指导,主要是指导平平父母在家更好地安抚平平的情绪,以及针对一些行为问题,如反复问同样的问题、刻板行为、破坏行为等进行指导,并要求他们在家中绝对禁止责打孩子,改用温和的方式进行处罚。取得了家长的允许,在保密的前提下,可以进行案例督导和案例分享。第一次第一疗程结束后,母亲反馈,平平最明显的变化在于重复性的问话大大减少。

- 第二疗程　破坏和攻击性行为的高发及缓和期

第一阶段　第13~20次咨询

这个阶段是平平攻击性行为的高发期,同时也是平平不断地破坏规则,挑战咨询师界限的时期。平平出现了一些在以前咨询中不曾有过的现象,如偷袭、抢夺咨询师的手机,到咨询师身后扯咨询师的头发,试图在涂鸦墙以外的墙壁和地板上作画,故意往地板上扬沙,不愿在咨询结束后离开,游戏时故意毁坏玩具,在试图带走玩具不成功后报复性地摔打玩具。平平母亲也反映,这一阶段平平在校表现不错,但在家里的情绪则更加暴躁,不断反抗和挑衅成人,其行为表现与游戏室中的相仿。

在这个过程中,咨询师承受着巨大的焦虑、冲突、烦躁和潜藏的愤怒情绪,并因此做了大量的自我觉察和自我接纳工作。同时,在个人成长和专业技术上寻求督导的帮助,在孩子有意无意地挑衅时,努力保持自身情绪和状态的稳定,给予孩子足够的支持和包容,同时温柔地坚守自己的底线,坚持使用促进式的回应与平平进行交流。在这个阶段,平平迷上了战斗机,经常玩战斗机作战的游戏,当咨询师加入时平平会提出许多要求,比如说要撞墙并演出撞碎的样子、要被炮弹击落等。

第二阶段　第21~24次咨询

本阶段攻击和破坏行为开始减少。平平开始用宣泄棒或手摔打玩具,不再抢夺咨询师的手机和撕扯头发,也不再往地上扬沙。但与此同时,还是会破坏一些他不喜欢的玩具。他在破坏玩具之前,会先用绳子将咨询师拴住,再把咨询师带到角落"关"起来。拒绝承认玩具们会疼,但是事后会要求咨询师修理玩具,或者直接将损坏了的玩具投掷到放置医生、护士和医疗玩具的架子上。用平平的话说,这是送玩具们去医院。但在情绪游戏上,他还存在着一定的困难,无法稳定地表达情绪。

因为本阶段咨询师的焦虑值较高,所以只安排了一次半小时的家庭反馈时间,主要内容是反馈和解析平平最近的情况,并提出家庭配合方面的要求,对于一些家庭内的行为问题进行解答。

- 第三疗程　平稳工作期

第一阶段　第25~31次咨询

平平的破坏行为仍在继续,但是频率和程度呈直线下降趋势,在送玩具就医时会使用救护车,仍然拒绝使用医疗类玩具。有一次他无意间发现了发卡,并想带回家给妹妹用,咨询师要求他把发卡留在游戏室里,他并未发脾气,而是表示要带妹妹进来玩。他还喜欢上了用湿沙搭房子,并要求咨询师参与进来给他打下手。他对于游戏的控制度依然很高,同时也能够接受咨询师提供的一些小变化。对一些刻板的游戏行为,咨询师通过换顺序、换玩具等形式加以改变。平平还是能够接受并调整的,有时他会一个人沉浸在搭建房子的世界中,但是咨询师加入时,他会很开心地回应,只是不允许咨询师随便动手搭建。

第二阶段　第32~36次咨询

平平的破坏和攻击行为较上一阶段有所减少,在游戏中出现了更多哺育与照顾的情景。他会照顾娃娃吃饭、上幼儿园和上床睡觉,对于咨询师所提供的新玩法和道具能够比较顺利地接受,但是如果新的东西过多,他仍然会置之不理。他有时喜欢靠在咨询师腿上打小鼓或玩美国队长、打奥特曼。有时他会把咨询师请进娃娃屋中,并让咨询师在屋中坐下来看他玩耍或参与游戏。

本疗程进行了两次家庭反馈,并给家长提供咨询报告。母亲反映,这期间平平因为生病去医院就医,虽然还有害怕的样子,但基本上可以配合医生完成检查,不再有激烈的抗拒与挣扎。父母为此特别欣慰,父亲在家里与孩子们有了更多的玩耍时间和更亲密的接触。同时,母亲也感觉到自身以及夫妻关系上有许多需要调整的地方,向咨询师提出咨询的要求,咨询师建议她另找咨询师进行婚姻和个人成长方面的咨询。平平母亲表示,不愿意接受其他咨询师的咨询,因此,共同决定将家庭反馈调整为安抚情绪和婚姻家庭的综合性指导。

- 第四疗程　平稳深入工作期

第37~39次咨询

平平在游戏中的玩法更趋向系统化和有连续性,目前咨询仍在继续进行,咨询师正在考虑将平平引入一个正常儿童的小型团训,以便观察和促进平平的变化和发展。其间,应平平母亲的要求,对她进行了一次情绪安抚。

[辅导效果与反思]

在对待 AS 这类特殊儿童上,我们应坚持两手抓、两手硬的原则,一手抓训练工作,以抓紧时间弥补孩子的缺陷,如认知理解、感统训练等;一手抓准备工作,为孩子做好未来社交的情绪准备。面对这个令人怜爱的孩子和他伟大坚毅的父母,咨询师希望能够有更多的方法帮助他们,同时也希望社会能给予他们宽容和包容的环境。

经过一年多的咨询,平平虽然学习成绩不理想,但基本上能够适应学校生活,并遵守学校的规章制度较少犯错,语言表达能力有所提高,认知理解能力也得到了提升。毋庸置疑,这是平平一家、学校、训练机构和咨询师共同努力的结果。最近一年来平平情绪趋向平稳,而且还交到了一个朋友,家庭的互动模式也发生了较大的改变,父亲开始加入教育和陪伴的行列,父母关系转好,父母同心协力双双收获了自信和喜悦,尤其是母亲的无力感和愤怒感大大降低,开始有更多的自我觉察并能在情绪上做到自我关照。

咨询师本人也得到了极大的成长,包括个人的觉察能力、包容度、专业技能经验都得到了丰富和提升。咨询师在咨询中或因为平平的行为问题纠结,或因为平平的变化发展缓慢而感到挫败。不过,最后都能比较好地认识与接纳这些消极的情绪与想法。最终也促成了平平的变化。作为一名心理咨询师,可以带着编织复杂手工作品的心态去面对每一个艰难的治疗过程,以及当中的纠结和焦虑。因为焦虑中蕴含着成长的动力,纠结中隐藏着解决的智慧。

第二节　画中话

从人类在岩洞上雕刻图案起,人们就开始使用绘画表达情绪,传递思想了。这种创造性的冲动是人类基本的需求,它可以表现为多种艺术形式,包括写作、素描、雕刻、油画、诗歌、舞蹈和音乐等。在精神分析学说的影响和带动下,艺术被逐渐运用于各种儿童治疗活动中。人们发现运用诸如音乐、舞蹈、手工、书法、绘画、心理剧等艺术形式,可以有效地治疗心理疾患和增进心理健康。这样一种通过艺术与媒介来实施心理治疗的方法,即所谓的艺术治疗便应运而生了。

艺术不仅能治疗儿童的心灵创伤,它还是一种很好的促进儿童成长的手段。在具体实施时,教育者让儿童以某种艺术形式进行创作,通过言语或非言语的表达来探索儿童的问题及潜能。与游戏的作用相类似,这种方法可以借助生动的艺术活动,协调和解决儿童内心世界和外在世界的冲突,使二者更趋于一致。

虽然看起来很幼稚,但儿童的艺术创作中充满了童心童趣,以及对世界的感受和期待。适当理解儿童绘画的发展特点,可以帮助教师和家长为儿童提供更有针对性的帮助。格罗姆在其著作《儿童绘画心理学——儿童创造的图画世界》一书中曾经说过,儿童的艺术表达具有普遍性,不管他们在地球上哪个地方,所有处在同样年纪的儿童都会以相同的方式画出同样的东西。

年轻人这种创造性的冲动是如此强烈,以致这种普遍性的确存在。正如来自30个国家的30个儿童,画出来的恰好都是房子。当他们的绘画从涂鸦阶段发展到图画阶段时,所有的儿童都要经历相同的发展阶段。但随着个体的发展成熟,这些阶段在不同儿童身上会有所区别,有时也会出现重叠的现象。

罗恩菲尔德等大多数艺术治疗师都认为儿童的艺术发展要经历不同的阶段,包括涂鸦期、前图式期、图式期、写实萌芽、拟写实和青少年艺术六个阶段。在整合前人经验的基础上,儿童绘画领域的专家学者们进一步提出了描述大多数儿童艺术发展过程的五阶段,涂鸦阶段、图像阶段、人像画阶段、现实主义表现阶段、自然主义表现阶段。

无论哪种阶段划分法,专家学者们都从实践中证明了人的技能发展是随着年龄、认知和理解的不断深化而发展的。他们从不同角度对发展阶段采取不同的划分和命名,有的是从绘画风格上,有的是从心理或生理发展上,但正如皮亚杰所言:"儿童认知的发展变化方式是可以预知的,他们的认知行为与其年龄和成长阶段相关。"绘画揭示了儿童成长过程中美术发展的本质规律,发现了每个阶段中存在的典型生理心理特征。

一、绘画的年龄阶段

(一)涂鸦阶段

大约两岁时,儿童开始涂鸦。他们一有机会就试图用铅笔在纸上涂鸦,或者用蜡笔在墙上画画,或者用泥巴涂抹在地上。从 2~4 岁,儿童的随意涂鸦开始成形,3 岁前后开始进入画轮廓的阶段。正是在这个阶段,儿童开始画圆形、正方形、长方形、三角形或十字形。3 岁前后,儿童画出来的人脸看上去并不像一张脸,尽管如此,儿童依旧会自豪地跟成人说:"这是我的妈妈!"成人应当以温暖、信任和支持的态度接纳儿童的涂鸦作品,鼓励儿童说说所画的内容,真诚地评论画作和反馈对画作的感受,接受孩子所表达的一切。

(二)图像阶段

图像阶段相当于皮亚杰认知发展阶段的前运算阶段,这一阶段又分成两个部分,即 4~5 岁的准图像和 5~7 岁的后图像期。准图像只能展示简单的人物、动物、植物等。而后图像期的画中,成人就很容易识别一些熟悉的事物。图像阶段经常出现蝌蚪人形象,这类画中人物明显缺少躯干,有的人物胳膊和腿的位置也不确定,且身体的比例不协调。格罗姆研究发现,这种早期绘画反映了儿童缺乏媒介经验,他们掌握的图画语汇还很有限。画面上缺乏分化,但并不意味着概念理解和表现上的困难,也不意味着像有些研究者认为的是记忆搜索障碍,而恰恰表现出儿童将早期艺术创造的简洁性发挥到了极致。这是创造性智能的一种表现。

(三)人像画阶段

7~9 岁这一阶段反映了皮亚杰儿童前运算阶段后期和具体运算阶段初期的认知能力。儿童在艺术作品中描绘他们对环境的直觉。罗恩菲尔德称,这个阶段是图式期,这个阶段会出现家庭成员画,这有助于了解儿童与各个家庭成员之间的关系。比较突出的是,该阶段的儿童会用透明法或 X 光画法画画,偶尔会画地平线,甚至画出表示空气的空间。在绘画中对物体进行夸张的表达,也是这一阶段儿童绘画自由表现的一个特点。这些夸张的表现特点很重要,它们是在通过夸张的变化来强调某些重要事件。

（四）现实主义表现阶段

9~11岁的儿童仍处于具体运算阶段，自我意识的增长使他们对环境的表达更具现实性。这个阶段的儿童喜欢以写实主义的方式来描绘他们所感知的事物，用二维的视角描绘世界，能把物体画得更富有层次感，画人物时关注更多的细节，并更多地关注性别和服饰差异。在颜色的选择方面，常常基于所画对象对绘画者的情感意义，例如用红色画母亲以表达母亲对于自己的重要性；以橙色画老师以显示对老师的敬仰。这一阶段，儿童在绘画中表现出更多传统和真实，因为他们的绘画想要达到写实的效果。他们认为描画的事物、人物和环境越逼真就说明画得越好。

（五）自然主义表现阶段

11~13岁阶段儿童的艺术作品反映出青春前期推理现实主义态度和情绪性的表达。随着精确的视觉和空间关系的发展，儿童此时能够画出二维或三维的事物，而人物画更加精细，能记录和解释躯体活动、身体部位。身体各部位都很分明，能用颜色来表达视觉印象和情感体验，也会出现卡通形象和漫画。在这个阶段，儿童不仅希望自己被同伴群体所接纳，也希望能得到成人的尊重。批判性态度的形成，使这一阶段的儿童变得更加敏感，可以引导儿童将其所思所感透过视觉艺术的形式具体地呈现出来，使他们能够在特定的时间和空间里自由地讨论和分享体验，并使其洞察与作品的物我关系。鼓励他们理解和处理这个阶段的情感冲突，有助于他们在自己是谁的问题上获得自信。

二、绘画心理辅导的主题

经典的绘画主题有树木、房屋和人物，以及它们的组合和各自具体的形象，如家庭或学校动态图、果树、自画像等。除了经典的绘画主题之外，心理学家在实践运用中总结出了更丰富多样、更具特色的测试主题。下面将对几种主要的绘画心理辅导主题做分析。

（一）树木画

许多绘画心理分析与治疗的研究者都认为，树作为绘画主题有着独特的价值，树木从幼苗长成茂盛的大树，要经历无数的风吹雨打，这个过程就像人的成长要经历无数困难挫折一样。因此，树木象征着成长和发展，代表的是生命力和能量。通过画一棵树，我们可以从中看出画者的某些人格特性，而且还能看出他的生命历程。总之，树木画主要用来考察个体的成长历程、无意识的自我形象、个体与环境的关系、个体对成长的感受等内容。

一名四年级小学生因焦虑前来咨询。所画树木的枝干粗壮有力，但枝杈较多（见图 4-1），反映该生的想法较多且注重细节。

图 4-1　一名四年级小学生画的树

（二）房屋画

房屋代表个人出生的家庭，是个人成长的场所。我们的内心浮现出的房屋形象往往和我们自己的家或是自己理想的家是相关联的，它也代表我们的身体或精神家园。房屋画一般可以反映出一个人对家庭、家族关系的看法、情感、态度及沟通模式。通过对画中屋顶、窗户、门和地面等组成部分的分析，可以了解个人在家庭中的自我形象，其梦想与现实之间的关系、安全感、家庭与外部环境之间的关系等。

（三）人物画

人物画与人无意识的自我形象和人格完整性有关。由于人物画可明显地反映人的形象、个人的信念和价值观，于是绘画者常会画其他人，或画成漫画、抽象画中的人物,甚至有意无意地歪曲画作中的人物。这些表现可能是对自我形象确立困难、人际关系不良、不愿暴露个人隐私。可见,在画人时绘画者会不自觉地、自发地动用心理防御机制。

自画像相对于人物像更具体,直接反映个体的自我形象和对自己的评价,可以直接从画中感受到绘画者的迷茫、痛苦和烦恼,也可以体验到他们的快乐、兴奋和自信。绘画者在自画像中的形象,往往反映他们当时的心情。所以,当把同一个人,在不同时间画的自画像放在一起时,你还能够感受到绘画者心情的变化情况。如果自画像中人的年龄与绘画者相比较显得小很多,就表明绘画者的心态不成熟;如果画中人的形象与绘画者真实情况相差很远,表明作者对自身的形象不满等。

（四）房树人心理绘画技术（HTP 测验[①]）

房树人组合图是将房子、树和人画在一张纸上。约翰·巴克于 20 世纪 40 年代在美国《临床心理学杂志》上率先对 HTP 做了系统的论述,认为 HTP 测试能激发个体有意识的联想和无意识的联想。之后,一些研究者根据实际需要提出了这种绘画主题的辨识,如运用在家庭研究方面的家庭动态图,用在学校和企业研究方面的学校企业动态图等。HTP 测验既可作为考察智力的辅助工具,又可用来考察人格完整性,还可考察绘画者对家庭亲情的态度和看法。它也用于考察绘画者对自我成长的看法及某些自我无法表达的信息等。家庭动态图测试主要用于考查个体对家庭、家族关系的想法、情感和态度,以及家庭成员之间的亲密关系等。

（五）随意画及其他主题

随意画的理论基础源于一种情绪传导学说,这种学说认为情绪不会自己产生,也不会自己消失,它有方向性和流动性,它总是从一种形式转化到另外一种形式,而绘画是传导情绪的最佳途径。通过这种没有规定主题和形式的自由绘画,画者可以充分自由地在画纸上表达他最渴望表达的内心世界。随意画以最能自由地表达画者内心世界的特点受到很多人的青睐。

[①] 房树人测验（house-tree-person,HTP）,又称屋树人测验。它开始于约翰·巴克的"画树测验"。巴克于 1948 年发明此方法,受测者只需在 1 张白纸上分别画屋、树及人就能完成测试。

案例 15——绘画心理治疗一例

[来访者背景资料]

小豪,男,七岁,小学一年级,次子,剖宫产,出生后人工喂养。父亲工作很忙,平时都是由母亲照顾他和哥哥。母亲每天来回接送他,管教方式比较严格。

[来访者症状表现]

小豪智力正常,但脾气暴躁,生气的表现方式为用手捶打墙壁、摔东西、躲桌底等,平时被母亲打也不会流眼泪。

[案例分析]

1.评估与诊断

综合小豪的情况,初步诊断为一般的行为偏差。首先是儿童自身的原因,小豪目前主要的表现是情绪不稳定,易发脾气,行为出现偏差;其次是家庭原因,他哥哥在学校属于较突出型,母亲更多的精力放在哥哥身上,较少关注他,没有与父母形成良好的沟通方式,无法正确表达心里的想法,只能通过发脾气来表达。曾经有一次他发脾气时,母亲说了句:"你只会冲着家人发火,你有本事去打墙啊!"而小豪把这句话当真了。他因不懂得表达感受和发泄心理压力,只好采取用手捶打墙壁、躲进桌底等伤害自己的方式。

2.咨询理论依据

本案通过让小豪明白目前的情绪表达和行为习惯是不妥当的,在其认同的基础上纠正他的情绪表达方式,塑造良好的行为习惯。因此,对小豪采取以下治疗方法。

(1)绘画疗法

绘画疗法是心理艺术治疗的方法之一,是让来访者通过绘画的创作过程,利用非言语工具,将潜意识内压抑的情感与冲突呈现出来,并且在绘画的过程中获得疏解和满足,从而达到诊断与治疗的效果。无论是成年人还是儿童都可以在方寸白纸上呈现完整的表达,又可以在欣赏自己的过程中满足心理需求。

(2)认知行为治疗

通过改变思维信念和行为的方法来改变不良认知,达到消除不良情绪和行为的短程心理治疗方法。通过认知的重组,使小豪能够认识到自己错误的情绪表达方式,并通过学习以塑造良好的行为习惯。

[辅导方法与过程]

第一阶段第 1、2 次咨询——心理诊断阶段

通过使用积极倾听、内容反馈、情感反应以及询问技术等参与性咨询技术，拉近与来访者的距离，建立彼此间的信任。同时应用绘画疗法明确来访者的心理问题及其原因，进行诊断与评估，确立咨询目标，制订咨询方案。

班主任反馈，小豪很喜欢动物，特别是猫。因此，我特意拿了一本世界名猫的绘本给小豪看，让他讲讲里面他认识的猫。这引起了他的兴趣，话匣子打开了，我就顺势用绘画疗法了解他的心理问题。

第一幅画的主题——在家里。门关着，屋里挂着一盏开着的灯，暖暖的。父母亲不在，我和哥哥躺在各自的床上，看着电视，旁边有我们的玩具，还有看似不稳的沙发和窗户。

与小豪就画中的内容进行交流，得知周末时小豪和哥哥经常在家里看电视，母亲在厨房煮饭，父亲去上班，呈现了家庭的交流模式。

第二幅图的主题——海底。海平面上一条鱼正往上跃，一艘船正在海上行驶着，还有大鲨鱼和缩头乌龟，海中间有一个人，他是潜水员，正在海里探险。

在这幅画中，海平面下犹如小豪的潜意识，有想要突破潜意识向上飞跃的欲望，也有隐藏在潜意识当中的各种冲突，以及回避冲突的压抑感。

第二阶段第 3~5 次咨询——认知调整和行为训练阶段

绘画疗法让小豪将内心的想法表达出来，但是必须使他意识到，用躲在桌子下、打人或自残的方式来发泄是不好的，认识到这种方式带来的破坏性；其次，要教会他用运动或倾诉来宣泄不好的情绪。再次制订表格，让班主任帮忙监督，一旦做到及格，就给予表扬，最后统计汇总给咨询师，再由咨询师给予肯定和物质上的奖励，如小猫玩具等。

第 3 次咨询，主要是情绪表达方式的认知和调整，运用具体技术让小豪明白，在面对一定的心理负担与压力感觉不舒服的时候，乱发脾气不但解决不了问题，还会产生许多恶劣后果。教会小豪宣泄情绪的基本原则是"不伤害自己，不影响别人"，正确方法因人而异，如到操场跑一跑，在空旷处大喊，或跟老师同学诉说。小豪的行为矫正内容包括：(1)使用正面语言表述希望孩子出现的正确行为；(2)列出所有可能的评估方法，选择最佳方案，提供奖励方法；(3)落实与评估。

在三个星期的咨询和行为矫正过程中，一开始小豪情绪不佳，时而会钻进桌底，但已经不会用手捶墙了，这时老师的关注点放在不捶墙上，并及时给予奖励，肯定小豪的进步。同时，在课堂上也多关注小豪，表现好时给予口头表扬。三星期后，老师和同学反映，小豪在心情不好时，只偶尔会躲在桌子底下，大多数时候都能够以合理正确的方式去宣泄自己的情绪。

第三阶段第 6 次咨询结束——巩固阶段

最后一次咨询是班主任与小豪一同前来，班主任是前来向咨询师汇报小豪的表现的。咨询师对整个咨询过程进行了总结，并建议班主任在今后的日子里，将这次咨询过程中所做的尝试和积累的知识运用到生活中去，尤其是行为塑造方式和代币法，并在孩子的良好行为塑造好以后，逐步消退代币法的影响，以免引起反面作用。同时，在今后的学习生活中不断提升小豪的心理健康水平。

[辅导效果与反思]

经过一段时间的心理辅导，小豪的情绪问题和不良行为习惯得到了基本解决，班主任老师也学到了很多心理学知识，如儿童行为塑造方法等，并能运用到教学工作中。咨询师认为，小豪在整个咨询过程中充分发掘了自己的潜力，积极进行自我探索，心理问题和行为问题得到基本解决，达到了预期的咨询目标。

在对小豪的辅导过程中，如果能够让小豪的家庭也参与到咨询过程中，加强教师与家长的联系，共同督促形成良好的家庭沟通方式和健康的家庭教养方式等，也许能够起到事半功倍的效果。

三、绘画心理辅导的应用与意义

在绘画心理辅导的实践应用方面，绘画可作为心理测试的工具评估人格或智力。绘画测验所依据的原理是弗洛伊德的精神分析理论假设，即绘画作品能够投射出个人的智力、行为、情感、人格、社会化等一系列心理特征。如今，绘画测验作为一种心理测验工具，已经广泛应用于各个领域，绘画测验还可以作为评估个体和团体心理健康水平的工具，并对潜在的心理危机进行评估和干预，改善个体或团体成员的情绪和社会功能。国内外研究表明，绘画艺术疗法在处理焦虑、抑郁的情绪问题方面的效果突出。在国内，绘画艺术心理疗法主要应用于青少年心理咨询。

研究表明,绘画艺术疗法可以促进来访者社会功能的改善、个体自我概念的提升和认知功能的恢复。绘画艺术心理疗法不仅能促进情绪功能的恢复和社交功能的改善,而且在处理来访者的自我形象或自我概念方面也有很好的疗效。在绘画艺术活动中,作品的构建和自我的建构是同步的,绘画者在创作艺术作品的同时,也重新创造了自我。绘画艺术作品创作过程还能够通过训练注意力提升抽象和形象思维能力以及想象力,纠正不协调认知,从而促进绘画者认知功能的恢复和提高,减轻患者精神症状和躯体症状。

绘画艺术心理治疗不仅能促进某些精神病患者相关症状的改善,而且在减轻躯体症状方面也有独特的作用,尤其适用于癌症患者。在对住院患者进行心理辅导和治疗的过程,国内外多项研究均发现,绘画艺术心理疗法能够有效缓解患者的疼痛和焦虑,减轻疲乏等躯体症状,从而提高患者的生活质量。同样,绘画艺术心理疗法也可以减轻哮喘患儿的焦虑和一些躯体症状,从而提高生活质量。

绘画艺术心理治疗是心理咨询的辅助技术,儿童心理咨询因为儿童年龄小,掌握的词汇不多,自我意识不成熟,不善于用言语来表达自己的真实想法和感受。但孩子天生就是涂鸦的专家,他们对绘画有着浓厚的兴趣,一张纸和一支笔可以让孩子们自由大胆地表达用语言所无法表达的内心深处的情感和想法。因而绘画这种活动方式是非常符合儿童心理及年龄特点的,也有利于咨询师与孩子建立良好的咨询关系。面对儿童来访者时,咨询师可以让他们画自己喜欢和熟悉的事物,然后耐心地倾听孩子自己的解读,并与他们进行交流,再结合自己的知识和经验来分析孩子的绘画作品,深入他们的内心。

团体心理辅导是在团体情境下进行的一种心理辅导形式。通过团体成员的自我体验,成员之间的相互分享,进而改变其行为,达到每位成员成长和发展的目的。在团体心理辅导中引入绘画活动,能大大增加趣味性和成员参与的积极性,有效缓解成员的心理压力和不良情绪,打破内心防御。

除了以上几个方面,绘画心理分析在学校教育、家庭教育、人力资源管理等领域也应用得非常广泛,社会影响力也越来越大。秘密花园系列画册在全世界风靡一时,受到世界各国不同年龄段、不同职业人群的喜爱和追捧。越来越多与绘画心理相关的工作坊、沙龙和培训火热开办,许多少儿培训绘画机构也从传统的仅仅教授绘画技巧转变为加入一些心理层面的疏导。这些都进一步验证了绘画心理辅导适用的广泛性和人们对于绘画使用的自觉性和自发性。仅仅是简单的涂色,专注的绘制过程就可以起到非常好的成长指导、减压、放松和提高专注力的作用。

四、绘画心理辅导在小学生心理辅导中的运用与功能

(一)绘画心理分析在小学生心理辅导中的具体应用

1.利用绘画的诊断评估功能,了解小学生的智力水平

评估智力一般指感知力(观察力、注意力、思维力和创造力)。其中,思维力是智力的核心。小学生的绘画能力与智力有很大关系,一方面绘画能反映其智力水平,通过绘画能帮助我们观察孩子智力水平的成长状况;另一方面,孩子的智力按照一定规律不断发展,尽管每个人之间有很大差异,但各个阶段总是按一定的顺序发展。儿童的绘画能力也是按一定的轨迹发展的,虽然每个孩子的发展有快有慢,但发展的次序不会颠倒。

2.小学生绘画与其认知发展水平的评估

儿童绘画与其认知能力有密不可分的联系,小学低年级儿童的思维方式正处于逐步克服自我中心性的阶段,但仍具有明显的符号性和形象特征。表现在低年级小学生具有了心理操作能力、计算能力、观察能力和表述能力,认知活动也更具有灵活性和广泛性,创造力发展较快,在绘画方面逐渐产生了想象力,有了想表现真实物象的欲望。但由于他们的思维活动常局限于具体事物和经验,缺乏逻辑思维能力,因此如果能在此时及时引导儿童观察写生,他们的空间知觉就能够得到较大提升,进而为下一步的逻辑思维能力发展奠定基础。此外,小学生在绘画过程中其构图能力也能得到很大的提升。构图能力是指绘画者在一定的空间内,安排和处理人物的位置关系和把个别、局部的形象组合成一个整体的能力。构图是绘画语言的要素之一,可反映小学生认知发展的水平和特征。

3.小学生绘画作品与其性格特点的评估

孩子的性格是多种多样的,而他们的画作带有自己的特点。这些特点通过孩子喜欢画的内容、爱用的颜色、涂色的方法、画的形状,以及画中形象的大小多少等体现出来。家长可以从儿童画的各种形象以及孩子绘画的颜色来了解孩子的性格特点。一般来讲,活泼好动的孩子画的形象比较大,比较粗犷,

画面比较丰富。好斗的孩子画出的形象常常带尖带刺，比如竖直的头发、动物的爪牙和利齿等。心情愉快的孩子喜欢用鲜艳的颜色，心情忧郁的孩子常常使用黑色、紫色、深绿色、灰色、褐色等，甚至只用其中的单种颜色。

日本有一位心理学家曾以儿童画的具体内容来分析孩子的性格。他认为，在画父母亲的画中，孩子把谁画得更大说明谁在孩子心目中的地位更高。如果是画树的树叶，说明孩子的情绪比较稳定，能够控制自己的感情。但如果叶子画得太过细致，则说明孩子过分细心与胆小。树干画得粗大是活泼好动的标志，画得细长则是不爱动、缺乏活力的表现。

(二)绘画心理辅导的功能

首先，绘画心理辅导能够引导儿童充分表达与释放自己，缓和情感上的冲突，增加自我了解，减少压力与焦虑，去除负面的自我概念，达到心理上的和谐与完善。儿童把绘画作为一种自由涂鸦的过程，本身就能起到舒缓紧张心情的作用。绘画可以帮助儿童重建与提升自信，提高创造力，改变对生活的态度，并尝试创造性地解决生活中的复杂难题。很多学生说在绘画过程中能看到自己的潜力，提升了对生活的兴趣，并透过绘画开始对生活中的许多事情进行反思。绘画活动为儿童提供了一种看待自己所面临问题的新方式，使孩子学会运用绘画来表达自己、证明自己、鼓励自己。绘画教育孩子在充满困惑与不确定的复杂世界中，更勇敢地去探索、理解、接受和运用具有模糊性与主观性的事物。

其次，绘画心理辅导在处理情绪冲突和创伤方面有非常好的疗效。绘画为儿童提供了一个恰当的空间来表达、发泄和处理创伤后的愤怒等悲观情绪，并促进其创伤后情绪修复。相关研究已发现，绘画心理辅导可以促进儿童认知的发展，通过绘画创作、心理分析、重新认识三者之间的互动过程，来提高儿童的心理健康水平。同时，绘画还能够增进儿童的自我觉察和反省能力，通过儿童绘画整合过去的我、现在的我和将来的我，帮助儿童探索自我意识，从而发掘与提升自身的力量，确立与发展理想自我。

五、对小学生绘画作品的解读

(一)儿童绘画中的情感内涵

在心理辅导中，为了更具体地澄清来访者的感受、体验和观点，首先需要使用丰富的词汇,特别是表征情感、态度、个性、感受等方面的词汇;其次,心理辅导需要来访者有能力对自己的经验世界产生更清晰的自觉和反省,也就是拥有更高程度的自我意识和自我概念。虽然小学生随着年龄的增长,在学校教育下语言能力会随着认知水平和抽象逻辑能力的提高而提高,但是他们在词汇量和语言表达等方面与成年人尚有一定的差距,这在很大程度上制约了小学生与心理辅导者的沟通效果。此外,小学生的自我意识以及自我概念还有待进入青春期后的主观化建构,他们无法像成年人一般准确地运用语言来表达自己经历事件后所产生的感受和情绪。因此,心理辅导如果仅仅通过语言去了解小学生,似乎无法发挥很大的作用。但是和文字不一样,绘画作为思想或情绪表达的符号,是不一定需要专业学习的。

校园里,学生在纸上、书本上或课桌上涂涂画画很常见。有些学生可能没心思上美术课,但却精心地画一些自己喜欢的内容。绘画心理辅导中的绘画与这种形式的绘画差不多,不做评价也没有技巧要求。这种形式的绘画可以说是潜意识的冲动、愿望和需求的表达,以及内外冲突的显现,也是自我暗示、自我实现需求的激发以及创造潜能的表现。心理辅导者越是能够真切感受和理解小学生的画作,就越能够接近他们的世界。通过绘画,我们可以看到孩子丰富的内心世界,和成人一样,他们也有了解自己、维持自己和提升自己的需要,他们也有属于自己的态度、价值观和人格特质,他们也会感受到压力、冲突和情绪困扰。绘画心理辅导有利于辅导者了解学生,建立良好的辅导关系,以及促进孩子的身心成长。

儿童绘画中的情感内涵,除了要分析绘画作品以外,还要观察儿童的绘画过程以及儿童如何对话的指令或绘画任务做出反应,具体可以参照以下几种情形。

1.抗拒绘画

当咨询师提出绘画要求时,大多数儿童都愿意接受,因为绘画具有独特的优势,能够激发孩子们的兴趣。但有些儿童会因为某些原因而不愿意画画,例如颜料干了、蜡笔断了、材料选择范围很小等。这些问题可能让儿童觉得气馁,挫伤他们的积极性,也有可能是他们感觉到在绘画情境中没有安全感或者缺乏信心,他们认为绘画会导致威胁和焦虑的产生。这样的抗拒情绪本身就反映了他们在现实环境中的行为模式。

2.对绘画材料的反应

面对各式各样的绘画材料,儿童会表现出不同的反应,观察儿童如何选择材料是很重要的。儿童选择绘画材料的类型和他们使用材料的方式,很可能说明他们的个性、应对风格以及他们的情感类型和情感强度。

3.情感宣泄

情感宣泄发生在泼洒颜料,摔打画具,或是发生在恶搞橡皮泥等事件中。这些行为表明被压抑的情绪得到了释放或者失去了控制,是在绘画中释放情绪的一种途径。

4.防御性的绘画

当儿童无法将自己的内在冲突和消极情绪在自己的作品中自由表达时,他们很有可能会选择刻板地临摹描绘轮廓,重复没有新意的普通图案。

5.遗漏

孩子们在涂鸦时,不仅要注意他们画了什么,说了什么,还要关注他们漏画的部分,因为这是无意识或潜意识主导的结果。这种无意识的遗忘最能体现孩子的问题,因为这是他们最本能的表现。例如,画房子时忘记画门或窗,这或许是他们不善于交际的表现;画人物时遗漏五官等,都有可能预示着绘画者存在的某些交流障碍。当然,不排除孩子们因为注意力转移,中途扔掉画笔做其他事情等情况的发生。

6.隐瞒

有时候孩子会揣测咨询师的意图,因而刻意避免一些他们眼中不得体的内容,而这种谨慎的回避,有时候恰恰暴露了他们的问题。这一点在小学高段的小学生身上尤为常见。

(二)作品解读

1.线条

不同的线条给人的感觉不一样。垂直线给人庄严挺拔、高洁、正直的感觉;水平线具有平和、安定、静止的感觉;斜线则富有变化、运动、紧张和不安的感觉;规则的曲线让人感到动感、圆滑、有序;自由的曲线则显得活泼柔和,给人以流畅、优美而生动的感觉。孩子的画中也有类似的信息,留心观察每个小孩的轮廓线,便有可能发现孩子在不同人物身上倾注的情感不同。又细又浅的线,表示孩子比较胆小怕事,没有自信;又浓又粗的线一般表示孩子活泼好动;深浅适中的线一般暗示了循规蹈矩;线条上扬表达了孩子对未知的好奇,线条朝下表达了对物质的追求;线条较多一般暗示了孩子温和而敏感;大量描绘水平线,一般表示孩子内心有冲突;细小的点、圈表明孩子比较细腻谨慎。

2.构图及构造组合安排

构图是儿童将想要表现的形象根据题材和主题思想的要求有机组织起来,在一个空间中进行分割、设置、布局,从而构成的一个协调完整的画面。儿童绘画的方式与成人有很大不同,儿童画有时给人以画面不饱满,主题偏离或凌乱的感觉,尽管如此,他们完成的作品却依旧生动。他们的构图别出心裁,有着儿童画的鲜明特点,这往往与他的年龄特点、性格特征和认知能力相关。

画面位置位于纸的中间是最普遍的现象,如果完全处在正中央,可能反而表示没有安全感,尤其反映出在人际关系上比较固执。位置在左边代表过去的欲望、潜意识、晦暗、情绪回归与退化;位置在右边代表未来、意识与活动;处于纸的上部表示天堂、心灵与灵性,表明会通过努力达到较高的目标,也可能代表一种乐观,但不一定是一种合理的乐观;处于纸的下部代表基础根源、死亡、大地、缺乏安全感,或者代表一种匮乏感,渴望被关注;处于纸的边缘或最下部,代表没有安全感或缺乏自信,需要外部支持,依赖他人,害怕独立,避免接触新的事物,或者沉迷在幻想中;在四个角落上,左上角代表父亲,而右下角代表母亲;左下角代表集体的潜意识,而右上角则代表意识与道德的发展。

在画面的大小方面,画面非常大代表一种攻击性倾向,具体而言是内心的无力感于外在显示出的防御机制,或是一种情绪化、躁动的倾向;反之,画面非常小表现出的是自我评价较低、拘谨、胆怯、害羞、缺乏安全感,情绪低落和退缩的倾向;如果画面在纸的上方且画面较小,表现出绘画者的心理能量较低。

在画的动态方向方面,画中的人物或事物朝着某个方向移动意味着发展的动向。从左边到右边的动向是朝向未来与现实;从右边到左边的动向是朝向过去与潜意识。随着智力的成长,儿童开始聚焦于纸张右边所代表的未来现实与外在世界的活动。大致而言,儿童会从纸张的下方画到上方。伴随他们年纪的增长,画图的底部会变得越来越高,这意味着儿童的洞察力已经形成。

3.阴影

画面中的过多阴影可能暗示着儿童存在某种焦虑。儿童可能会把人物的脸或身体的下半部涂成暗色调或者直接涂黑。在对阴影进行解释时,很重要的一点是要把阴影看作是整个图画中的一部分,并且联系画面其他部分来考虑。

4.颜色

颜色在儿童绘画中占据非常重要的地位。儿童在表达高兴情感的作品中,从颜色上来看他们喜欢用红色、橙色等暖色调,也喜欢用五颜六色来装扮画中的形象。还有的儿童喜欢使用概念色,如实地再现让自己感到高兴的物体。在儿童表达伤心情感的作品中,使用黑色的居多,也有使用诸如蓝色、绿色等冷色调。儿童表达害怕情感的作品中,在用色上也以黑色居多,也有使用诸如蓝、绿在内的冷色调。

①红色

如果儿童使用红色,这可能是充满活力、温暖与热忱的象征。但是,这也可能表示遇到难以控制的危险或者需要帮助,分析时必须谨慎。尽管我们观察到某个儿童使用红色,但是只有在考虑到儿童的生活环境和年纪时,才能知道这个颜色对此刻的儿童具有什么意义。红色既可能意味着儿童需要帮助,但也可能意味着儿童能够帮助别人。

②蓝色

儿童的绘画中,天空的蓝色时常出现在云朵的颜色中,通常是浅蓝色的。幼小的儿童时常画出水汪汪的颜色,仿佛他们仍沉浸在其情绪中。对于被涂上深蓝色的人物,可能含有对此人感到焦虑的含义,分析时必须留心观察什么部位涂上蓝色以及蓝色在儿童个人环境中的含义。

③黄色

儿童在他或她的画中使用黄色,表达出充满热情与温暖的感觉。儿童几乎总是把太阳涂成黄色,有时候带有一点橘色。在绘画中过度使用黄色可能暗示着有过多的能量,鲜亮的黄色表达的是生气或嫉妒。

④黑色

儿童在绘画中使用许多的黑色,可能有很多原因。这可能表示儿童是沮丧或难过的,但也有可能是运用黑色隐藏情感。然而,黑色时常被学步儿童与学龄前儿童使用,他们正处于行为叛逆、固执或追求权力的阶段。

⑤白色

如果儿童画出白色,可能表达的是空虚感或停滞感。一张空白的纸或者部分空白的纸,可能意味着儿童未知的、潜意识的或尚未成熟的那部分感受。

⑥绿色

绿色通常具有正向的、健康的含义,绘画中儿童常常赋予草和树等植物以绿色,柔和的绿色意味着温柔与纯洁,清淡的绿色意味着生机勃勃,深绿色则意味着某些事物令人无法忍受,例如像胆汁一样的绿色是危险与生病的象征。这类颜色可能会出现在绘画的隐藏部分,有点不易察觉,需要细心观察。

⑦紫色

在儿童的绘画中时常能看见紫色,紫色是被动与悲伤的表达。

⑧橘色

在儿童绘画中的太阳通常是橘色或黄色的,橘色代表温暖、乐观与希望,但它也是一种具有侵略性的颜色。

⑨褐色

许多喜欢使用褐色的儿童时常有隐藏矛盾情感的倾向。对褐色产生偏好,可能暗示着与大地之间存有一种深厚的关系,或者需要温暖与安全感。

此外,我们还应当注意到哪种颜色还有矛盾的对立之处。以绿色为例,绿色可以代表生长、活力与健康,但也有其他深绿色让我联想到某个藏起来是苦的、酸的、有毒的东西。在绘画心理辅导中,我们不能对儿童的画作做绝对正向或绝对负向的价值判断,应该要根据具体情况适时加以分辨。

5.房屋画

房屋是孩子们最爱画的物体之一,而画房子很能体现孩子的人格和个性。房屋有许多象征意义,避难所、对家庭的热爱、对外界的开放程度等。为了更全面地理解房屋绘画的象征性含义,我们必须考量许多因素。以下是在儿童画中常见的房屋图形及可能的解释。

①圆形的房屋

如果儿童画出一间圆形的房屋,房屋则被视为母亲身体里胎儿的象征。我们时常在远古人类的生活中发现圆形的房屋、茅草屋或帐篷,而且这些圆形的房屋通常建在圆圈的中间,就像是早期城市是从中心点向外建造起高大的城墙,以保护城市避免受外界的侵扰一样。

②方形的房屋

方形是保护界限与稳定的象征,而三角形则是介于父亲、母亲与儿童之间三项沟通的象征,他们代表孩提时期一起居住时的重要心理体验。有三边屋顶的方形房屋是最为人所熟知的房屋绘画,而方形房屋通常具有较多个人的特质。

③房屋的窗户

房屋的窗户让居住者能够看到外面,也使外面能够看到里面的窗帘是拉开半遮蔽的状态,而且窗帘会增加房屋内部的安全感与亲密感。窗户告诉我们某事可能正在房间里发生。当窗户明亮时,比较容易看见房屋内部正在发生的事情。窗户上的横梁通常被安装在窗户上,使窗户更加牢固,也有利于防止外力入侵室内。

④房屋的门

房屋的前门是非常重要的,因为它是房屋从私密处过渡到外在世界的地方。前门是人们可以来回进出的通道,假如一间房屋没有门,代表着儿童在沟通交流上或将存在困难。

⑤烟囱

一般来说,烟囱在一定程度上象征父母。假如有热气在房屋的上面代表房屋是温暖的,然而烟雾或浓烟则意味着危险。如果所画的是烹饪时候散出蒸汽的烟囱,则意味着内在的需求被照顾到,有时也可能是一种想要表达的情绪。

⑥房屋周围的环境

房屋周围的环境告诉我们儿童的外在世界是如何被感受到的,是白天还是晚上,是什么天气。大多数的儿童会在他们的房屋绘画中画上太阳、云朵、月亮和星星等,他们也会画出代表关系的元素,比如桥梁、伙伴、动物、汽车等。观察房屋周围的环境,我们可以看见是否有玩耍的地方,是否有通往房屋的道路。屋外的道路也十分重要,它连接了屋内和屋外的世界,情绪紊乱的孩子会用黑色或红色画出一条死路。

其他房屋的周围可能会有栅栏、围墙等,这是房屋被标识为私有财产的迹象。一个高栅栏的房屋可能意味着儿童是封闭家庭中的一分子,也就是儿童被期望不要与外面世界有太多接触。大约从 7 岁开始,儿童能够越来越逼真地画出他们自己的房屋,他们通常以从屋顶鸟瞰的视角来创作,当然也可以看见房屋的内部。儿童认为绘画中的每样事物应该和真实生活中的一样,因此他们将房间画得很逼真。

⑦植物画

植物是儿童在绘画中最常呈现的内容之一。植物画中最常出现的就是树木花草了。随着年龄渐长,孩子笔下的树木品种会愈加丰富,苹果树、葡萄树、椰子树等,有时树上还会挂满果子。当孩子学会分辨花的种类之后,他们画的花也就随之分化,例如向日葵、荷花、玫瑰花等。

⑧树干

当儿童感受到分离,如搬家、转学等创伤时,可能会在画的树干中看见异常之处或伤口。树干有不同的心理层面的含义,而我们可以试着发现这些层面之间的关联。树干反映成长和发展上的能量和生命力,树干的粗细代表生命力的旺盛程度。过细的像一根线一样的树干,往往代表在生长过程中缺乏支持和支撑,粗大的树干则代表着旺盛的生命力。

⑨树根

大约从 4 岁开始,儿童能够在绘画中画出树根,并且注意到树根。通过观察这些树,我们可以觉察到儿童的情绪以及需要何种心理上的滋养。

⑩树叶

树叶是生命力的象征,茂盛的树叶代表着勃勃生机,树叶稀少代表活力不足,没有任何叶子的枯树代表生命的失落感。

⑪树冠和树枝

树冠和树枝匀称优美、比例恰当代表一个人发展的平衡。树冠和树枝的变化程度、大小及形状传递着成长信息以及与环境的关系。树冠变化大反映的是个体成长过程中变化大的情况。树冠伸展舒畅代表发展顺利,用笔简洁流畅代表作画者思维通畅,做事风格干脆利落。反复描画枝叶的细节表明作画者有追求完美的倾向。

⑫果实

如果儿童在树上或树的附近画出果实,则意味儿童的某个生活情境正处于发展向上开花结果的阶段,具有积极正向的意义。果实的大小多少代表着成就、抱负、欲望、希望、目标、恩典等。掉落的果实代表成长中遇到一些伤害事件,可能是精神上的,也可能是身体上的。这些事件严重地影响了其成长价值观或信念,让当事人感到自己遭到拒绝,受到命运不公平对待,或者有一种深深的内疚感甚至罪恶感,这种情况称为坠落天使症候群。如果患者有受到过暴力伤害的创伤,就常用脆弱的果实表达情绪。如果要考察其严重程度,可以从果实掉落的原因、腐烂程度等方面进行考察。

⑬人物画

人物画一贯是儿童最喜欢的主题,这几乎是所有儿童的特点。但儿童经历身体、情感和社会性发展的特定阶段时,他们画人物的方式也随着他们的成长发生变化。因为人类从本质上讲是社会性的,他人对于儿童的发展起着非常重要的作用。因此,观察儿童与他人的交互作用,在绘画作品中的表现也是十分重要的。这可以从他们在绘画中的表现方式看出来,比如一起出现,部分出现或出现一些多余的部分。

儿童所画的人物画一般是自己和身边的人,如自画像、家庭成员、好朋友、老师等。还有一类为卡通人物,可能是动画片或儿童图书中出现过的卡通人物形象,或是自己想象并创作的故事中的主人公。儿童将小人用蝌蚪人、火柴人、怪物来表现,可以结合相关信息考虑。这可能是儿童对绘画或表达在意识层面的隐瞒,或潜意识层面的压抑、诱惑,是儿童对人物情感的发泄。另外,诸如年龄成熟度、情绪状态、社会文化背景以及其他相关的历史知识,在儿童人物画时也起着重要的作用。

其他内容方面,儿童一般都会画太阳、蓝天、白云等。随着年龄的增长,儿童会更注重表现画面的细节和背景部分。于是,蓝天白云的好天气最容易成为儿童绘画天气的套路,一般都是晴天,雨天的情况较少出现,还有儿童表现闪电、连绵起伏的山脉等,尽管有却都是个别现象。动物有时候也会被儿童画在树上或树的附近,动物在树上表示某种欲望与期待。例如,小鸟在鸟巢,意味着鸟蛋已经被生出来,而且需要被孵化,也可能意味着小鸟想要离开鸟巢。儿童有时候会画一只靠近树木的动物,这类动物象征着儿童某方面的生活,通常也代表他或她的性格。例如,一匹马帮助一只狮子象征着危险。

(三)特殊儿童画的解读

1.创伤性儿童的画

绘画非常适合应用于心理创伤儿童的心理咨询或治疗。对于这些儿童来说,相较于使用语言表达心理创伤,使用视觉形式进行表达和交流会更容易一些。常见的儿童创伤性事件有:儿童受到虐待,目击家庭或其他社会暴力,受到性侵等。受到虐待的儿童,在他们的绘画内容当中细节和颜色会相对匮乏。目击极端社会暴力事件的儿童,在他们的行为和绘画中都会表现出心理创伤之后的负面结果。有些受过虐待的儿童会把较多精力用在涂画大量阴影和暗色上,反复将画面的空间填满,以及过度地涂抹,因为阴影和暗色都具有自我慰藉的功能。遭受性侵儿童的画面中有一个非常明显的指标,就是强烈的性主题和性形象的表现。常见的创伤性事件还有遇到重大灾难,如丧亲、地震等。

2.特殊家庭儿童的画

通常父母离婚会伴随着冲突,面对父母冲突,子女会产生一些负面情绪,如害怕、愤怒、沮丧等,孩子会卷入父母冲突中去,从而可能导致亲子关系变化和家庭整合度的下降。父母的行为还会成为模仿对象,对孩子产生影响。这种家庭的孩子对家庭的感受性不强,如果让他们画"我的家庭",他们经常表现出极大的排斥,并表示想换成其他的主题。在正常的家庭环境中,如果孩子感到孤独,也同样会将对家庭的感受在绘画中表现出来。

3.抑郁症儿童的画

一些学者认为儿童抑郁与成人抑郁的形式相似,另一些学者却认为儿童的抑郁会被其他行为所掩盖。儿童抑郁症的表现方式是复杂而多样的,清晰地区分儿童身上的抑郁、忧伤反应十分困难。

抑郁症儿童的绘画通常表现出一些特点和趋势:只使用画纸的1/3;作画使用特殊的颜色;更多使用阴影和几何图形;画动物却不画人,他们常常会画一些与抑郁相关的毁灭性的主题,如自我仇恨、自我诋毁、自我破坏。另一些抑郁症儿童的绘画反映出了他们自我毁灭的行为和挫败感,在抑郁症儿童的言语中还常常表现出自杀的意向,并表现出对自杀事件的恐惧、焦虑和困惑。

4.精神分裂症儿童的画

精神分裂症在一定程度上,认知与现实之间有一定程度的分裂,是儿童发展过程中的正常现象,所以我们很难评价儿童分裂障碍的程度。特别是在五六岁时,儿童可以创造出假想的伙伴思想,可以在幻想和故事中自由进出。随着儿童的成长,儿童学会将现实与想象区分开来。到了11岁,儿童的正常分裂行为开始减少,绘画表现形式的退化可以表明儿童在两种分裂状态之间转换。儿童绘画中的重复性退化,或者在两个水平之间的来回摆动,都是值得注意和考虑的现象。

六、绘画心理辅导的注意事项

(一)绘画心理辅导应用的原则

1.注意良好辅导关系的建立

辅导过程中要让学生感受到尊重、友善、温暖和信任的氛围。顾虑到学生的情况,辅导者首先要向学生说明课堂上所创作的作品不会受到老师或同学的评价,也跟成绩没有关系,并且要鼓励那些因担心画不好等有畏难情绪的学生参与到绘画活动中来。在团体辅导中注意不要特意表扬某个画得好的学生,以免给其他学生带来压力。辅导者可以用鼓励的眼神、亲切的言语和温暖的肢体语言表达对学生的支持。

2.尊重接纳的探寻,保持心理距离

在绘画心理辅导,中学生的绘画是一种表达,也是一种沟通,辅导者不仅要看画也要听"话"。倾听在心理辅导中很重要,不能生搬硬套理论或主观臆断。认真倾听学生在画中表达了什么样的希望和期待,展现了什么样的欲望和情绪困扰和冲突。可以和学生一起探讨他的画,对学生表达的情感不要加以评价或给予指导。整个过程辅导者都应与学生保持恰当的心理距离,保持良好的辅导关系,引发学生的自我探索和反思,促进其行为改变和心灵成长。

3.创设安全自由的表达环境

绘画心理辅导需要在一个有利于学生自由、安全并且能够充分表达自己的绘画环境中进行。有学者提出绘画心理辅导在环境上需要具备以下几个方面的要求:各种绘画材料、舒适的空间、充裕的时间等物理环境,有秩序感、安全感、尊重感、有趣的、充满快乐喜悦的和被支持接纳的心理环境。

第三节　沙盘游戏

沙盘心理技术不仅仅是一种心理治疗的方法,能够广泛针对诸多心理问题进行工作,而且也是心理教育的一种技术,在培养自信与人格,发展想象力和创造力等方面发挥着积极的作用。同时,以整合意识与无意识为目标的沙盘游戏,还可以帮助我们自信地成长和发展,以获得真实的自性化体验。

一、沙盘心理技术的发展历程

沙盘心理技术的诞生主要经历了三代学者的努力,威尔斯的地板游戏,洛温菲尔德的世界技法以及多拉·卡尔夫的沙盘游戏。而它在中国的发展也获得诸多中国学者的共同助力。

首先,沙盘心理技术的诞生启蒙于威尔斯的地板游戏。英国作家乔治·威尔斯1866年出生于英国肯特郡的布罗姆利,他与两个儿子经常一起玩一种叫做地板游戏的活动,就是把放在盒子里的玩具拿出来让孩子们自由地选择,并摆放在事先划定的区域,在地板上搭建不同的游戏内容。威尔斯和孩子们一起全身心投入这种具有想象意义的游戏之中。他感受到了孩子们从这种游戏中获得了一种意想不到的愉悦,并认为这种游戏能够促进人的创造性思维。

1911年,威尔斯以此出版了《地板游戏》一书,从而广为人知。威尔斯曾在地板游戏中描述道:"就在这地板上,不断涌现着数不清的富有想象力的游戏内容,它不但使孩子们每天都能在一起玩得高兴,而且还为他们以后的生活建立了一种广阔的激励人性的思维模式。任何一个人都可以从这幼儿的地板游戏上获得启发和力量。"正是此书开启了沙盘游戏治疗的历史,而地板游戏则可以看作是沙盘游戏的雏形。

尽管威尔斯并不是专业的心理学家,但他对幼儿自发的游戏和创造性想象很感兴趣,并且做了大量的考察与研究。他还在独立的研究中发现,荣格的集体无意识和原型理论能够为他所感兴趣的研究提供合理的解释。随着沙盘游戏的发展,他也为当代心理学尤其是临床心理学事业的发展作出了重要的贡献。

其次,洛温菲尔德与世界技法英国儿童治疗专家玛格丽特将沙盘心理技术投入运用。洛温菲尔德从小就非常喜欢读威尔斯的作品,尤其是《地板游戏》。1928年第一次世界大战之后,洛温菲尔德建立了自己的儿童诊所,专门为神经症和困难儿童服务。在威尔斯地板游戏的启发下,他在诊所里放了两个箱子,一个盛放沙子、一个装水。他找来各种各样的玩具及游戏材料,来访的儿童们自发地把玩具和材料放到了盛着沙子和水的两个箱子中,孩子们兴奋地称这些装有玩具的箱子为"奇妙箱庭"。

这是一种影响深远的心理治疗技术,"世界技法"由此诞生,洛温菲尔德也称其为"游戏王国技术"。所谓世界技法,就是让来访者把玩具放在盛有干沙或石沙的箱子里,制作出一幅画面或一个场景,这就是沙盘游戏的前身。其重要意义在于可以直观地感受到来访者有意识和无意识的想法,而不需要借助文字或语言发挥中介和桥梁的作用。洛温菲尔德认为,世界技法的目标就是让被创造出来的世界面质它的创造者。

1935年,洛温菲尔德出版了自己的第一部专著《童年游戏》。洛温菲尔德认为,游戏对于童年是至关重要的,童年涉及儿童的适应过程,与一个人的成长和发展密切相关。将游戏本身作为心理治疗的因素与源泉,这是洛温菲尔德的洞见与贡献。1979年,洛温菲尔德出版了他的第二部专著《游戏王国技术》。该书全面系统地总结了他关于儿童游戏王国技术的理论与实践,建立了洛温菲尔德诊所进行儿童心理治疗。世界技法诞生的时候,游戏沙盘治疗也开始有了其基本的框架。

最后,多拉·卡尔夫在威尔斯与洛温菲尔德的基础上不断进行完善,最终开创了沙盘游戏治疗技术。多拉·卡尔夫1904年出生于瑞士,1944年他结识了荣格的女儿格莱特,并保持着终身的友谊。在格莱特的介绍下,卡尔夫认识了荣格夫妇并且建立了长期友好的关系。1949年,多拉·卡尔夫作为两个孩子的单身母亲,在经历了自己生活的困苦与心理危机之后,开始在瑞士苏黎世荣格研究院学习,在长达6年的学习中,荣格的夫人为其进行心理分析。1956年,卡尔夫完成了苏黎世荣格研究院所有课程和学习,并在同年前往英国伦敦洛温菲尔德的诊所学习游戏王国技术。一年后卡尔夫从英国返回瑞士,开始了将洛温菲尔德的游戏王国技术与荣格心理分析学相结合的工作,同时也注重于将东方的传统哲学思想融汇在更为有效的儿童心理治疗实践中。

因此,在威尔斯地板游戏的创意中,在洛温菲尔德世界技法的儿童心理治疗运用的架构上,注入荣格心理分析和东方思想,从而丰富了沙盘游戏的内涵,正式创立了系统的沙盘游戏治疗技术。为了区别于洛温菲尔德的游戏王国技术,卡尔夫在征得洛温菲尔德的同意之后,便用沙盘游戏来命名自己的实践与理论。1962年,在瑞士苏黎世第二届分析心理学国际会议上,卡尔夫提交了一篇关于《原型作为治愈的因素》的论文,在这篇论文的基础上,她完成了她的专著《沙盘游戏》,这是她关于沙盘游戏治疗的唯一专著。

在2005年7月罗马国际沙盘游戏治疗大会上,沙盘游戏治疗的新定义获得了与会者的一致通过。沙盘游戏治疗是一种以荣格心理学原理为基础,由卡尔夫发展创立的心理治疗方法。沙盘游戏采用意象的创造性治疗形式,集中提炼身心的生命能量。在营造的自由和保护的空间气氛中,将沙子、水和沙具运用在富有创意的意象中,这便是沙盘游戏治疗的创造和象征模式。一个系列的各种沙盘意象,反映了沙盘游戏者内心深处有意识和无意识之间的沟通与对话,以及由此而激发的治愈过程和人格发展。

沙盘心理技术在中国的发展也经历了一个从缓慢起步到大步流星方兴未艾的过程。1965年日本临床心理学家和河合隼雄将沙盘游戏引入日本,与日本民间游戏 HAKONIWA 有异曲同工之妙,因而被译作"箱庭疗法"。1998年,张日昇教授将箱庭疗法介绍到中国。1997 年,申荷永教授的学生、山西大学范红霞教授发表了《关于沙盘游戏疗法的初步探讨》一文,正式将沙盘游戏介绍到中国。申荷永教授及其夫人高岚教授于 2004 年撰写了《沙盘游戏理论与实践》一书,国际沙盘游戏治疗学会奠基人之一、荣格派分析师布拉德韦尔称赞其是第一本由中国荣格心理分析学家和沙盘游戏治疗师撰写的关于沙盘游戏治疗的书。因此,沙盘游戏开始了中国本土化的历程。

在南申北张等几代中国学者的努力下,近 20 年沙盘心理技术在中国取得了辉煌的成就。首先,使更多的人知晓了沙盘心理技术;其次,培养了一大批从事沙盘心理技术研究和应用的专业队伍;再次,获得了可观的研究成果。全国范围内各个心理咨询和专业治疗团体都把沙盘心理技术作为不可或缺的理论和技能培训的内容,在理论研究、实践、应用的深度和广度以及国际影响等方面均在国家层面开始全面超过日本;最后,沙盘心理技术和沙盘设备已经普及至各个领域,如教育系统、司法系统、医疗系统、公安监管系统、社区、街道等纷纷引入沙盘游戏,使沙盘心理技术这门心理咨询技术在实践上获得了很大的发展。

二、沙盘心理技术的理论基础

沙盘心理技术以及沙盘游戏是一种以荣格心理学原理为基础,由多拉·卡尔夫发展创立的心理治疗方法。沙盘心理技术是目前国际上非常流行且实用的心理健康教育和身心治疗技术,来访者在沙盘心理治疗师为其营造的自由、安全和保护性的空间里,利用有治愈作用的沙子、沙具、水、沙盘等,以轻松舒展的心态全身心地投入与参与,在治疗师的关爱、陪伴、守护、耐心倾听和等待欣赏中,把内心深处无形的心灵内容进行富有创意的意象体现,以激发其内在的治愈能力,是一种对身心、生命能量的集中提炼。同时,沙盘心理技术也营造出沙盘游戏者心灵深处有意识和无意识间的持续性对话,达成心理健康教育或心理治疗的目的。由此治疗过程进而激发人格发展和心灵转化。它不仅仅是一种心理治疗的方法,而且也是一种心理教育的技术,可以在心理咨询与治疗、心理辅导与心理教育以及创造力、艺术培养等多层面发挥积极的作用。

沙盘心理技术的基本设置是依据儿童玩沙的天性，通过沙子的流动性、可塑性创造潜意识意境，整合和发展内心世界。沙盘的三个重要组成部分及蕴含的心理含义如下。

（一）沙

沙是地球上十分微小的物质，无处不在。古今中外都有利用沙土占卜、祭祀、驱邪避害的仪式性活动。

（二）沙具

儿童利用身边的玩具，如小石子、树枝、小卡车等构建自己想象的各种图形陈设。几乎每个人在成长的过程中都必然会经历这么一个恋物玩物的时期，它对孩子心理的发展具有不可忽视和无以替代的作用。

（三）沙箱

沙箱是一个有边界限定的容器，其大小、规格以及尺寸和颜色都有具体的限定。目前沙盘游戏中所使用的沙箱规格一般统一为内侧 57cm×72cm×7cm 的矩形沙箱，沙箱外侧涂有深色或本木色，内侧为蔚蓝色，目的是让制作者挖沙时会有挖出水的感觉。生命离不开水，水是生命之源，是流动的也是包容的。水是物质的，也是精神的，有聚合容纳之功效。

多拉·卡尔夫认为，他是在荣格分析心理学和中国传统文化这两大思想来源的基础上，有效地整合了威尔斯的地板游戏，尤其是洛温菲尔德的世界技法专业技术。这也就意味着对荣格分析心理学、中国传统文化和多拉·卡尔夫思想的了解，是理解与把握沙盘心理技术的关键。

首先，荣格分析心理学的要点在于其集体无意识、原型和意象的概念、情结和人格类型等理论词语。联想、梦的解析和积极想象的临床方法，以及心理分析、自性化过程都是沙盘心理技术重要的理论基础。

其次，多拉·卡尔夫在构建沙盘心理技术体系的时候，也在努力发挥中国传统文化对于心理分析的影响和作用，其中主要是易经和阴阳五行的思想，以及周敦颐所开创的新儒学和王阳明的心学理论和方法。其中，王阳明的心学理论和方法更符合结构式团体沙盘心理技术的理念、工作原则和工作程序。王阳明认为，心外无物，心外无理，心不仅是万事万物的最高主宰，也是最普遍的伦理道德原则。心是对世界的反映，心里有什么，就会感觉或看到什么。因此，每一个人要不断修炼自己，向内求，调动自己的良知，不假外求。若能向里求见，得自己心，即无时无处不是此道，自己内心变了，世界就变了，从而达到知行合一。

多拉·卡尔夫的整合性思想认为，在自由与保护的沙盘心理技术治疗过程中，来访者会表达前语言阶段的经历和受阻的心理能量，并且可以表达其原型和内心的世界，有助于来访者产生调和与整合心向，重新确立自我和自性的重要联系，重新获得体验自性的机会，发挥内在自性的作用，获得一种心理的整合性发展。这也是荣格所强调的心理分析的目的，即自性化过程及其发展。

三、沙盘心理技术的运用

以下是几位学生做的沙盘，一名小学三年级的女生因在班级里几乎不说话被班主任送来咨询室。沙盘中可见许多矛盾的呈现，如天使与恶魔、生灵与死神、生与死等（见图 4-2）。

图 4-2　一名小学三年级女生做的沙盘

一名小学四年级女生被班主任反馈上课总是开小差或者偷看小说。沙盘中呈现出许多天马行空的奇思妙想,可见其思维活跃、富有想象力,且内心世界丰富(见图 4-3)。

图 4-3　一名小学四年级女生做的沙盘

在实践运用中,结构式团体沙盘心理技术在小学生心理健康教育中的应用最为广泛。很多小学教师在学习结构式团体沙盘心理技术之后,将这一技术创造性地运用在自己的工作中,在常规的心理健康课的课堂上培养学生健全的人格方面收到了显著的成效。一直以来,学校的心理健康及相关的教育课程都为各级学校所关注,在接触结构式团体沙盘心理技术之前,教师们往往根据学生的年龄等特点,以内容讲授或团体辅导等形式完成心理健康课的教学任务。有了结构式团体沙盘技术以后,有条件的学校可以在一个教室里放置多个沙盘,教师们按照心理健康课的教学计划,每一个班级都以团体结构沙盘的形式进行,让学生们在沙盘中释放不良情绪,掌握正确的认知,学会从不同角度看问题。同时,加强同伴关系,增加彼此间的信任,从而提高学习兴趣,提高人际交往能力、抗压能力和创造力等。

案例 16——沙盘咨询一例

[家庭情况及个人成长史]

琳琳,女,八岁,就读于某外来务工人员子女小学二年级,有一个读初中一年级的哥哥。她因最近半个月缺乏安全感,并出现躯体反应而被班主任带来咨询室。

琳琳五官清秀,衣着简朴,家境普通,母亲无业在家照顾一家老小,父亲是电脑维修工。家庭关系相对和睦,父母在教育观念上能够协调一致,母亲严厉一些,和哥哥经常吵架。琳琳身体器官无病理性变化,但有遗尿的毛病,正在看中医调理。家族无精神病史,她性格乖巧,懂礼貌,有着超出实际年龄的懂事,情绪压抑,敏感不安,胆小怯懦,防备心较强,小时候看到陌生人来家里会害怕到不敢说话。

[来访者症状表现]

琳琳的父亲端午之后突然在异地离世,母亲在接到警方的报丧电话后崩溃大哭,她将琳琳交由表姑照看,就急忙赶往外地料理后事。母亲走得匆忙,之后因为后事繁杂一直没有腾出时间跟琳琳说话,忽略了她的情绪和感受。出殡当天,琳琳被表姑接到了外地,本来她希望母亲陪着睡,但由于母亲临时有事离开,交由表姑陪睡。她半夜醒来发现母亲不见了,当下心跳加速表现出害怕。琳琳对父亲的突然离世感到失落和困惑,近一个月以来,晚上害怕一个人睡,经常闹着要与母亲一起睡,这样才会感到安全。一周前,琳琳在自己房间睡觉。由于风吹动窗帘,她被声响吵醒;坐起看到黑暗中舞动的窗帘布,她再一次受惊并哭闹着要求与母亲一起睡。

两天前,琳琳害怕上学迟到,4点钟便醒来,被母亲安抚睡下,5点又再次醒来,直到抱着母亲才感到安全并沉沉睡去。她现在回家后必须马上关门,下课时间总是打电话询问母亲在做什么,确定她安全之后才心安,强烈害怕失去母亲。有一次,母亲外出办事忘记提前告诉琳琳,琳琳由于无法及时联系到母亲情绪崩溃,一直询问爷爷奶奶母亲的去向。此外,琳琳最近经常询问一些生死方面的问题,如人有灵魂吗?为什么生命只有一次?人去世后会去哪里?

琳琳平时课堂表现积极,上课经常主动举手回答问题,被班主任任命为班长。据班主任反映,这段时间发现琳琳上课时经常目光呆滞地看向窗外,有时会抱着肚子说不舒服,和同学在一起时也不像以前那样爱笑,学习成绩也略有下滑。琳琳自述非常爱父母亲,现在父亲走了,她很担心母亲也会像父亲那样突然离开自己。

[处理过程与方法]

• 诊断与评估

综合琳琳的情况,初步诊断为一般心理问题。

• 病因分析

通过收集资料发现,琳琳出现以上情绪和行为的原因如下:第一,天生胆小,从小面对陌生人的态度可见一斑。第二,家教严格,因此表现得很乖巧,甚至超出同年龄孩子的表现,遇到不顺心的事情会压抑自己的情绪,一个人生闷气。第三,琳琳是一个相当敏感的孩子,她无法相信不久前还在陪自己做游戏的父亲就这样突然离世,而且听大人们在讨论父亲的去世和酒店的管理不当有关,准备诉诸法律。这些话题令她感到恐惧,一方面她难以接受父亲去世的事实,另一方面她认为家里摊上了大事,有可能要闹上法院。第四,母亲忙于料理父亲的后事,忽略了琳琳的感受。第五,琳琳从小未曾接受过死亡教育,对父亲的突然离世尚未做好准备也无法接纳。同时,母亲没有与琳琳正面谈论死亡的话题,没有指导孩子如何面对死亡,这些让琳琳有些不知所措。这些情绪压抑到一定程度,就通过晚上不敢一个人睡、反复打电话确认母亲安全等行为表现出来,影响了正常的生活和学习。

• 咨询理论依据

沙盘游戏疗法是指在治疗者的陪伴下,来访者在盛有细沙的沙盘中摆放从沙盘游戏模型架上选取的玩具模型,自由地创作一组沙盘作品,经过来访者自述自己的体会与治疗者对其沙盘作品简单分析,以达到心理治疗目的的一种心理学疗法。该疗法主要应用于儿童心理咨询,比如遭受虐待、受到忽视、恐惧、抑郁与焦虑等的儿童。

该疗法的核心理论之一为自性理论,其最终目标是实现人格的完善与发展。沙盘游戏疗法的前提假设是相信每个人都有自我治愈创伤的倾向和能力。沙盘游戏既可以反映出来访者自身所存在的困惑与问题,也可以起到表现内心与释放情绪的效果,同时蕴含了解决问题的方法与途径,这样就在来访者的意识与无意识间架起了桥梁。因此,沙盘游戏疗法的目标是通过沙盘的制作,使无意识内容展现出来,即无意识内容意识化。这样,来访者可以体验其内心的冲突和矛盾,释放被压抑的心理能量,从而达到解决心理困惑、促进人格健康发展的效果。

沙盘游戏疗法要求咨询师为来访者建立一个自由而受保护的空间,让来访者产生安全感,同时强调咨询师扮演一个静默者的角色,尽量使治疗过程处于潜意识水平,以保证治疗的最佳水平。

• 咨询目标的确立

在收集资料和初步诊断之后,咨询师与琳琳建立了较好的咨访关系,可以为其提供自由而受保护的空间。因此,根据沙盘游戏疗法的原理与适用范围,选择采用沙盘游戏疗法。

• 咨询过程

诊断阶段　第1~2次咨询

第1次来到咨询室,琳琳是在班主任老师的带领下过来的。她戴着口罩,斯文乖巧、害羞拘谨。为了让她放松且愿意开口和咨询师交流,咨询师首先介绍自己,然后问她正在上什么课。接着从挂在她胸口的吊坠入手,聊这颗吊坠的由来。她告诉咨询师这是父亲送给她的,能斩妖除魔保佑平安,接着脸色一沉,似乎有话想说。得知吊坠的来历与父亲有关,咨询师接着鼓励琳琳多说一点近期发生的事情,琳琳深呼吸一口气,沉默片刻后讲出父亲过劳死的经过。琳琳在提到父亲时,还会静静地落泪。

当天晚上,琳琳的母亲打电话讲述琳琳在家里的情况,结合初次访谈和班主任反映的情况,咨询师对琳琳的基本资料收集完成。琳琳虽然善于言辞,但由于内心的情感过分压抑难以直接言说,并且低年段孩子对游戏很钟爱,在征得琳琳同意后,选择使用沙盘游戏进行咨询。

第2次咨询,琳琳自己来到咨询室,咨询师先简单介绍了沙盘游戏疗法,让琳琳用手轻轻触摸沙子,并告知可以从沙架上取下喜欢的沙件摆放在沙盘上的任意一个位置。琳琳用手感受着细软的沙子,并轻轻拨开沙子,发现最底部是蓝色的,她高兴地说:"太神奇了!蓝天竟然藏在沙子底下!"

琳琳首先选择抱着孩子的父母,接着选择绿色顶盖的小房子,围上栅栏种上树,说这是爸妈抱着哥哥回家。接着在门口放上一条青蛇,这是前两年被小姨打死的一条蛇。之后在右上角摆上一个正在听课的小女孩儿,接着小男孩儿也来了,老师在台上讲课,不远处小妹妹抱着一摞书走进课堂。然后一匹矫健的黑马也被放进了中间偏左上角的位置。最后摆放上去的是一个躺在病床上输液的病人,还有两位医护人员和一个警察,他们围在病人的床边。

此后,琳琳盯着摆放好的沙盘入神地看着,咨询师轻轻问她还有没有需要添加或者挪动的,她想了想又在绿色小屋后面加了一间褐色斜屋顶的小屋,然后用红色栅栏隔开。

琳琳为第一个沙盘作品取名为"回不去的家"(见图 4-4),此为受伤主题中的家庭形式。琳琳解释,父亲和母亲抱着哥哥回家,那时她还没出生。老师在给她和哥哥上课,班级里一个小朋友把作业抱过来。这匹马很漂亮,琳琳从小就想骑马,但从来没体验过。父亲在酒店出事的时候医生和警察都在现场,最后是警察叔叔打电话给正坐车准备出席亲戚生日宴的母亲,母亲当场震惊得说不出话来,赶紧把她托给姑姑就赶去处理后事。琳琳说到这里有些沮丧,眼眶泛红,随即又走到沙架前找来了咖色屋顶的房子放在绿色房屋的后面,说是用来守护绿色小屋。

图 4-4　第 2 次咨询所做的沙盘"回不去的家"

此次咨询结束后,咨询师并未着急收拾沙盘,而是打电话给琳琳的母亲,表达哀悼的同时交流琳琳的近况,并给予适当的指点。在之后的一周中,琳琳的母亲在咨询师的建议下,再忙再累也尽量在一天当中的同一时间给琳琳打电话。姑姑也在咨询师的建议下更多陪伴孩子,除了准备可口的饭菜还多了肢体接触等。

咨询阶段 第3~5次咨询

第3次咨询琳琳迟到了,并迟迟无法进入状态,不想做沙盘游戏,她想回家,但又不敢直接表达,表情沉闷。询问得知她最近的一次考试中语文成绩下降,班主任并未说什么,但她自己相当自责。咨询师给予她一定支持与鼓励,她的表情变得轻松,突然看到上周摆放的沙盘还在,非常开心。咨询师启发她可以对上周的沙盘进行调整,她思考了片刻端来一个鸟巢放在右下角,嘴里念叨着:"这是父亲母亲,咨询师和哥哥还在蛋里没出生。"接着拿来长颈鹿放在沙盘中间偏上的位置,之后又发现两只小长颈鹿,于是把黄色的长颈鹿放在大长颈鹿的肚子底下,另一只蓝色的小长颈鹿放在大长颈鹿对面。看咨询师面露疑惑,她解释说:"长颈鹿妹妹被长颈鹿哥哥欺负的时候就躲到母亲的肚子下面,这样哥哥就拿妹妹没办法啦!"这时她看到旁边病床上的父亲,于是去沙架上取来蓝色屋顶的医院,正对着父亲的病床。最后她端来一个小盘子,上面摆着一只煮熟的龙虾,她把代表自己的小女孩儿放在盘子边,说自己最爱吃龙虾了。沙盘完成后,她给本次作品命名为"爸爸妈妈回家去"(见图4-5)。

图4-5 第3次咨询所做的沙盘"爸爸妈妈回家去"

本次沙盘主题有了一些转化的迹象,父亲得到了及时救治没有去世,虽然哥哥还是喜欢欺负琳琳,但是琳琳有母亲保护不再害怕。小鸟们筑巢产下宝宝,即将迎来一双儿女。家里恢复以往的生机,父亲买来了琳琳最爱吃的龙虾。

本次主题依旧是家园,仍然有创伤和冲突,这也是琳琳潜意识的呈现,印证了她迟到、表情沉闷、无法进入状态和想回家获取安全感的一系列表现。

本次咨询结束后,从琳琳母亲处得知:"琳琳这次考试成绩不理想,我很生气,责骂了孩子几句。"咨询师给琳琳母亲提建议,让她尽量不责骂孩子,避免创伤加深。此外,关注自己的情绪并进行自我调节,后事处理过后几天人会由应激状态转为悲伤状态,如果实在不堪重负可以跟孩子表达,例如:"母亲忍不住骂了你,不是因为你做错事,而是母亲真的很难过……但母亲相信会慢慢好起来的!"一二年级学生的主要学习目标是学习习惯和行为习惯的养成,成绩略微下滑是可以接受的。当成绩下滑时,适当惩罚是可以的,但是要建立在"母亲一直会爱你"的基础上,让孩子心存安全感。

第4次咨询,此次琳琳很准时,表情很轻松。据她反映,在体育课学习了立定跳远。琳琳的沙盘并非静止不动,而是时刻变化的。她清空了上次的沙盘,要求另外做一个。先在右上角摆放病床上的父亲,而后在床后摆上综合医院的大楼。之后在医院的左侧摆上公安局,再是右手边的人民法院。沉默片刻,她在公安局的左侧摆上百货商店,一个插着粉色天使翅膀的美丽小女孩儿就站在百货商店的左侧。最后,她站着思考了片刻,又在前面一排建筑物和人物前面放上一个抱着女孩儿的母亲。

父亲在接受医院治疗后还是去世了,但是父亲意外离世的案子被移送至法院审理,如果能打赢官司,母亲就能得到一笔赔偿金。"那样母亲就会开心一些!"琳琳说,"拿到了赔偿金家里就有条件给我买漂亮的衣裙,我也想跟小姐姐一样漂亮!只要我漂漂亮亮的,母亲就会抱我爱我!"(见图4-6)

本次咨询结束后,从琳琳母亲处得知琳琳某天听到家里的大人们在讨论父亲去世的事要诉诸法院解决,之后母亲邀请琳琳坐在一旁听家人讨论,但内心其实没有把握这样做是否妥当,担心给孩子幼小的心灵带来伤害。咨询师表示赞成这样的做法,孩子虽然年幼,但她能感受到家里的变化并想知道究竟发生了什么。因此,让孩子适度参与家庭会议,是增强透明度进而增进信任感的做法,也能起到家庭和平商讨事务的积极示范作用,同时在安全的氛围内谈论死亡话题也能有效降低对死亡的恐惧。

图 4-6　第 4 次咨询所做的沙盘"美美的我"

第 5 次咨询,此次琳琳来到咨询室很高兴,因为体育课上她的立定跳远全班第一。她很希望通过体育运动能使身体早点好起来,同时尿床的毛病也能痊愈。

琳琳先去沙架上拿来鸟巢放在正中央,鸟巢后面分别摆上绿顶小屋和石敢当石块,然后取来一个长条智慧老人石柱摆在右上角。接着是在左下角摆上读书的小女孩儿、拎着书包的小女孩儿、抱着书的小女孩儿和讲课的老师,和第一次沙盘时的人物一样,位置也几乎一致。接着,右下角摆上了一个穿粉色连衣裙、披着长发的女性,旁边有间小屋。最后在女性身边放上了上次使用过的龙虾和圆盘(见图 4-7)。

琳琳说石敢当是她在电视剧里看到的守护神,能驱邪除恶,把它放在家旁边能起到守护家园的作用,这样父亲母亲就能安心地在巢内孵化宝宝了。父亲去世后去找太爷爷和太奶奶了(老人石柱)。我又能安心回到课堂上学习了,这个抱着书的小女孩儿就是我,我是班长,要为班上同学服务。母亲准备开店,她正站在店门口揽生意,有了钱母亲可以给我买龙虾吃。

结束阶段　第 6 次咨询

琳琳此次不打算使用沙盘。她将脖子上的吊坠项链取下来放在桌上,她说这条项链是父亲送给她的,每当她思念父亲的时候就会取出来握在手上。

图 4-7　第 5 次咨询所做沙盘"重新开始"

她问道:"孙老师,你说父亲见到太爷爷太奶奶之后会做什么呢?""他们会一起呵护你的,只是你看不到他们,但是你依旧能够感受到他们对你的爱。比如父亲可能钻进了这颗宝石里,到处跟着你,保佑你的平安。"咨询师回答道。琳琳高兴地说:"是的,父亲一直都在我身边,在全家人身边,我再也不用害怕了!"

[辅导效果与反思]

据班主任反映,琳琳最近上课注意力有所提升,下课后与伙伴一同玩耍。其母亲反映,最近询问母亲安全的电话次数有所下降,晚上逐步能够适应一个人睡觉,对于生死问题的提问也渐渐减少,学习热情在提升,能够履行班长的职责。咨询师观察到的琳琳哀伤情绪在慢慢消退,逐步恢复生活信心。

在本案例咨询过程中,咨询师努力与琳琳建立良好的咨访关系,积极为琳琳提供一个宽松自在而安全的空间,全身心地陪伴琳琳成长。同时,咨询师还注重采用家庭治疗的理念,用系统的观点来指导琳琳的母亲与亲属参与其中,获得他们的支持,促成琳琳在家庭系统内与家人达成互动模式的调整与改变,并逐渐适应进而达到平衡与转化。

[分析与讨论]

从处理哀伤的过程而言,目前国内研究涉及小学生哀伤辅导的主要以灾后儿童哀伤个案辅导为主,对于重要养育者亡故的小学生哀伤辅导的相关实践研究还比较少。当孩子面对重要养育者意外身亡等危机事件时,家长和教师也存在很多困惑,不知该如何帮助孩子应对。这使得遭遇哀伤的孩子无法及时得到来自家庭、学校以及社会等方面的心理支持和帮助。因此,有必要结合小学生的认识发展水平探索其哀伤特点,进行必要的一对一心理辅导,并及时将小学生的状态与注意事项反馈给家长与教师,做到重点关注与帮扶。

从生命教育而言,面临丧亲的儿童所要面对的心理危机也可能成为其生命教育的契机。研究发现在学龄儿童面对死亡的哀伤反应中,内疚感、躯体化症状以及恐怖、悲伤等情绪表现与成人几乎一致。刘洋等认为儿童的哀伤及其对死亡的了解与反应跟他们的认知能力有关,因此受到认知发展水平所限的儿童会出现哀伤的泛化现象,如害怕家人也出现意外等。咨询师须根据儿童所处的发展时期,对不同的需求进行处理,以避免儿童将强烈情绪转移到日常活动中。

从学校心理健康教育而言,当个体经历学校同伴意外死亡事件时,教师必须协助学生面对哀伤,不能视为一般正常的事而让学生独自面对。可以设计有针对性和实效性的班级团体哀伤辅导方案,以班级为单位在专业教师的带领下为当事人提供朋辈支持,一方面增强个体归属感,使当事人能尽快摆脱消极的心理影响,早日恢复正常的学习生活;另一方面专业的带领者通过观察哀伤成员在群体中的表现,评估其情绪、认知、行为和社会功能受损程度,可以进一步在个体辅导中有的放矢。

第四节　校园心理剧

一、何为心理剧

心理剧是美国心理治疗专家莫雷诺所创,他通过独特的戏剧形式让参与者扮演某个角色,以某种心理冲突情境性的自发性表演为主,将心理冲突和情绪困扰逐渐呈现在舞台上以表达自我,消除内心的压力和自卑感,诱导出当事人的自觉性,增强其适应环境和克服危机的能力,促进自我成长。心理剧集戏剧、小品和心理问题于一体,帮助当事人解决自己的心理问题的同时也使其他人获得心理修复和改善。

经过几十年的发展,当前心理剧已成为西方最负盛名的团体心理治疗技术之一,是为心理治疗、个体发展等多种目标而设计的咨询技术,也是格式塔疗法和团体心理咨询的前身。心理剧诞生 60 多年已经演绎出艺术治疗心理剧、音乐治疗心理剧等十多个流派,在心理治疗、人力资源管理、家庭治疗、教育等方面得到越来越广泛的运用。具体而言,心理剧的主要特点有以下几点。

第一,强调以行动来体验生命,而非谈论问题。心理剧帮助人们在演出时充分地体验生命。莫雷诺始终相信,唯有行动才能帮助个体将不曾觉察的事物唤醒,成长的经验让我们害怕与真实的感受对话。深陷成长问题困扰的人们就是因为无法接近感受自己的生命,显得死板僵化,缺少弹性。在心理剧的演出过程中,个人的肢体和心理会逐渐开放,恢复生命原本应有的自发性与创造力。经过这样的体验,个体更容易触摸自己真实的感受,并将其以整合的方式表现出来。

第二,强调音乐、美术等多种元素与心理咨询技术的结合。心理剧将音乐、美术、灯光等多种元素整合起来,莫雷诺不相信语言可以走入心灵大道,然而音乐、雕刻、绘画、哑剧等艺术形式有着言语不能及的跨文化沟通功能。例如,在舞台设计阶段,导演可以尝试使用像警钟一般严肃的音乐打造氛围,演出过程中也可以让主角敲击地面,以发泄情绪或释放压力,这些呈现方式可以唤回主角在事件发生时的真实体验,使主角产生强烈的感受。此外,导演也可以运用不同的灯光颜色来辅助主角表达情感,如红色可以协助愤怒的表达,蓝色可以用来烘托梦境,绿色可以代表一个花园或森林;在亲密关系的时刻可以将灯光调暗,说明心理剧的肢体语言、声音等非语言信息是一般以口语为主的心理咨询方式所不具备的。

第三,强调心理剧内容的自发性与原创力。自发性与创造力是心理剧的核心。莫雷诺认为,人类文化之后带来的问题是自发与创造力被压抑,使人面对问题时创造不出适当的反应。他说自发性是在当下现实发生的,是个人对一个新的情境做出的适当反应,或是对一个旧的情形做出新的反应。自发性是一种能量,也是创造活动的催化剂,只有自发性非常高时,创造力才会出现。

心理剧的一些方法能催化个人恢复天生的自发与创作力，以自发性的方式创造性地对旧有的文化遗产做出新的反应，使个人更具弹性。

第四，强调互动的关系。莫雷诺等人认为，人是生命舞台上的即兴演员，角色的变化、创作的扩大和深入都是一种过程，这种过程只能在我们与别人的互动中产生。心理剧所重视的正是这种互动的过程，而不仅仅是内在角色的扮演。个人互动的模式是由家族文化传承而来，个体自我是经由幼年角色学习而来，因此个人的不适行为来自早年角色学习的偏差。心理剧治疗提供一种使人回到原来重要场景，修补个人与他人重要关系的方法。莫雷诺认为，团体中的每位成员互为彼此的治疗媒介，只要主角能够被团体中的一位曾经拥有相同故事，但却没有因此被束缚的成员所了解，并在情绪、语言及肢体上被接纳，这样的互动过程本身就是一种治愈的体验。

第五，心理剧适用于心智失常的儿童、青少年、老人，也可用于弱智者、精神病患者和罪犯。有些心理学家或社会工作者也常安排一些带有强烈的感情色彩或含有人格问题的剧情，以解释患者内心世界的秘密。这种办法特别适用于离婚者、吸毒者、轻生者以及违法者。

二、心理剧的基本要素与演出过程

（一）心理剧的基本要素

心理剧包括六个基本要素：导演、主角、舞台、替身、辅角和观众。

1. 导演

导演是能够引导心理剧推进的、经过专业受训的治疗师或团体的领导者。在北美以及欧洲国家，进入训练心理剧的中心也有一定的训练制度，学员必须一一完成各个阶段的考试，方能得到美国心理学会所颁发的心理剧导演证书。导演在心理剧中并非一般演电影或戏剧的导演，心理剧导演的主要职责是协助主角处理他的问题，创造主角想要的情境，而非依据导演的意愿去创作。因此，导演必须拥有咨询师所需要具备的同理心、耐心、坦诚和热情等特质，同时，也需要勇气、好奇心、创造力、想象力和胆识，从而自如地运用心理学的技巧引导主角，将主角的问题以戏剧的形式流畅地表现出来，使主角能在安全的氛围中检视自身障碍，进而激发力量去重新思考问题，找到解决问题的办法。

2.主角

主角就是心理剧中主要演出的人,也就是团体演出期间在舞台上进行主要工作的人。从心理辅导角度来说,主角就是被辅导对象。主角一词来自希腊文,意指第一个进入演出的人或最挣扎的人。莫雷诺指出,主角被要求在舞台上扮演他自己,雕塑出他自己私人的世界,他要做他自己,而不是一个戏剧中的演员,因为演员通常被要求放弃自我进入剧本,所以心理剧的情节由主角来定,自发地、创造性地探索各种可能性。莫雷诺认为自发性是在此时此刻中运作的,所以主角演出的主体部分就是跟团体当时的情景有关,进而展现出他心中的世界,这时心理剧的人物就存在于主角的心中。主角的产生通常有四种形式:由导演选择、由团体推选、团体成员自愿和事先计划。无论以哪种形式产生,进入角色的人都不能被强迫,而且需要感受到的是由自己在控制或决定剧情,是在进行自己的工作,并且被倾听和感受到尊重。

3.舞台

莫雷诺有句名言——有舞台就够了。在心理剧中,一个舞台可以将过去、未来与现实的感受融合在一起,可以让主角如幻似真,自由地遨游在他所创造的天地之中。心理剧的舞台并非像一般的剧场那样讲究,但是为了让成员有演剧的冲动与现场感,还是需要区隔舞台空间与观众空间。如此,当导演带领主角踏入舞台空间的刹那,主角将立刻感受到自己即将踏入自己的心灵世界,这是颇有暗示作用的。新心理剧的舞台布置与场景亦非靠主角去搭建,当然这需要视情形而定,或由导演准备一些道具供主角使用。这些道具基本上只是象征性的,通常是几张不同尺寸和颜色的桌椅,然而如此简易的舞台却为演员发挥丰富的想象力提供了空间,好似进行着某种仪式的场所。

4.替身

每个人皆有内在的感受,皆有一个内在小孩,当一个人孤独无助、无人可诉时怎么办?可能就是与自己对话。以下节选一段莫雷诺提出的主角创造了一个替身的说法:"在心理剧舞台上,你会看到什么?譬如,你可能看到一个有心理问题的人,这个人的心理问题严重到连沟通都极为困难,护士无法与她说话,医生也无法与她沟通。于是,你可以采取以下方式——导演心理剧。你和她说,你可能与你的父母、兄弟姐妹皆无联络,你也和你的丈夫或任何人都失去联络。但是,假设你可以只和你自己说话,假设你可以和一位最亲近你、最了解你的人说话。假设我们能为你创造一个你的替身,然后你就拥有一位你可以向她说话的人,你可以与她一块儿行动,因为你们属于彼此。"

5.辅角

辅角有广义与狭义两种解释。广义而言,所有团体成员除了主角与替身以外,皆是辅角,包括由主角选出的所有角色与在旁观看的成员。狭义而言,则仅指出来参加演出的成员。辅角可能是每次心理剧中皆需要的角色,其功用是烘托主角的现实感,让主角能与当事人再度对话。由于辅角是由主角在团体成员中挑选的主角意识,用其角度诠释其特征或行为,担任辅角的成员必须用专注认真的态度去配合当时的情境,甚至激发主角内心对此情境的挣扎与矛盾。有时这一决策可能过于复杂或艰难,被挑选出来的成员可以拒绝出演该角色,或者导演可以用布偶或其他方式表现。无论如何,辅角的演出是遵循主角的感受与意见,使主角能在他所创造的情景中去澄清他的问题或思绪。

6.观众

所谓心理剧的观众,则是指所有参加的成员,这些成员同在一出心理剧中,未担任任何角色就成为观众。观众通常在心理剧进行时默默地注视眼前的演出,但是在心理剧完成后,这些人可以与主角分享他们的感想或与主角对话,如此可以帮助主角了解他并不孤单,也使主角能从自我的情境中跳出,重新走回现实。观众对主角的支持与同理,是支持主角重生的一股意识力量,使主角获得反思整个情境的能力。

(二)心理剧演出的过程

心理剧主要包括暖身、演出、分享或讨论三个阶段。

暖身是团体辅导中常用的一项技术,而在心理剧中暖身有着非常重要和特别的意义,是心理剧中必不可少的一个重要阶段。这一阶段的主要目的是使参与者为体验做好准备,像是在编制一个安全的摇篮,创设出安全、开放、接纳和自由的心理氛围,使每个参与者建立对导演团体和心理剧的信任感。

暖身的特别意义还在于和自发性连接在一起。莫雷诺认为,暖身是人成长的一个重要因素,或者说暖身本身就是一种自发性行为。他说出生的那一刻是暖身达到最高点的时候,暖身是新生儿降生来到新世界的一种自发性行为,即自发性的基本表现就是婴儿对新环境的适应。在心理学中,暖身是催化每个参与者投入与完成生命任务的能力,产生自发性的必备条件,是一个过程,而不是一种技术。

演出是指暖身后导演及被选出来的主角更进一步地将问题从表面带入核心。导演利用团体的成员作为辅角来展现出这个剧中的重要人物。其他团体成员除非是担任角色，否则不能坐在舞台上。剧一旦开始，舞台就像是在进行着某种仪式的地方，该发生在那里的事就只能放在那个地方。界限在演出过程中很重要，除非被选为配角，否则不能进入舞台，没有在空间和系统上设置界限的心理剧容易失败。

分享或讨论，这是一个让团体可以宣泄并且整合的时间，也是一个回来的过程，而不是反馈的过程。不鼓励分析，但鼓励认同。每个人都能发现自己跟主角哪里像哪里不像，使团体的成员宣泄自己的情绪或得到一些反省经验。更进一步的功能是冷静下来，使成员找到重新记录其个人现实世界的方法，所以这个阶段功能的达成预示着整个心理剧辅导过程的完成。

三、心理剧在小学生心理辅导中的应用

校园心理剧是基于心理剧的理论，通过学生扮演当事人或由当事人自己借助舞台来呈现他们各种典型的心理问题，在心理辅导老师和全体参与演出者以及观众的帮助下，学会如何应对，正确处理心理问题，从而使全体受到教育启发的一种团体心理辅导治疗方法。校园心理剧就是把学生在实际生活、学习、交往中的冲突、烦恼、困惑等事件，以小品表演、情景对话等方式编成小剧本，然后按照剧本进行演出。表演者不完全是会表演的学生，根据剧情发展和观众表现，还可以随时邀请作为观众的学生上台来表演剧中的某一角色，使他们有更深刻的心理体验。因此，校园心理剧不是单纯的背台词，它是一个变化的过程，是一个分享的过程，也是当事人和观众共同成长的过程。

校园心理剧是一种团体心理辅导方式，在这个过程中，小学生也可以通过演戏的方式来表达自己，释放内心隐藏的矛盾与冲突。剧中融入心理学的知识以及教育技巧，让学生表演那些发生在他们身边的甚至是亲身经历的事情，从中体验心理变化的过程，感悟其中的道理。

校园心理剧的内容通常选择学生自身存在且渴望得到解决的问题，因此小学心理剧的主题一般都是由老师和学生一起确定的。由于孩子的语言具有连贯、生动、多样化等特点，所以老师通常会和孩子们一起编写校园心理剧，通过演绎校园生活中的人和事来减轻学生的心理压力，解决心理问题。作为戏

剧的形式之一,校园心理剧的结构与创作要根据心理剧的要素、过程特点,结合校园实际生活进行。

(一)校园心理剧的构成要素

人物的生活方式、行为习惯、内心矛盾与冲突,正是心理剧研究、探讨和解决的主要问题。心理剧的结构、情节、情景、主题等也必须围绕人物来进行。校园心理剧涉及如下几种角色。

一是组织者。作为心理剧的策划者、组织者,把握和控制心理剧的进行,在需要时进行点拨,在暖身阶段对群体进行行为评估,并进行角色分配和组织热身,在演出阶段,描述探索问题,维持演出的过程和进行解释,在分享阶段组织分享各自的体验和感受。

二是当事人。主要指有心理困惑并急需解决这些困惑的学生。他们在表演过程中提出问题并获得指导和帮助,或者通过他人的表演演绎问题,领悟问题的原因,思考解决问题的方法。

三是参演者。饰演当事人生活中重要的关系人或角色,以其所饰演人物的口吻和行为方式同当事人交往,并坦诚地说出自己的想法。

四是观众。心理剧的观众不仅欣赏心理剧演出,更重要的是体验心理剧的感受,通过观看演出对当事人提供支持,或领悟心理问题产生的实质,提高心理健康水平。

五是其他参与者。包括撰写人、提示人、服务、场记、舞台监督等。

(二)活动场所

活动场所是人物活动的地点和事件发生发展的空间,主要是舞台。观众席,包括灯光的明暗设置、道具摆放、背景音乐等。

(三)内容

心理剧不塑造典型人物,而是围绕问题展开,通过问题展现心理发展历程和对问题的感受,探寻事件对个体心理发展造成的影响,并且通过对心理问题的陈述、辨别和澄清来明确问题或调整心态。老师利用丰富的知识经验对表象进行分析,挖掘隐藏在背后的深层问题和异议,把零星的片段连接,找到造成心理问题的深层原因,通过表演直观形象的显现,有助于当事人了解问题的真相和实质,更好地体验和领悟,其中包括事件和人物关系。

第一,事件。事件是引起当事人内心冲突的导火线和造成心理问题的原因,是在其真实的生活中发生的,会对其造成重要影响。心理剧围绕事件展开,通过对事件的演绎,对其进行重新思考和领悟,达到认知改变和行为矫正的目的。

第二,人物关系。人物关系是人在社会生活中通过交往所形成的人际关系,是个人生活甚至生命中的一部分,对个人的成长发展起着极其重要的作用,从各个方面影响着人的心理。通过角色扮演的方式,展现造成心理问题的各种关系,使当事人通过观察或领悟来调整自己的行为,从而为自己在现实生活中恰当地处理各种人物关系奠定基础。

（四）校园心理剧结构的组成部分

校园心理剧是为了探索和解决心理问题,以问题为主线展开剧情情节,其结构包括提出问题、分析问题、解决问题、分享感受四部分。

1.提出问题

包括交代故事发生的时间、地点、背景、时代特点等,交代人物之间的关系,引出全剧的主要矛盾和问题。开端的形式包括说明和旁白,引出情节,即通过演员一连串的动作来暗示时间、地点和事件的起因。

2.分析问题

问题提出以后就要分析造成这些问题的原因和各个事件的影响程度及相互关系,通过对造成心理问题的相关事件和人物关系的精心演绎,使问题层层展开不断深化,从而探讨这些问题对个人心理的影响程度,以及他人如何看待这些问题。人物的内心感受不能仅仅通过表白来说明和解释,而要以角色扮演的方式,以第一人称通过相应动作表现人物对某一具体事件的情绪反应和内心体验,真实地再现当时具体的情境,从而使当事人有所领悟和感受。角色扮演提供了在假设不用负责的情况下尝试应付问题,以发现问题所在,从而有助于学习及练习应付问题的技巧。通过对这些问题的演绎使演员和观众受到启发和领悟,这部分情节讲究曲折有致,起伏跌宕。

3.解决问题

心理和行为问题的改变不是通过一两次角色扮演就能实现的,这是一个持续过程,需要当事人在领悟的基础上,通过日常生活的训练来完成。解决问题是指当事人的症状有所减轻或有所领悟,找到了问题的原因和解决问题的方法。心理剧的结局要有深意,能够引起观众的回味与反思,要通过内心冲突与斗争,使观众有所体验和领悟,改变一些不恰当的行为。结局可以通过老师的解释来完成,也可以通过旁白来进行。

4.分享感受

老师可以在扮演结束后,把大家组织起来,相互交流角色扮演的感受和领悟,使当事人从不同角度看待问题,了解别人的反应和感受,学会换位思考,改变不正确的认知,同时使团体气氛更融洽,使当事人获得安全感和归属感,获得团体的支持和帮助,从而消除无助感,增强信心和勇气。

(五)心理剧常用技术

1.角色互换

角色互换是心理剧导演过程中最常用的技术。莫雷诺强调心理剧发展中的重要人物角色互换,鼓励最大限度地表达冲突情境下的心理状态。剧中的角色扮演十分复杂,进行过程中主角、配角和导演都可能产生疑惑,这时有的可能太过投入,陷入角色之中而失去反省力,有的可能远离所扮演的角色而过于退缩,有的可能将一个角色误认为另一个角色等。角色互换可以使太过投入甚至完全认同角色的主角与原来角色保持距离,成为原来角色的观察者;使过于退缩而远离角色或太像一个观察者的人,可以改为扮演对自己不具威胁性的角色,从而变得更像一个演员;混淆角色关系的人可以借助角色的变化,厘清不同角色的差异。总之,角色互换使得一出剧中蕴藏着的各种冲突、信念充分地显现出来。

2.独白

独白是指主角直接对观众说话,表达一些未能觉察的感受和思想。在心理剧表演中,角色会被导演要求表达当时的感受,独白让角色有机会获得他自己或他人正在思考和体验但却未能直接表达的感受,主角也可能被要求在扮演自己之后自言自语。这种做法可以使他总结概括自己的思想,表达自己的情感,更准确地检验情感。

3.替身

一个角色站在主角的身后,与主角同台表演或替主角说话,这个配角即是替身。替身可以模仿主角的内心、思想和感受,并时常表达出潜意识的内容。替身帮助主角觉察到内部心理过程,引导他表达内部语言、思想和感受。替身辅助主角,并充当导演与主角之间的联络人。替身可以发挥整合作用,加强主角与配角的相互影响。

4.多重角色的自我

也称多重替身,当主角有多重矛盾的感受时,多重替身技术可以被有效地运用,多重替身可以参与到心理剧中,展现主角的多面性,表现主角的内部状态、渴望、优点和缺点等。

5.空椅子技术

空椅子技术是将一张空椅子放在舞台中间,让每位成员将其想象成为一位他想诉说的对象而展开对话。从这个角度来说,空椅子也是一个配角。空椅子技术也可以在预热阶段使用。通过每位参与者与空椅子的对话,可以选择一位有强烈情绪困扰,而其问题又具有普遍性的人做主角,治疗者可以与其共同商定演出题材。

6.角色扮演

角色扮演是一种综合性、创造性的互动活动。人们通过角色扮演活动,可以分享和感知经验与心得。角色扮演的目的在于运用戏剧表演的方法,使人发现问题,了解问题的症结所在,进而更好地调整心理状态,解决心理问题。在角色扮演中,人们能亲身体验和实践他人的角色,从而能够更好地理解他人的处境,体验他人在不同情况下的内心情感,同时反映出个体深藏于内心的情感。

7.镜观

镜观技术是指让配角通过模仿主角的手势、姿态、表演中的语言来反映主角的状态。在配角的模仿过程中,主角观察由他人反映出来的自己的行为,像别人一样来看待自己。这个过程有助于主角形成更加准确客观的自我形象。

8.雕塑技术

雕塑技术是从社会测量诊断技巧中发展出来的,通常是让主角将他与家庭成员的关系以雕塑的方法表现出来。例如,某成员可能将自己放在父母中间,然后将其他成员排在他的后面或背向父母等,而这些成员彼此之间的距离皆不同,或许他的姐姐与家人之间的距离最远。每个成员的姿势由主角设计安排,一切完成后即可让主角陈述整个雕塑的意义以及对每位成员的感受或与成员们对话。

9.未来投射

未来投射是指在舞台上将主角期待的自己将来的可能性表演出来,表演可由主角自己进行,也可由配角进行。这是一种把主角对未来的期待戏剧性地现实化的技术。主角或者有身临其境的经验和感受,或者仿佛看到自己期待的未来的一个镜像。这种技术通常用在主角对未来有某种担忧、焦虑或恐惧而影响到当前生活的时候。当可能性被现实地体验到之后,主角可能会发现原来对未来的担心、焦虑或恐惧并没有想象中的那么可怕。

10.其他

其他心理剧的技术还有中断行为重演、角色训练、超现实场景、魔术商店技术等。

 案例 17——心理剧在咨询中的运用实例

[来访者背景资料]

小丁,男,七岁,读一年级,小丁的父亲母亲因为工作关系,只能周末团聚。小丁读幼儿园时跟在父亲身边,与父亲相处不错。小丁读小学后跟在母亲身边,父亲一周回来两次,小丁很依赖母亲。

[来访者症状表现]

来访者近来跟母亲相处得很不好,经常与母亲顶嘴,脾气暴躁,母亲说句他不爱听的话,他就扔铅笔、踢椅子等。在学校表现还不错,但经常与女生有冲突,小丁反映经常有女生欺负他。

[案例分析]

• 评估与诊断

综合小丁的情况,初步诊断为亲子关系引发的情绪及人际关系问题。小丁读幼儿园期间主要跟父亲相处,上小学以后主要跟母亲相处,对于一个刚上一年级的孩子来说,在学校要适应新的环境,回到家里又要学习和母亲相处,而在家中与母亲关系不良将直接影响他在学校与其他同学的相处。

• 原因分析

亲子关系在法律上而言,即父母与亲生子女之间存在的权利与义务的关系。父母与孩子属于直系血亲,在血缘上是最亲近的关系,是家庭关系中的核心部分。亲子关系从婴幼儿时期就开始影响着孩子各方面的发展,比如性格、毅力、人际交往等,这对孩子的成长有着不可忽视的作用。亲子之间的互动,从孩子的婴幼儿时期就起着潜移默化的作用,基本决定了孩子以后的行为模式、性格养成等。本案中小丁的主要问题集中于与母亲的关系处理,咨询师邀请他的父亲母亲尤其是母亲参与心理辅导,希望更好地帮助小丁改善情绪及人际关系状况。

- 咨询理论依据

(1)家庭治疗

家庭治疗是以家庭为对象实施的治疗。其目标是协助家庭消除异常病态情况,以执行健康的家庭功能。家庭治疗的特点是不着重于家庭成员个人的内在心理构造与状态的分析,而是将焦点放在家庭成员的互动与关系上。从家庭系统角度去解释个人的行为与问题,个人的改变有赖于家庭整体的改变。

(2)心理剧

心理剧通过音乐、绘画、游戏等活动热身,进而帮助来访者在演出中体验或重新体验自己的思想、情绪、梦境及人际关系,并伴随剧情的发展,在安全的氛围中,探索、释放、觉察和分享内在自我。

[辅导方法与过程]

- 辅导方法

本案例采用家庭治疗和心理剧技术进行心理辅导,共辅导四次,每周一次。

- 辅导过程

第一次咨询与小丁见面——建立信任咨访关系

初次见到小丁,是个活泼的虎头虎脑的小男孩,他是跟小伙伴来咨询的,说是想来看玩具(沙盘)。他见到咨询师有些害羞,慢慢地踱到咨询师身边,神秘地问:"老师,这里能帮人解决烦恼吗?说出来能帮我保密吗?"咨询师微笑地看着他点点头。他似乎放心了许多,开始说自己的烦恼:"我最近挺烦我妈的。"说完立刻打量咨询师,似乎想从咨询师的脸上看到其对问题的反应。咨询师好奇地问道:"你能告诉我怎么烦她吗?"他低头想了想说:"老师,我能问你一个问题吗?"咨询师笑着点头。他说:"我爱我母亲,可是每次她一唠叨我就好烦,很想摔东西骂人。看着她生气的样子,我也很难过。她每次都说,再这样就不要你了,可是我也很难过啊!"说到这里,小丁的眼眶泛红,低下了头。咨询师说:"我感受到你的委屈,其实你爱母亲,也希望母亲爱你,可是母亲却用'不要你了'的话伤了你的心。"小丁低着头,悄悄用手抹眼泪,委屈极了。咨询师递了张纸巾给他,并拍拍他的背,告诉他在老师这里,想哭就哭出来,想说什么都可以。他抬起头,天真地问:"真的可以吗?"咨询师用力点点头。他释然地笑了,似乎释放了那股委屈劲儿。咨询师让他说得更具体一些,他说其实母亲很辛苦,一个人要做家务,要接送他,还要上班。但是,从早上起床开始母亲就一直喊:"快快快,不然要来不及了,来不及就不管你了。"到了晚上做作业的时间,母亲又在旁边唠叨不停,这样写不行,那样写也不行,刚改完又得再改,一想到还有一堆作业没完成他就很烦,于是就大喊大叫地扔铅笔发泄情绪。母亲很生气,又开始唠叨,说自己很辛苦之类的。他听到这些就更烦了,如果正在做作业就摔笔,正在吃饭就故意不吃,有时候还踢椅子。母亲看到他这样,就只会说那句话——再这样就不要你了!然后,母亲每次发完脾气后不久就来向他道歉,但下次还那样。

咨询师问小丁是不是希望母亲能听听他的真实想法并做出改变,他说当然希望母亲能改变一下,不要那么唠叨,他也曾告诉过母亲,可是她跟没听见一样。咨询师跟小丁说如果他希望与母亲好好相处,需要邀请她母亲来学校加入咨询。小丁瞪大眼睛说:"不!这是要告状吗?"咨询师解释说:"不是告状,就是想听听你母亲的想法,还有让她了解你的想法。"他稍微放下心,答应回去跟母亲说明情况。

第二次咨询——与小丁的母亲见面并交流

小丁的母亲在国有企业工作,一听到是心理老师约的,很紧张地来到学校,一见到咨询师便问是不是孩子有什么心理问题。咨询师让她放轻松,并请她说说小丁在家的表现情况。她松了口气,眉头皱了起来说:"小丁这孩子其实还可以,就是动作很慢,非常拖拉,写字也不好好写。小丁放学时,我先把他接到办公室写作业,自己边工作边辅导,除了检查他的作业内容,还要纠正握笔姿势、坐姿这些,提醒一两次还是老样子。看到他屡教不改又拖拉的样子,想着晚上回去就要赶着做很多家务,如果他不能又快又好地完成作业,就不能陪他看书,也不能早睡,心情急起来就冲他吼。这小子脾气很倔,被吼了就发脾气,大喊大叫,有时忍不住打他还会还手,两个人就那样打来打去,直到我先停下来或者大吼,两个人才停下来,互相不理睬。每次打骂过后,我心里很难过。就这么一个孩子,其实很舍不得。之后会向孩子道歉,可是每次看他那样拖拉,作业做得不好心里那股火就往上蹿,这似乎成了一个模式,我内心也很痛苦,其实并不想这样对他。"小丁的母亲很懊恼。

咨询师说:"你自己一个人带孩子,还要工作和做家务,想要面面俱到压力肯定很大。其实你正是因为爱孩子,才希望他什么都好。"小丁的母亲点点头,眼眶泛红,告诉我说:"孩子有几次回来跟我说班上女生欺负他,我刚开始有去跟班主任反映这些情况,后来觉得自己家孩子是个男孩,不能老帮助他解决这种问题,就让他自己解决。我告诉他可以按照这个原则处理——如果是女生先动手打的就还手,如果是自己先动手,就不能怪别人。我也不知道这样教孩子对不对,就是不想看到他被欺负,又不想一味地帮忙。"

小丁母亲的情绪有点激动,她觉得自己也很委屈,一个人带着孩子,先生不在身边,帮不上什么忙,孩子又不配合工作,加上事情很多有些心力交瘁的感觉。咨询师请她闭上眼睛,一边深呼吸一边感受自己的身体,觉察自己的身体哪里不舒服。小丁母亲闭上眼睛说觉得自己头脑混乱,咨询师引导她感受这种混乱像什么,她说就像一团麻缠在一起。咨询师看到她眉头紧锁,声音沙哑,就尝试引导她试着跟那团麻说点什么。她点了点头,于是咨询师拿了把椅子放在她的对面,继续引导她想象这团麻从头脑里走出来,正坐在她的面前,"此时,你想对它说什么呢?"在咨询师的引导下,小丁母亲与自己脑子里的那团麻对话,理清楚自己需要做的事情以及做这些事情背后的情绪,即根源在于自己太过焦虑,想把工作和家庭两方面都顾好却又难以办到。结束空椅子对话后,小丁母亲反馈感觉内心平静了许多。

结束前,咨询师建议她接下去几天跟孩子相处时,尤其是想要吼孩子的时候用同样的方法先做深呼吸,感受一下身体的变化,看看哪里不舒服,试着跟自己的身体对话,把对孩子的关注先转移到自己身上,先处理好和自己的关系再处理与孩子的关系。同时,建议她尝试与自己的先生沟通,增加父亲参与教育的时间,并与小丁母亲约定下次咨询的时间,届时将带着小丁一起来。

第三次咨询——母子一起来咨询,倾听彼此的心声

小丁拉着母亲的手走进咨询室。咨询师很高兴看到他们一起来,首先请小丁母亲说说近来的感受。母亲说,她试着按照咨询师教的方法,在对孩子不耐烦时,感受自己身体的变化,有时感觉头疼,有时感觉肩膀疼,有时感觉胃疼,有时感觉心痛。但每当跟自己的身体对话时,便能静下心来,避免了直接吼叫小丁,跟小丁的关系改善了许多。咨询师肯定了小丁母亲的进步,因为她能跟自己的身体建立连接,能听到自己身体发出的声音。

母亲说话的时候,小丁一直很专注地看着母亲。咨询师问:"小丁,最近跟母亲相处开心吧?"他顿了顿说:"还行吧,最近母亲开始听我说话了。但坚持不了多久还是会凶我,心里依旧不高兴。"

咨询师请他们站起来做心理剧,邀请两名兼职咨询师做"替身"。小丁模仿母亲吼叫自己时的面部表情和其他肢体语言,"替身"摆出和小丁一样的面部表情和躯体姿势。小丁非常认真地雕塑着母亲的表情和声音,他要求"替

身"按照他说的一遍又一遍地改，直到他满意为止。小丁随后转过身来又去雕塑另外一位"替身"，让他模仿自己被母亲唠叨时暴躁的模样。最后，他让"母子"二人按照台词进行对话。

咨询师请小丁的母亲观看小丁的心理剧作品，谈谈她看到两个雕像时有什么样的感受。小丁母亲眼泪一下就出来了，她说看到这个作品，她第一反应就是这个母亲好霸道，难怪孩子要反抗。没想到自己在儿子眼里是这样的。她对小丁说："对不起，孩子！我从来没想过你的感受，只是一味按照自己的喜好来要求你。"

小丁看到母亲哭有点惊慌。咨询师问小丁看着雕塑有什么感受，他说母亲平时就是这样对他的，但是看到母亲哭了，他能感受到母亲很难过。其实他知道母亲是很爱自己的，但不要总是说"不要你了"这样的话。母亲听到这句话很惊讶，她跟小丁说，其实说这句话不是有意的，只是气急了随口这样说，没想到对小丁的伤害这么大。母亲还告诉小丁自己有时候很急，是因为觉得很多事情要做，时间很紧迫就平静不下来，并不总是因为小丁真的做错了什么。小丁眼眶一下子红了，他跑过去帮母亲擦眼泪，并希望母亲以后不要一直唠叨。小丁母亲点点头，母子俩抱了好久才分开。

咨询师建议小丁母亲情绪上来的时候，先理清楚自己为什么而着急，面对小丁的拖拉，不要催促，反过来告诉自己淡定一点，尝试一下这次不着急会不会有不同的结果发生。在面对孩子做作业的习惯方面，重在引导孩子体验不同握笔姿势所写出来的字的不同，不论写得如何都肯定他的努力，鼓励他继续改进。任何一个孩子都希望父母看到和肯定自己的努力，那是他持续努力的动力源泉。咨询师转向小丁，建议他把自己的感受告诉母亲，要相信母亲愿意听也能听得懂。小丁点头答应了。

第四次咨询——小丁带来一枝"花"

这次见到小丁，他是一跑一跳进来的。他告诉咨询师，母亲最近对他的态度好了很多，比较有耐心，有时候还会陪他一起玩，一起看书，一起散步。还有，父亲也会帮助母亲一起做家务。小丁告诉咨询师他的母亲本来是要跟他一起来的，后来临时有事儿，就托他带了一枝花给咨询师。那是一朵用彩纸折成的玫瑰花，花瓣上写有"请拆开"的字样。原来这是一封信，小丁的母亲在信中告诉咨询师他们一家近来的相处情况——她开始变得淡定，把那些焦虑紧张的情绪控制住之后，淡定地做自己该做的事。对于小丁的拖拉不再催促，小丁自己反而负起了责任,如何安排做事的顺序和节奏似乎有了自己的一套。他早上起床后动作快了许多,现在反而是他催促母亲快点不然会迟到。小丁母亲还告诉咨询师,她与小丁父亲交流了自己的感受,小丁父亲表示理解,愿意拨出时间帮助她做家务和陪孩子。

小丁问咨询师母亲在信里说了什么,咨询师告诉他母亲表扬了他,说他有很大的进步。小丁高兴地说:"老师,我还告诉你一个好消息,我跟班上一个女同学成了好朋友了,我们会在一起玩。"随后小丁挠挠头问道:"老师,你能告诉我,你是用了什么魔法让我母亲改变的吗?"咨询师笑着拍拍他的肩膀说:"是你母亲爱你的心让她自己改变的!"

经过一段时间的辅导与跟踪,小丁发脾气的次数越来越少,能认真完成作业,与母亲能相处良好。小丁的母亲也能比较好地调整自己的情绪,宽容以待。小丁与女生的关系也变得缓和。

父母的教养方式及孩子与父母的关系,会影响孩子的情绪及人际关系模式。小丁的母亲不能调整自己的情绪,把紧张、焦虑不安的情绪带给小丁,他们的相处也显得异常紧张。小丁把与母亲的相处模式带到与其他同学的交往中,因此与同学的相处也变得紧张。好在小丁的母亲配合咨询,并愿意积极尝试改变,先处理与自己的关系,再处理与孩子的关系,同时积极与小丁的父亲沟通。在家庭与咨询师的共同努力下,小丁的状态才得以改变。

(六)校园心理剧的编演形式与过程

校园心理剧的编演形式主要有两种,其要求是不同的。一种是在班级内进行的编演,在心理辅导课或者班会上由本班同学自编自演,或者播放他人编演的心理剧录像,然后由心理辅导老师组织讨论与分享。这种形式的校园心理剧在编演时要注意服从心理课或班会课的目标及主题。另一种是为在专门场所演出进行的编演,针对学生身上存在的共性心理问题编排心理剧,并形成稳定的剧本和表演形式,在专门的场地进行演出,演出后组织讨论,分享感受。剧本编写和剧本的演出可以由类似于课外心理活动小组的成员去完成,讨论和分享可以采用口头或书面形式。

心理情景剧实施的常规过程主要包括以下步骤。

第一步,成立心理剧小组,探讨心理情景剧的素材。在小学,可把对学校心理健康教育感兴趣和具有表演技能与敏锐洞察力的小学生组成心理情景剧小组。小组成员除学习简单的心理学知识外,还可以广泛收集新闻媒体的相关报道,走进各类小学生中间,了解校园生活中出现的各种现象和问题,归纳总结出小学生常见的心理问题,对素材进行整理和分类。这样不但确立了校园心理剧创作的素材,同时也是对小学生自身心理健康状况的反省。

第二步,从学校实际出发,完成校园心理剧剧本。心理剧或情景剧是针对某一突出心理问题的艺术加工和创作,为达到教育和辅导的效果,心理剧要体现强烈的心理矛盾冲突,把握主题鲜明单一的原则,尽可能降低表演者的难度,实现教育和治疗的效果。在素材收集的基础上,确立校园心理剧的主题,进行高度概括。对小学生自愿申报的心理情景剧主题和剧本要进行初步筛选评比,选取具有代表性和时代性的剧本进行精心编排和创作,最终内容可分列为环境适应、自我认识与评价、情绪的调整和价值辨析等主题,以此得到学生的认同和接纳。

第三步,精心准备,巧妙安排,完成剧本时空的选择。选择小学生较为熟悉和有特定意义的时空环境,便于唤起学生的联想。根据符合表现主题的客观条件和达到情景再现的辅导效果,可选定教室、食堂、操场甚至学生家中的特定空间。在时间上最好选择在入学、毕业、节假日考试、休闲娱乐等时间节点。人物的安排方面,首先,要选定教师做心理情景剧的总导演,鼓励小学生自发地参与一次表演活动,然后要确定一位具有心理困惑的小学生担任主角,让其自己决定心理剧的具体情节,把自己的心理问题真实地表达出来。其次,选出担任配角的小学生,要能够辅助主角真实再现主角所处的生活环境,使主角自然而然地体验到这种情境与相联系的内心冲突,并自发地表现出来。最后,选定观众,鼓励小学生把自己的心理投射到正在发展的剧情中,并从舞台的表演中看到自己的生活,找到解决问题的方法,以此来指导自己未来的人生。

第四步,选择专业导演指导,以提高演员的表演技能。小学生心理情景剧注重语言和动作技能的表演,排演时为提高演出效果,有条件的学校可聘请话剧团的专业教师对学生在舞台空间、语言表情和节奏把握等方面给予指导和排练。同时,也要让学生观看系列心理影片,感受剧中人物对心理问题的刻画和表现,逐步消除生硬、机械、碍于情面等情况。小演员通过训练可提高表演技能,得到学生的认可,促进其成就感和荣誉感的形成,更能提高心理健康的水平。

第五步,选择在校园文化节或节假日进行心理剧的演出。心理情景剧是学生在角色扮演的基础上进行的艺术创作和灵感发挥,其不仅融入学生对角色的领悟和把握,而且表现了角色自身的个性特点,不仅是学生对课余生活的认知和感悟,而且是小学生进行心理健康教育的自我实践活动。在心理健康教育活动中进行演出,可以起到辅助心理辅导的效果,在集体活动中进行演出,还可以达到心理健康教育的目的。

(七)心理剧技术应用于小学生心理辅导的注意事项

第一,校园心理剧可以为更多的人群提供帮助,属于团体心理辅导的一种类型,但是心理剧治疗方式与团体咨询不同。团体咨询是通过语言交流进行感悟似的咨询,而心理剧融入丰富的肢体语言表达,通过表演可以引起演出者和观看者的共鸣,台上台下形成一体,使观众和演出者一同"出生入死"。

第二,心理剧的演出有一个规范,就是只有在有经验的专业带领者的指导下才能演出,因为使用不当可能会对心理剧的参与者造成伤害。

第三,要与其他形式相结合。心理剧的编剧编演,因为会花费师生的很大精力,一般一学期就举行一次。心理健康教育的大量工作还是需要其他心理健康教育形式紧密配合,协同开展。

第四,要以同伴互助为原则。校园心理剧着重于学生的自我感受和行为改变,特别强调自发性,因此更离不开同伴的协作。

第五,要让家长、教师和学生共同参与。校园心理剧作为一个新生事物,需要我们在实践中继续深入探索其开展的条件、形式、途径及效果,联合家校和学生本人更扎实有效地开展学生心理健康教育工作,使学生的心理品质健康和谐地发展与提升。

第六,讨论要遵循不分析、不建议、不提问三个原则。

(八)校园心理剧在小学生心理辅导中的特点

符合小学生的身心特点。小学生由于受年龄特点和心理发展水平的限制,往往难以关注自己的心理过程,自省能力比较差。校园心理剧直接展示学生身边的具体故事,在一定程度上能诱发和唤醒学生更多的自我反思,是对其进行心理健康教育的有效方式。校园心理剧可以满足学生内在的表演欲望和创造欲望,增进学生的参与精神。对广大小学生而言,观看心理剧时是一种主动接受、愉悦的心理状态。剧中的情节发展,主人公的心理独白,能引起学生的换位思考,起到潜移默化的教育作用。

易于学生接受。校园心理剧的素材来自实际生活内容,贴近学生生活实际,能反映学生生活中常见的问题,如学业、自信、人际交往等,这样在思想上更容易引起学生共鸣。校园心理剧展示了学生实际生活中某种心理问题的形成、发展及解决过程呈现的问题,会让学生有一见如故、似曾相识的感觉,解决问题的方法也让学生感到可操作性强,因而,这种亲切感使得学生更易于接受校园心理剧的内容,有助于学生形成良好的心理品质。

形式深受学生喜爱。校园心理剧把课堂教育为主的心理健康教育搬上了舞台,用学生比较喜欢的方式反映学生内心的冲突和情绪波动,形式生动活泼,趣味性和渗透性强,能激起学生观看和思考的兴趣,是一种有效的心理辅导形式,广大学生乐于参与并易于接受。同时,校园心理剧形式轻松自在,在表演过程中把问题以自由、轻松、戏剧化的方式展现出来,不会给学生带来任何心理压力和负担,问题以轻松的方式得到解决,学生能在良好的氛围中更好地自我探索和发展。

促进心理问题的解决。校园心理剧的当事人既可以是一个真实的个体,也可以是一类人的代表,它解决的是中小学群体中存在的典型心理问题。心理剧可以让学生把自己在学习、生活中遇到的困难、烦恼、冲突用情景剧的形式反映出来,把蕴含其中的大道理用心理剧的形式表现出来,可以更好地帮助学生解决各类心理问题,提高心理品质。校园心理剧的背景一般是具体冲突的情景,使得学生在整个扮演和观看过程中有许多直接学习的机会,可以帮助学生增进人际沟通,提高内心力和自我探索能力,是心理辅导教师帮助学生改变行为、塑造行为的有效手段。

学生有更真切的体验。校园心理剧根据学生的真实生活改编而成,直接反映学生的生活,在教师的指导下,由学生将生活经历再现出来,根据自己的体验探索问题的解决方法,着重于学生行为的改变和自我感受,因而参加表演和观看的学生能有更真切的体会。学生能在剧情中有所体验,在体验中有所感悟,这为他们应对生活中遇到的心理问题和困惑提供了直接经验。同时,校园心理剧结合学生实际,把学生在学习、生活中的冲突搬上了舞台,使学生的情感体验更真实,丰富了他们对困难情境的应对方式,通过分享讨论,更利于学生解决各种心理问题。

利于学生自我成长。校园心理剧不仅能让表演者获益,同时也有利于观看者的自我成长。在表演活动中,表演者可以将内心的冲突和积压的情绪以安全的方式表达出来,获得内心的舒缓。同时,学生在心理剧这种特殊团体中能获得同学给予的肯定支持、反馈及建议,这可以让学生获得更多成长的能量和动力。对观看的学生而言,他人的言行是自己的一面镜子,在镜子中能反映出更真实的自己,通过观看可以提高自省和自我探索能力。一般校园心理剧演出后,心理教师通常组织讨论,学生通过讨论宣泄负性情绪,澄清模糊认识,探寻应对问题的方法和策略,利于自身更健康地成长。

利于亲子关系的改善。家庭教育已逐渐纳入促进学生心理健康问题解决的教育体系中,家长关注学生心理健康的意识也在不断增强,校园心理剧是将家庭教育融入学校心理健康教育的有效途径。它填补了以往缺乏家长参与解决学生问题的局限,校园心理剧搭建了一个平台,通过将日常生活中亲子冲突比较严重的问题,如学习、早恋、交往等,以校园心理剧的方式表现出来,使得家长能看到学生的真实想法和内心世界,学生能感受到家长的良苦用心,这样学生能设身处地地理解体谅父母,父母能真正地了解孩子,有助于亲子之间的了解和沟通。同时,给演员和观众提供更多看问题的角度,促进父母在子女教育上更多的思考。

辅导范围更广。校园心理剧作为团体心理辅导的一种形式,它所辅导的对象不仅是参与表演的学生,也包括现场观看的学生,实现了从补救性心理健康教育向以预防为主的积极健康教育的转化。因而就提供心理的帮助而言,辅导面更广。通过主角的舞台表演以及更多学生分享成长体验,可以让更多观众从中体会感受,联系自身经历,间接为其提供帮助,从而给更多的学生以启发和教育。学生可以从他人处理应对问题中获得替代性经验,掌握更多解决问题的办法和策略。

生命教育的另一种形式。生命教育是近年来提倡的一种教育理念。校园心理剧以其独特的形式、丰富的内涵、巨大的辐射力诠释人间的真善美,使学生情感得到升华,心灵得到净化,是生命教育的一种很好形式。校园心理剧以角色扮演的方式,让学生更好地体会他人处境,体验他人的内心感受,学会从他人角度看待问题,让学生更懂得理解和尊重。校园心理剧通过学生间的交流和亲子间的相互沟通,增进了学生对亲友的感悟,使广大学生学会了感恩和珍惜。同时,通过校园心理剧学生心理问题的解决和积极生活理念的倡导,使更多学生感受到生活的美好和生命的价值。

（九）校园心理剧的教育价值

丰富学生的生活。在小学教育过程中开展校园心理剧的表演活动，既可以丰富参与校园心理剧策划、编排、表演的学生的学习生活，也可以丰富观看表演的学生的学习生活与精神生活。

缓解学习的心理压力。在校园心理剧的表演过程中，学生通过角色表演、身份替换等活动，将不良情绪以行为进行心理宣泄和排解，从而正确地解决心理困惑，达到缓解学习心理压力的效果。

帮助解决学生个体的心理困惑或心理问题。面对学习、生活、人际关系中的心理困惑或心理问题，学生可能感到很苦闷。参与校园心理剧是一个重要的解决心理问题的途径与方法。

教会学生分享经验与情感。在参与校园心理剧表演的过程中，不断去体验、经历那种心理冲突、心理困惑与走出心理困惑的过程，获得了情绪宣泄与需要的满足。在这个过程中，通过校园心理剧的策划、排练、表演等一系列过程，学生体验到剧本中不同角色的生活，在表演结束后，学生之间相互交流表演经验，分享情感。

培养学生的协作精神。校园心理剧表演时需要不同角色的参与，各个角色之间已经协调好，不能互相拆台，否则校园心理剧就表演不下去。为了表演精彩，同学之间需要相互协作，互相配合。在这个过程中，学生充分认识到协作精神的重要性，从而不断形成协作的意识与能力。

校园文化建设的重要表征。校园文化主要包括校园物质文化、校园精神文化、校园制度文化、校园行为文化等方面。校园心理剧是校园精神文化的重要组成部分，通过校园心理剧的开展与建设，可以促进校园精神文明建设，形成学生良好的精神风貌。

培养学生的审美能力。校园心理剧也是一种舞台剧，具备舞台的效果，具备角色的表演艺术，给学生带来的是有美感的东西。在不断追求美的过程中，学生逐渐懂得发现美，鉴赏美，创造美，从而培养学生的审美能力。

心理健康教育与咨询的途径。校园心理剧是中小学生心理健康教育与咨询的途径之一，通过校园心理剧对中小学生进行团体心理治疗，让学生在参与校园心理剧的表演中，不断体验、反思剧中角色的心理问题和解决策略，学生之间不断分享痛苦与快乐的情绪、情感，从而走出心理困惑，形成健康的心理，达到心理健康教育的目的。

培养学生的创新能力和实践精神。通过对校园心理剧的策划、组织、排练与表演,以及修改剧本等一系列过程,学生会形成反思能力,不断去创新剧本,同时形成实践精神。

总之,校园心理剧,不仅是一种能调动广大学生积极参与的新颖而有效的心理治疗技术,而且是一种宣传和普及心理健康知识、提高广大师生对心理问题重视程度的良好策略。尽管校园心理剧是近年来中小学生心理辅导领域出现的新生事物,但它已经在中小学生心理健康教育方面发挥着独特和良好的作用和效果,具有其他心理辅导方法不可替代的优势和广泛的实用意义。当然,作为一种心理辅导的形式,校园心理剧还存在许多不完善之处,但我们有理由相信它将日趋成熟,也将会为中小学生心理健康教育作出更大的贡献。充分发挥校园心理剧的教育功能,扩大校园心理剧的辐射面,可以让更多的中小学生从中获益。

四、教学组织过程中渗透心理健康教育

在教学组织过程中,教师要根据学生发展的特点,在传授知识的同时,指导学生养成良好的学习习惯,形成科学有效的学习方法,培养创新意识和能力。

(一)在教学目标上渗透心理健康教育

教师要结合内容、性质和学生身心特点,科学地设定渗透心理健康教育的学科教学目标,了解学生实际、班级集体实际,针对学生差异及集体差异,设定知、情、意相结合的目标。

(二)在教学方法和策略上渗透心理健康教育

教师根据学科内容,采用多种方式和方法,充分利用现代信息技术成果,使学生在浓厚的兴趣下积极主动地参与到学习中来,防止疲劳和厌学情绪的发生。还可以采用小组合作、分享式教学、体验式活动等教学策略,培养小学生的团体意识,激发学习的自主性和积极性。

(三)在课堂互动中渗透心理健康教育

教学过程是一个师生互动、生生互动的过程。在互动中,教师要注意引导学生去发现他人的优点,并且通过语言、眼神、身体动作等来表达对学生优点的肯定和赞赏,建立以激励为主的人际互动模式,为学生提供更多的成功体

验,激发学生的学习信心。

(四)在课堂的评价和反馈中渗透心理健康教育

对学生的评价和反馈是课堂上师生互动的重要内容。教师以鼓励性评价为主,重视过程性评价,不要把标准答案作为衡量学生的唯一标准。尤其是当面对学生的错误时,教师一定要认识到课堂就是学生犯错误的地方,学生的错误是一种教学资源,是学生的起点。教师给予学生反馈时,要关注学生的内心体验和情绪情感,用接纳、共情的态度给予学生支持,要关注学生的思维过程和思维方式,用科学的方法指导学生学会思考,学会解决问题的策略。

(五)在课堂心理环境和课堂管理中渗透心理健康教育

情绪与心理学家曼德勒认为,环境刺激引起认识解释,认识解释引起唤醒的知觉,唤醒的知觉导致情绪体验,心情良好则思路开阔、思维敏捷,情绪低落则思维阻塞、操作迟缓。所以,在课堂教学中,教师要营造生动活泼的学习气氛,使学生在民主、和谐的气氛中学习。学生心情愉悦,才会乐于接受新知识,并能主动地提问、敢思考、敢表达,思维处于一种积极的状态,能够让学生保持学习热情,从而增强其学习效果。

(六)在各学科教学内容中渗透心理健康教育

心理健康教育除了在教学态度和教学组织过程中渗透,还要注意结合学科教学的特点和学科内容。语文、历史、地理、思想品德、政治等学科的教学内容都直接或间接蕴含了丰富的心理健康教育内容。

语文学科的教材是由一篇篇生动形象的课文组成的,他们为小学生认识世界、了解生活提供了一个色彩斑斓的空间,为学生心理品质的优化提供了切实具体的载体。此外,语文中的写作也是进行心理健康教育渗透的重要途径。教师可以通过指导小学生迁移情绪和升华情感,促使他们克服消极的心理状态,让他们逐步形成健康的心理。尤其是可以通过命题作文或材料作文,对小学生进行是非、美丑、爱憎、荣辱等人格教育,还可以让小学生自由命题作文,就人际关系、学习和生活中遇到的挫折、苦闷、成长过程中的进步、喜悦等方面抒发其内心情感,调节其不良情绪,促进其个性的和谐发展。

历史、地理学科的教学内容,如历史人物、历史事件、自然风貌、风土人情等也可以激发学生的高级社会情感,陶冶学生的情操,开阔学生的视野,培养学生的良好个性,促进学生的身心健康发展。

数学是严谨的,它既可以培养学生的观察、记忆、思维、想象等能力,还可以培养学生克服困难的意志、一丝不苟的学习态度和良好的学习习惯。数学是灵活的,它可以培养学生大胆探索、独立思考的良好习惯,启发学生的创造思维,培养学生的创造个性。而且,数学学科看似抽象,实则充满了美感。比如文字语言简化为符号语言,体现了数学的简洁美,几何中五角星的美、黄金分割线的美、圆形的美、图形对称和谐的美,推理论证严谨的内在美,解题方法新颖的巧妙美等。教师在教学中要经历这种美,并展现给学生,培养其审美的意识,陶冶其审美的情感。

物理、化学、生物等学科中也有许多心理健康教育的因素,例如演示和实验需要敏锐的观察力、稳定的注意力、恒久的坚持力、顽强的耐挫力等,解决问题需要一丝不苟的学习态度、丰富的想象力、严密的逻辑推理能力等。教师应有意识地激发和培养学生,在学习过程中产生对自然科学的兴趣和对奥秘与真理的追求热情和探索欲望,树立科学的精神和态度,形成认真、细致、耐心、踏实等优秀的个性心理品质。

体育、音乐、舞蹈、美术等学科也蕴含着丰富的心理健康教育资源。毛泽东在体育之研究中明确指出"体育之效在于强筋骨,因而增知识、调情感、强意志"。体育运动能提高神经系统的功能,能使参与者精神振奋、胸襟开阔、心情松弛,获得身心的双重愉悦。团体运动项目还能磨炼意志,培养其坚强的品质,增强小学生团体的意识、自信的力量、合作的能力等。目前通行的运动心理疗法就是通过适度的体育运动,使个体形成积极的生理和心理效应的一种治疗方法。

对小学生而言,音乐可以改善注意力、增强记忆力、活跃思维、丰富想象、调节情绪状态,有利于调整行为方式,还能消除孤僻儿童的情绪和认知障碍。

舞蹈是生命的动态形式,是用身体的运动来表达感情和生命的艺术,是人类情感的符号形式,能表现音乐语言所不能表现的内在生命的极致状态。人们既能通过舞蹈消除紧张,又能以象征的方式使情感具体化,从而达到高度的自我意识。对小学生来说,舞蹈既能增强身体素质,还能促进心理健康,提升优雅气质,丰富情感表达。

在美术学科中,绘画是人们认识社会、参与生活的一种行为。绘画能够表达人们对生活和事物最直接、最朴素的感受,是一种表达内心的艺术。绘画可以帮助小学生发现自己,更深入地了解自己。因此,绘画还被称作无错误的学科,它对小学生有更宽松的态度,不存在任何需要死记硬背的唯一正确答案,这就大大降低了挫折感对小学生的伤害,使他们更容易体验到快乐。

除了上述的学科外,学校设的其他学科如劳动技术、书法、信息技术等学科,也同样蕴含了许多心理健康教育因素。教师要善于把握教学内容中心理健康教育的涉及点及接触点,对它们加以挖掘和利用,这样才能真正实现心理健康教育的学科渗透。

(七)在其他活动中渗透心理健康教育

首先,在校园文化中渗透心理健康教育。在校园文化中渗透心理健康教育,是全面渗透心理健康教育的重要途径,也是学校心理健康教育整体实施策略的重要组成部分。校园文化是学校环境氛围和办学风格的反映,包括校容校貌、校风校纪以及学生的道德规范、行为准则、心理趋向、价值观及人际关系等方面的内容,投射出校园精神的凝聚力、感染力和震撼力。

校园文化主要包含两部分,一是校园的物质文化及由学校的地理位置、自然景观等构成的自然环境和由建筑设计、景观设计、宣传物、色彩与布局等所构成的人文环境融合而成。二是校园的精神文化,其较为典型的形态要素是校园的心理环境、校园的制度文化和校园的各种文化活动等。校园文化建设对自我意识的形成、和谐人际关系的建立、健康生活的营造和个性的发展具有重要作用。

其次,在课外活动中渗透心理健康教育。开展课外文化活动是心理健康教育的重要途径,如艺术节、运动会、读书会、拓展训练、社团活动等都能够为小学生提供展示自我、完善自我的机会,丰富他们的心理生活,优化他们的心理品质。在各项活动中,要注意从以下几方面予以渗透。

第一,在活动目标中渗透心理健康教育。任何活动的开展都会带给学生一定的心理体验。传统的课余活动往往以娱乐为主,不关注学生在活动中的情绪反应和情感体验,忽视了学生的心理需要和人格发展,限制了活动的作用和意义的发挥。在开展活动时,一定要考虑情感目标和行为目标,将追求晋级的过程与情感、态度、价值观三者统一,促进学生心理素质的全面发展和健全人格的形成。

第二,在活动内容中渗透心理健康教育。无论是体育竞技还是文艺活动,无论是读书论坛还是志愿服务,虽然它们具有各不相同的活动内容,但都蕴含着十分丰富的心理健康教育资源。教师在组织过程中要根据学生的认知规律和知识基础,挖掘隐藏的心理健康教育资源,并将其加以渗透。

第三,在活动方法和手段中渗透心理健康教育。机械、沉闷和程序化的活动方法与手段缺乏生机和乐趣,不能吸引学生参加活动,有时还会使学生产生敷衍和厌恶的态度。灵活、开放、富有创造性的方法和手段,能有效激发学生的参与兴趣,调动学生的积极性。师生都能够在活动中充分彰显生命活力,分享彼此的想法、经验和知识,交流彼此的情感体验与观念,使学生的个性得到张扬,创造性得到解放,心理素质得到提升。

后　记

十几年来，我一直坚守在心理健康教育工作的第一线为学生们排忧解难，我越来越深刻地认识到心理咨询若仅仅停留在各类心理咨询方法的"术"上，无异于扬汤止沸，只见树木不见森林，达不到釜底抽薪的效果。

我认为人是一个整体，是"身心社灵"的统一体，若想获得圆满自在的人生就需要在这四个方面修炼进阶。纵观各色心理咨询与治疗方法，如不正本清源将热爱生命作为第一要务，不激发来访者建立自身的生命免疫系统和反脆弱能力，是不能真正促进来访者心理健康的。如果来访者拥有健全的生命免疫系统和反脆弱能力，不管面对何种困境，都能够化被动为主动，以积极的姿态迎接人生的挑战。而主动抗击多舛命运的过程也必然刻入他的生命版图，并成为其中最耀眼的一块，彰显生命价值。

2017年起，机缘巧合之下我加入了福建省医科大学附属第二医院的肿瘤内科志愿者团队，在许天文主任的带领下走进病房，见证生死。几位临终病人在病痛中将他们的过往故事托付于我，其中有遗憾，有幸福，有骄傲，有沮丧。对一生满意的常说"无悔"，不满意的常说"假如"。是的，假如要做到人生无悔，现在要做些什么呢？

带着这个拷问，我开始关注生命教育，并在心理健康教育的工作中融入生命教育的思想。从依托"大学生心理健康教育课"传播生命教育的理念，到单独开设"大学生生命教育课"，心理健康教育工作在"道"的加持下，变得更加厚重坚挺，也更具有神圣性和使命感。

2020年我又结缘外来务工人员子女小学——泉州市新隅小学，并被聘为"校外心理辅导员"，每周都会来到学校给小学生做心理咨询。在两年多的实践过程中，我逐渐发现许多大学生的问题能够在小学生的身上找到源头，即生命的困顿不是一朝一夕形成的，早年生命教育的缺失将导致成年后各类问题变本加厉地出现。虽然一些心理问题在大学补救尚来得及，但若能防患于未然，岂不是可以少走弯路，将更多的精力放在拼搏奋斗上？

"轻轻敲醒沉睡的心灵，慢慢张开你的眼睛，看看忙碌的世界，是否依然孤独地转个不停。春风不解风情，吹动少年的心，让昨日脸上的泪痕，随记忆风干了……"正如歌词所期待的，少年是祖国的希望和未来，少年强则国强！

正是在这种动机的作用下，我一边在大学教书，一边在小学做志愿咨询，一边着手撰写了这本书。时光荏苒，经过几年的思考和准备，终于完成了这本针对小学生生命教育的书稿。首次动笔加上初次涉足生命教育因而无法达到深厚的水准，但我希望谨以此书作为余生献身生命教育事业的誓愿，让更多的学子受益，让更多的家庭幸福！

感谢泉州师范学院与泉州新隅小学的支持，感谢远在日本的姚瑶老师的指导，感谢生命教育课堂上的学生和每一位来访者，感谢生命之光持之以恒地照耀！

"让我们的笑容，充满着青春的骄傲，为明天献出虔诚的祈祷……"

与物为春，不负韶华；

守望生命，不负此生！

孙洁

2023 年 12 月